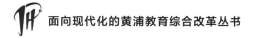
面向现代化的黄浦教育综合改革丛书

课程育人的实践智慧

本册主编 / 杨　燕

副 主 编 / 邢至晖

上海教育出版社
SHANGHAI EDUCATIONAL
PUBLISHING HOUSE

图书在版编目（CIP）数据

课程育人的实践智慧 / 杨燕主编. — 上海：上海教育出版社，2020.12
（面向现代化的黄浦教育综合改革丛书 / 姚晓红主编）
ISBN 978-7-5720-0480-3

Ⅰ.①课… Ⅱ.①杨… Ⅲ.①中小学 – 课程建设 – 研究 Ⅳ.①G632.3

中国版本图书馆CIP数据核字(2020)第268650号

序　一

上海是现代化国际大都市,黄浦区是上海开埠以来最核心的区域。在这20余平方公里的地域里,有着很多全国乃至世界闻名的标志性建筑和商业、文化产物:南京路、淮海路——中国最繁华的商业街;市百一店——中国最大的百货商场;国际饭店——改革开放前中国最高的大厦;江南造船厂——中国历史最悠久的近代造船企业。此外,还有着上海最早的江南园林——豫园,有万国建筑博览群之称的外滩,以及在改革开放年代建起来的上海博物馆、上海大剧院……这些都集中反映了上海海纳百川的开放胸怀和海派精神。从城市发展的角度看,上海在不太长的时间里就成为国际性大都市,这种发展模式和开放氛围在中国是特有的。而黄浦区就是典型的代表,由此它也成为上海的商业中心、金融中心和文化中心。可以说,在对国家作出贡献和推进上海社会经济发展方面,黄浦区都体现了特殊的地位与价值,发挥了独有的示范引领作用。

这种特殊的地位与价值同样反映在教育方面。黄浦区有全市历史最悠久的中学、第一所现代学制的小学、第一所教会女子中学,最早中外合作传授现代科学知识的中学和近代第一所职业学校。这种深厚的历史底蕴和文化积淀为黄浦区教育事业的发展奠定了坚实的基础。作为上海市整体教育综合改革实验区和全市唯一整体推进课程领导力实验项目的区域,多项全市性的教育改革在黄浦先行先试,为在更大范围内推广提供了成功的经验。在改革的进程中,黄浦区十分重视处理好历史传承和创新发展的关系,使老校焕发活力、新校崭露头角,达到了传统与现代的完美结合。

在改革早期,办学条件的改善、各项保障教育发展措施的落实是亟待解决的难题。黄浦区以敢为人先的改革精神成功地破解了这些难题。由于黄浦区位于市中心,又有成片的老城区,人口密度高,学校的场地面积可以说是寸土寸金,所谓"大楼中学""弄堂小学""石库门幼儿园"就是对该区学校办学条件的生动写照。在这种区位条件十分艰苦的情况下,区委、区政府和区教育行政部门充分利用国家关于土地批租的有关政策,在全面规划的基础上,把土地予以系统、有序的批租和置换,对学校进行了连锁改造,使学校面貌发生了翻天覆地的变化,在硬件改造方面提交了一份让老百姓满意的答卷。由此形成了黄浦区通过盘活现存资源、有效改善办学条件的改革经验,原国家教委还将这些经验向全国推广。

特别值得一提的是,黄浦区的改革精神和创新意识还突出表现在促进教育的内涵发展上,即用"打造一流教育"的标准去发现问题,用科学务实的态度去研究问题,用教师、校长共同的智慧去解决问题,形成了一些在全市领先的区域品牌和学校特色。

三十多年前,黄浦区就开始了对学生学习指导和非智力因素培养的研究,形成了一系列的研究成果,至今仍在深化,并在相当大的范围进行推广,这在全国产生了良好的影响。这一研究一开始就提出要关注学生的"学",立意开发学习潜能,培养学生健康心理,促进学生自主发展以及用脑科学研究有关成果指导教与学,这完全符合当今的教育理念和核心素养培育的基本要求。

在弘扬传统和改革创新中涌现出一批特色鲜明的学校,如格致中学的科学教育,其严谨求实的校风培养出一大批理科见长的优秀学子;大同中学的课程改革,尤其是活动课程的设置与实施,得到普遍赞誉;向明中学的创造教育,通过创造实验、自主管理、社会实践、主题活动来培养学生创造性人格;大境中学的体育特色,体现了"螺蛳壳里龙腾虎跃"的艰苦奋斗、勇创一流的体育精神;北京东路小学的小班化教育,在生源高峰回落、资源相对宽松的情况下给予学生更充分的教育;还有商职校、旅职校为顺应经济发展的需要在办学方面进行的卓有成效的探索等,当时这些改革举措在上海和全国都产生了很大的影响。

进入 21 世纪,在课程教材改革、教学方式转变、学生心理辅导和信息技术应用等方面,更多学校呈现出自己的亮点,如卢湾高级中学的人工智能,光明中学的法语教育,市八中学的男生班实验,同济黄浦设计创意中学的新型办学模式,上海市实验小学的开放教育,蓬莱路二小的"蓬莱小镇"系列课程,卢湾一中心小学的"云课堂",思南路幼儿园鼓励幼儿自主探究、创意发现的启蒙教育,荷花池幼儿园倡导多元融合、师幼共生、创意表达的艺术教育,等等。

十年前,黄浦区提出"办学生喜欢的学校",强调学校要倾听学生的呼声,关注学生的需求,努力顺应和鼓励学生追求快乐的天性,让校园生活时时处处都充满快乐的元素,让学生在成长中享受追求快乐的权利,使学校生活成为学生美好难忘的人生回忆。全区所有的中小学、幼儿园都参与了研究和实验,广大教师真正树立起了"以学生为本"的理念,把丰富学生的情感体验、促进学生健康快乐成长作为追求的目标。这样就把区域教育内涵发展提升到新的高度。

当然,黄浦区在教育改革与创新中的特色和亮点还有许多,不再一一赘述。

综上所述,黄浦区教育改革不断深化的脉络十分清晰:从历史传承到创新发展;从硬件的改善到对软件的变革;从教学外围的改革直指教学主阵地的改革;从对教师"教"的研究转到更加关注学生"学"的研究;从重视学生知识习得、方法应用等显性变化转向更加重视学生脑的开发,情感、态度、价值观的变化和学生内心成长等精神层面的发展。这种发展、变化的过程,说明黄浦区广大教师和校长对教育规律的认识在不断深化,关注学生情感、尊重学生生命的意识也在不断增强。由此,我认为黄浦区在整个区域教育改革中体现出来的特征也是明显的:其一,它始终以改革来推动教育的发展。从上海开埠以来,黄浦区就是在不断进取和改革中发展起来的,而改革又是站在研究的基础上进行。其二,学校校长和教师是改革与研究的主力军。研究不是请外来的专家"代劳",而是依靠校长和广大教师在实践中发现问题,解决问题,然后又在新的高度提出新的问题,以此持续不断地推动改革的深入。这正是黄浦教育发展的不竭动力。其三,创新精神贯穿于改革的全过程。黄浦区善于从国际视野以及教育未来发展的高度来定位改革方向,因而能抓住教育本质,直指改革核心,使许多工作始终在上海处于领先定位。

我高兴地看到,黄浦区《面向现代化的黄浦教育综合改革》丛书正式出版了！在此表示祝贺！这是全区教师多年来围绕教育综合改革和创新教育开展实践与研究的智慧结晶。相信这套丛书能在更大的范围发挥其借鉴和指导作用。今天已进入新时代，教育正处于全面深化改革的关键期。党的十九大报告指出，"建设教育强国是中华民族伟大复兴的基础工程"。希望黄浦区的广大教师、校长秉承以往一贯的改革创新精神，继续在改革的深度、广度上攻坚克难，不懈探索，以自己的智慧和勇气为加快推进教育现代化作出更大的贡献！

序 二

党的十八大以后,以习近平同志为核心的党中央坚持把教育摆在优先发展的战略位置,全面深化教育领域综合改革,一批标志性、引领性的改革在全国范围深入展开。因为教育改革点多、面广、线长,需要做的事情很多,而且教育问题在各地的反映既有共性又有个性,往往呈现出不同的特点。因此要解决好这些问题,需要按照中央的总体部署和指导原则,在一些承担教育综合改革的区域,按照中央指明的方向,率先大力推进教育体制改革创新,在注重教育改革的系统性、整体性、协同性,以及教育改革发展的重大问题和群众关心的热点问题解决上,提供可复制的经验。特别强调以改革激活力、增动力。

我们经常说的一句话是:改革进入了深水区。究竟深在那里?深在如何在制约教育发展的落后规则体系上打开缺口;深在如何在以改革激活力、增动力,释放基层与个体的活力和创造力上找到突破;深在如何在构建新的教育质量观的基础上,重新思考人才培养、办学质量这些根本性问题上有新的布局;深在如何在重新思考区域教育发展战略规划,创新区域学校课程与教学上创造新局面。总之,要寻找区域教育新的增值点,凸显区域教育改革的新方向、新举措、新成果。这是对区域教育发展的一次重新检验。

令人高兴的是,黄浦区在综合改革的实践中交出了一份漂亮的答卷。从中我们可以看到,黄浦区教育综合改革的几个鲜明的特征:

第一,注重教育思想领导,突出价值引领。教育思想的现代化是提升教育现代治理能力的重要前提。对区域教育的领导首先是教育思想领导。确立区域教育发展理念,坚持育人为本、五育融合、全面发展,引领区域教育高质量发展。在总结、凝练、提升区域教育发展理念过程中,黄浦区注重结合地域历史、文化特色,继承区域教育的优良传统;注重坚守教育的本质,紧扣国内外教育发展的趋势和方向;注重以人民群众向往的美好教育为行动准则,赋予区域教育发展以特定的内涵。

第二,认真做好顶层设计,绘就远景蓝图。黄浦区一直重视凝聚全区心力,绘就未来发展的共同愿景。共同愿景是对长远战略目标所描绘的纲领性蓝图,是全区干部和教育系统心目中教育发展的理想目标和追求,也是发自内心深处的真实愿望和教育理想。通过建立共同愿景争得全社会的广泛支持,多方形成合力,凝聚人心,为共同愿景的实现而努力拼搏。

第三,坚持创新、创造,打造现代教育的区域特色。黄浦区把创新教育定位在培养中小学生的创新精神和创新能力。他们认为,创新教育是以培养创新精神和创新能力为根本目的的教学活动,是着重解决在基础教育领域如何培养中小学生的创新意识、创新思维、创新能力问题的必由之路。社会要求我们创新,创新的社会才能不断进步;时代要求我们创新,不创新就会落后,就会失去进取的动力。创新教育,不仅是对教学方法的改革或者教学内容的改变,而且是重新审视教学的根本目的,对教育的功能有更全面的认知和定位,是带有全局性、结构性的教育革新和教育发展的价值追求,是新时代背景下教育的发展方向。正因为全区各级各类学校和机构长期坚持不懈的实践和努力,创新、创造已经成为区域教育的一大特色。

第四,发挥基层首创精神,激发学校办学内生动力。黄浦区历史名校众多、传统资源丰富。全区注重鼓励广大学校凝聚师生的价值追求,培育多样化的校园文化,注重拓展社会资源,打造社会实践大课堂,以多样化的校园活动,提高育人质量。全区积极创新学校人事、职称等评价制度,注重从精神荣誉、专业发展、岗位晋升、绩效工资、关心爱护五个方面对教师进行激励。积极鼓励学校坚持依法办学,营造风清气正的氛围,推动学校健康发展,为广大教师静心专业发展、潜心立德树人创造更好条件,充分激发广大教师教书育人的主动性、积极性、创造性,全心全意为国家育才、为民族铸魂。当前已进入全面提高基础教育质量的新阶段,黄浦区的广大学校工作重心集中在提高质量上,教学改革和探索真正成了学校的主责主业,在大力推广优秀教学成果、深化课堂教学改革、创新教育教学方法、不断提高育人质量和水平方面都有布局和深耕。

在全国教育大会上，习近平总书记着眼我国教育事业的长远发展，对深化教育体制改革作出了重点部署，为坚决破除制约教育事业发展的体制机制障碍指明了方向和路径，对于加快推进教育现代化、建设教育强国、办好人民满意的教育具有重大意义。今天在总结"十三五"、迎接"十四五"的时刻，我们完全有理由相信黄浦作为区域教育综合改革的实验区，一定会以新的气象、新的举措，创造出更美好的教育，为发展具有中国特色、世界水平的现代教育提供区域的经验和典范。

CONTENTS | 目录

前　言

　　立德树人是教育的根本任务,课程育人是教育回归本真的核心路径。黄浦区勇立潮头,以新理念、新思路、新方法,积极构建新时代课程育人一体化实施路径。我们的探索实践大致经历了三个阶段:

　　特色课程建设阶段。从 2010 年起,黄浦区作为上海市提升学校课程领导力行动计划的唯一整体试点区,区域在课程育人的整个过程中做好整体设计,以项目为引领,以特色课程建设为切入口,积极指导、参与和保障各中小学、幼儿园的课程建设,形成区、校联动的课程建设生态。

　　课程机制形成阶段。围绕"立德树人"的核心目标,以育人为导向的课程计划编制开始,历经满足学生成长需要的课程开发、以校为本的课程实施、站在学生立场上的课程评价等四个阶段,构成了一个包括计划、开发、实施、评价的不断螺旋上升的循环。

　　课程体系完善阶段。注重育德实效,提高智育水平,强化体育锻炼,提升美育素养,加强劳动教育,在落实国家课程的基础上,关注学生成长过程中对多样化课程学习的需要,力求体现每个学生课程学习的个性化成长。区内各学校的全面发展、五育并举的课程体系日臻完善。

　　以教育部颁布《普通高中课程方案(2017 年版)》为标志,基础教育课程改革进入了以促进育人方式变革为核心的新阶段。要回答好"培养什么人、怎样培养人、为谁培养人"这一根本问题,需要我们更加关注课程育人,更加关注学生的学习经历与体验。本书汇编的学校案例,集中反映了近年来黄浦区中小学在课程改革的过程中,不断探索课程育人的实践智慧。本书分为六个章节,基于课程价值、课程开发、课程实施、课程评价、课程管理等要素进行汇编,各章节又分别从协同育人、文化育人、活动育人、实践育人、特色育人和创新育人等多个维度来呈现学校具体的课改做法、经验和特色。

一、突破壁垒，协同育人

协同育人就是有目的、有计划地指向"育人"的课程建设机制，将学校各门课程对学生的影响加以组织、调节，使其相互配合、协调一致，以实现育人效果的最优化。学生的学习品质培养及学习能力的提升，受到各门课程、多种因素影响，协同育人要求学校系统设计和实施课程，将育人目标贯穿于课程体系。在构建"协同育人"课程的过程中，"学科育人"的价值得到了充分的重视。各学科课程的实施紧紧围绕培养人的必备品格和关键能力展开，不仅关注学科知识，更关注学科所蕴含的思想和价值观。学科思想发展、学科过程方法、学科情感态度等在学科教学中的地位更加突出，突出学科育人价值，培养学生学科学习的情感、态度和价值观。例如，黄浦区复兴东路第三小学的"聚光谷幸福源课程"以及黄浦区教育学院附属中山学校构建的指向科学素养的科学类课程群等，都是在不同范围和程度上对课程进行系统设计，力求将各课程的协同效应最大化的课程建设成果。

二、传承发展，文化育人

按照 2014 年教育部颁发的《完善中华优秀传统文化教育指导纲要》精神，要在课程建设和课程标准修订中强化中华优秀传统文化内容。要求围绕立德树人根本任务，遵循学生认知规律和教育教学规律，按照一体化、分学段、有序推进的原则，把中华优秀传统文化全方位融入思想道德教育、文化知识教育、艺术体育教育、社会实践教育等各环节，贯穿于启蒙教育、基础教育、职业教育、高等教育、继续教育各领域。基础教育课程建设中增加中华优秀传统文化内容，已经在政策研究和实践推进层面形成了广泛共识。中华优秀传统文化教育不仅是文化认知与技能教育，更多的是文化美德培育与文化精神教育，培养青少年的文化认同感与自信心，传承发展中华优秀传统文化中"讲仁爱、重民本、守诚信、崇正义、尚和合、求大同"等核心思想。这意味着在基础教育中需要增加更多中华优秀传统文化的内涵。在全区的各门基础型学科课程以及部分特色课程（如回民小学的民族融乐课程和大同中学的中医药创新课程）的建设与实践中，都较好地体现了文化育人的内涵。

三、突破空间，活动育人

我们认为，学校举办的各项活动，都应具有"育人"意义，也都应是学校课程的有机组成部分。因此，开展能够吸引学生、满足学生发展需要的各类校园活动，也是"课程育人"的重要组成部分。按照教育部关于加强综合实践活动课程建设的要求和市教研室关于开展小学低年级主题式综合实践活动课程推进的安排，全区各校结合学校课程建设基础开展了活动课程的开发与实施。好的活动，大大丰富了学生的学习经历和学习经验，让学生在参与活动的过程中体验、领会、反思。例如，黄浦区曹光彪小学实现了集团场馆课程共享，让集团内各所学校的学生能够到不同学校的各所活动场馆内，体验丰富的、各具特色的课程活动。这些尝试，使得学生能够在生动的经历中获得成长所需的必备品格和关键能力。

四、课程统整，实践育人

2017 年教育部重新修订的《中小学综合实践活动课程指导纲要》指出，根据学习内容和方式，综合实践活动整合为"考察探究、设计制作、社会服务、职业体验"四大板块，并将党团活动、博物馆参观等也纳入其中。旨在培养学生价值体认、责任担当、问题解决、创意物化等方面的意识和能力。中小学课程发展具有综合化、活动化、实践性、开放性、选择性等特点，立德树人更要重视实践育人，重视社会实践活动。学科实践活动的思想是要在学科教学中重视情境创设，要求学生理论联系实际，学以致用。综合实践活动课程将课内学习与课外活动、学科学习与社会体验、课程实践与社会服务相结合，积极利用学校周边的文化、科技、自然等资源，引导学生关注自然、关注社会、关注人生，走向实践、走向社会，形成积极的人生态度，学会服务他人、服务社会以及服务国家的责任担当。例如，黄浦区中华路第三小学利用学校周边的自然资源所设计和实施的"百草园"课程，就较好地体现了实践育人的理念。

五、尊重学情，特色育人

各所学校所面对的学生群体不一样，地域环境不一样，自然应当有符合学校特色的课程内容或实施方式,来满足本校学生的育人需要。我们主张特色课程建设首先要"规范",要符合"立德树人"基本要求和各级课程政策,依据《上海市中小学课程实施方案》《上海市中小学拓展型课程指导纲要》(简称《纲要》)和沪教第 36 号文件《关于中小学拓展型课程建设与实施的若干意见(试行)》等,建设学生喜欢的特色课程,落实学校的育人目标,培养学生的主体意识,完善学生的认知结构,拓宽学生的学习渠道,改善学生的学习方式,提高学生的自我管理和选择学习能力,形成学生的自我发展和持续发展的方向。不断创新学校的课程内容结构和课程实施评价方式,重视并加强课程的整体设计,编写学校特色课程实施方案,充分考虑学生的实际需求,具有明确的指导思想、活动目标、内容框架、教学与评价要求,尤其要重视情感态度与价值观、过程与方法目标的设计。这些要求将作为特色课程建设实践的理论依据和指导思想。实践表明,特色课程建设关键在于技术引领,在于区域整体推动。为此,我们制定并实施特色课程培育制度和区域课程建设条例(也就是特色课程建设的十条建议)。在特色课程培育中创新特色课程背景分析、目标厘定、愿景建构、内容选择、实施策略、评价跟进和过程管理等七项核心技术,注重对教师进行实操性指导。全区中小学有 1000 多个科目运用此技术进行课程的开发与设计,提高了学校开发课程的科学性、规范性与实效性。例如敬业初级中学的"嘉年华"课程、蓬莱路第二小学的"蓬莱小镇"课程等,无不彰显学校的独特育人目标。

六、面向未来,创新育人

教育是面向未来的,而未来最需要的就是创新人才。对基础教育而言,创新素养的培育一直是"课程育人"最值得攻关的方向。因此,课程建设必须高度关注学习方式变革和深度学习等问题,才能培养出热爱学习、勇于创新的学生。我们鼓励学校在各学科课程和特色课程中直面这一攻关方向,推进区域对于创新素养的培育研究。在此过程中,我们也确实收获了一批各有特色、初显成效的创新育人课程。例如,大同中学组织学生开展中药功能化妆品的研制,并纳入学校 CIE 课程体系中,指导学生开展创新研究,形成创业成果。上海师范专科学校附属小学的指向创新素养培育的"智立方"课程和卢湾高级中学的"人工智能 +"课程,都是在学科课程和特色课程中已经取得了一定成效的创新育人课程。

　　从黄浦区区、校两级的课程实践可以看出，全区以育人为导向开展课程建设，努力贯彻落实党的教育方针，在课程计划编制、课程目标厘定、课程内容梳理、课程实施探索、课程多元评价、课程管理落实等方面开展了丰富的探索，提升了学校课程领导力，从而推动学校课程的全面变革，让"培养完整的人是误程变革的基准"这一理念得到了坚持和落实。本书的出版，希冀能为我们进一步深化课程改革添砖加瓦。感谢每所学校持之以恒的努力，作者的专业洞见并能让我们汇集成册。

第一章

以育人为导向的课程价值追求

　　培育学生核心素养,落实立德树人根本任务,是新时期深化课程改革的基本方向。课程规定了以什么样的内容来培养学生的问题,课程改革的落脚点要通过学校课程具体体现出来。面向未来,学校课程建设需要基于学校办学理念,体现时代精神和文化内涵,构建基于价值引领及素养培育的课程体系,回答培养什么人、怎样培养人、为谁培养人这一根本问题。

　　上海市大同中学在"满足每一个学生发展的需要"的理念指导下,以课程计划的编制为切入口,探寻适合学生发展的课程;上海市向明中学提出"以学生可持续发展为本,让每个学生在创造实践中成长"的办学理念,根据创造性人才的培养特点和创造教育课程目标整合创造教育相关课程,从而形成课程群;上海市尚文中学以实现"学生健康快乐成长,奠定人生发展基础"为目标,建立学校课程计划的完善与更新机制,努力设计适合学生发展需求的课程,提高学校课程对学生的适切度;上海师范专科学校附属小学依据"多经历 '漫'成长"的理念,建构课程体系,为学生提供多种学习经历,聚焦创新素养培育,促进学生综合能力提升;上海市黄浦区复兴东路第三小学在"幸福教育,为精彩人生奠基"办学理念指引下,回归教育本源,追溯幸福教育源头的曙光,提出了以"每一缕阳光闪耀每一个孩子"为目标的"聚光谷"课程。通过上述几所学校的案例,我们可以看到,这些学校近些年来一直致力于学校课程建设,在追求课程建设价值的同时构建提升学生核心素养的课程体系,在落实立德树人根本任务上做出了积极的探索。

第一节　探寻适合学生发展的课程

上海市大同中学创办于 1912 年,在教改实践中倡导并实践"育人为本,育德为先,坚持改革,服务社会,发展自我"的办学理念。1987 年,学校率先在全国开展高中课程结构整体改革;20 世纪 90 年代中期探索学分制课程管理与学业评价制度;20 世纪 90 年代末构建研究型课程体系;步入新世纪,学校以提升课程领导力的行动研究为驱动,完善 CIE 创新素养培育课程,学校课程结构不断深化统整。大同课改的步伐不曾止步,但"探寻适合学生发展的课程"始终是学校课程改革与建设的永恒主题。

一、实践背景与问题提出

我们认识到,学校是通过课程为学生的发展服务的,教育改革的核心环节是课程改革。在上海教育综合改革的背景下,学校始终在思考"什么样的课程才是适合学生发展的"。2017 年,为了了解学校课程整体的实施情况,学校面向高一、高二、高三共计 840 名同学组织了网上调研,调查结果显示:大多数学生反映必修课程时间依旧过多,他们渴望更多的自主选择与活动的空间。

在调研的基础上,我们认识到学校的课程必须进一步聚焦学生的个性化发展,进一步理清课程供需矛盾,优化资源配置,满足学生个性化的发展需求。为了不断提升学校课程对学生发展的适应性,满足学校课程对学生发展需求的差异性,学校课程计划的编制应以《上海市普通中小学课程方案》为依据,以培养学生"学会做人、学会生活、学会学习、学有特长"为目标,在"满足每一个学生发展的需要"的理念指导下,贯彻"以基础型课程、拓展型课程、研究型课程为主干的课程结构"要求,确立"课程目标的整体性、课程结构的多元性、课程教学的差异性"三个原则,力求做到"保住底线""发展差异""鼓励冒尖"。在学校培养目标和课程发展目标的导向下,学校的课程结构应做到:目标整体、结构多元、尊重选择、差异发展。

为此,学校探索以文化为引领,对学校培养目标进行再提炼;以核心素养的培育引领学校课程变革,突出多样化和选择性,对学校的课程进行再设计;学校支持学生个性化成长,对现有课程资源进行再整合和深度开发。以课程计划的编制为切入口,继续探寻适合学生发展的课程,为学生提供更多课程选择,促进学生全面而有个性的发展。

二、推进过程与举措

为了更好地推进课程改革的落地,学校基于学生发展核心素养的培育,从顶层设计入手,围绕课程计划的编制采取了一系列举措,确保课程真正服务于学生的成长。

（一）设立课程管理机构,推进课程计划编制与改进

为了制定并完善学校课程计划,学校专门设立课程管理的领导机构——学校课程建设研究小组,将执行机构定为校课程教务中心。

学校课程建设研究小组由分管校长、课程教务中心负责人、教师发展中心负责人及教研组长、教师代表组成;在校长室的直接领导下,负责学校课程体系的建设、课程的开发、课程管理与评价等有关学校课程教材改革方面的规划、设计和研究实施等工作。学校依托课改研究基地学校优势,聘请有关课程与教学专家参加重大项目的咨询与研讨;在学校课程管理与评价中根据需要邀请部分学生代表参加。

学校课程建设小组负责学校课程计划的编研工作,各学科备课组按照学校总体课程计划制定本学科的科目实施计划。在课程计划的实施过程中,通过中期常规检查、学生午餐会、学生问卷调研等形式对课程计划执行情况进行调研。学期结束后,通过网上问卷、资料审阅、座谈研讨等形式对课程实施情况进行学期调研与总结研讨,寻找课程计划制定和实施中存在的问题,作为进一步完善课程计划的依据。

（二）确立课程计划编制流程,落实学生核心素养培育

学校课程计划的完善,需要建立一种适应学生选择性学习、个性化成长的课程计划的编制流程。该流程基于证据,包含以下几个要素:数据(证据)收集、数据(证

据)分析诊断、选课指导、课程实施、课程调适等。

具体来讲,就是将学生的思想品德、公民素养、修习课程、学业水平、身心健康、艺术修养、创新精神与实践能力这些综合素质的初始评价与学生生涯测评系统的数据结合起来,建立学生高中发展的初始数据库;根据初始数据库编研学校的课程计划,供给学生课程选择学习的内容;根据初始数据对学生进行选课指导;动态记录学生一段时期的课程学习旅程,形成阶段性过程性新证据(数据),判断课程对学生阶段性学习的影响,分析课程计划执行的问题,制定课程计划改进的措施,从而提升学校课程计划对学生成长的匹配性,指导学生形成适合自己个性成长的课程链。

学校课程建设研究小组负责学校课程计划的编研工作。在学生学情调研和学校"SWOT"分析基础上,课程研究小组根据学校核心素养的培育目标和当年度的课程供给情况,撰写学校课程计划草稿,经行政会议讨论后完成修订,在教工大会上进行解读。各学科备课组按照学校总体课程计划制定本学科的科目实施计划。同时,课程小组编制学生版的课程计划,即《大同中学学生课程学习指南》和《课程学习指南》,前者统整学生高中三年的学习生活,后者则用于在年级学生大会和学生家长会上进行解读,指导学生规划他们的高中学业生活。

在课程计划的实施过程中,学校通过中期常规检查、学生午餐会、学生问卷调研等形式对学校培养目标在课程中的落实情况、必修课执行情况、选修课执行情况以及课堂教学执行情况进行检查和调研,根据调研情况对课程计划进行部分的调适。(见图 1-1)

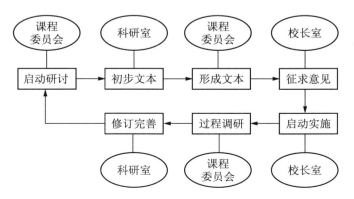

图 1-1 学校课程计划编制、实施与改进流程

（三）基于证据收集，构建课程计划完善机制

适应学生发展需求的学校课程计划，应该具备以下特征：对一届学生三年课程的整体规划，对学生三年学程的整体规划，对学生个性化成长路经的整体规划；学校的课程要实现"学生适应课程"到"课程适应学生"的课程供给，学校的课程计划实现"规划学习任务"到"适应学习需求"的完善；为了更有效地完善课程计划，我们基于学生立场，采集学生学习需求的证据，用以指导完善课程计划。证据搜集主要包括以下三个环节：

1. 分析学生生涯测评数据，完善学校的课程供给

学校对学生生涯测评的数据主要包括：兴趣评估、性格评估、智能评估、适应性评估、生涯发展水平评估。通过这些生涯测评数据结果的分析，可以帮助学校在课程内容供给上满足学生发展的个性化需求。以 2017 级学生生涯测评结果分析为例：从兴趣类型角度看，学校艺术型学生最多，可以营造自由、舒适的学习氛围，满足学生的需求，设计艺术元素的课程多鼓励自由表达；研究型学生较多，可以营造探索、钻研的学校氛围，在各种课程、课题、实验、实践等活动中，为学生创设研究的条件，满足学生的研究兴趣；社会型学生较多，学校可为学生多提供与人沟通、交往、团队协作的机会，促进学生发展出高超的社交技巧和进取精神；实用型的学生较多，可以与培养研究型兴趣的过程相结合，让学生在研究过程中培养使用工具的兴趣，并且将这种兴趣拓展到学习、生活中；企业型、事务型学生较少，学校可以通过模拟管理、模拟决策等机会，培养学生的领导与管理意识，并在实践中锻炼学生的耐心与细致。

2. 分析学生的选科数据，完善学校的课程实施

学生的学业水平等级性考试科目的选择和科目的组合，对不同届别的学生而言是一个动态的变量。学校可以从不同的维度对这些数据进行解读：如有多少个科目组合、选科人数在各门学科中的分布情况、两门科目重合的人数在学科组合中的分布情况、选科与选科组合男女生的比例分布情况、选科与选科组合在班级中的比例分布情况、选科与选科组合与语数外学科学业质量的匹配程度、选科与选科组合与学业水平合格性考试学业成绩的关联度等。对选科数据的多维度解读，有助于学校确定走班教学的模式，是全科"大走班"，是两门科目固定只走动一门的"中走班"，还是与行政班紧密结合的"小走班"。同时，也有助于走班教学的课表安排，合理安排学生走班教学形成的"空课时间"，并根据有"空课时间"的学生人群特征配置适合学生发展的拓展型、研究型课程内容。

3. 分析学生的综评证据,完善学校课程供给与学生个性发展的匹配性

学生综合素质评价形成性手册,全面记录了经历一段课程学习后学生在思想品德和公民素养、修习课程与学业水平、身心健康和艺术审美、创新精神与实践能力以及在学校特色指标活动中的发展情况和典型表现。通过对这些形成性证据的分析,一方面可以判断课程计划在一段历程实施后的实效性;另一方面,也可以了解课程计划要素对学生个性成长的适配性。例如,我们将综评形成性手册中学生的学业水平考试、等级性考试科目组合的学业水平与学生修习的拓展型课程科目以及所开展的课题研究进行比对分析,就可以为学生订制个性化的成长路径。如一个喜欢建筑工程课题研究的学生,我们就可以为他量身订制与该项目研究相匹配的拓展型课程学习群,拓展他在该专业领域的丰富课程经历和社会实践经历,以培养他的专业志趣和特长发展。

三、特色经验与实践成效

基于学生发展核心素养的培育,学校坚持全面育人的核心,尊重学生全面而有个性的发展,课程计划的设置也兼顾学生的立场,让课程更好地适应学生的发展需求。

(一)以发展核心素养为指导,明确学校课程育人核心

学校课程计划的编制应以学生发展为本,着眼于时代要求,加强课程内容的层次性、广域性、多样性、动态性和社会性,将学生身心全面发展和个性潜能开发作为核心,基本构建起为学生人格和才力的自我发展、终身学习意识与能力的养成,提供足够时空的学校课程体系,供给适合学生发展的课程。落实以下具体目标:

第一,学校课程在满足学生学科知识学习需求的基础上,最大限度地提供学生"品德形成和人格发展的经历、潜能开发和认知发展的经历、体育与健身的经历、艺术修养和发展的经历、社会实践的经历"。

第二,学校课程在满足学生知识获得需要的基础上,进一步通过课程实施促进学生"必备品格与关键能力"的和谐发展。

第三,学校课程在满足学生共同基础发展的同时,进一步满足学生在不同基础上的发展,满足学生个性发展和社会多样化发展的需求。

第四,学校课程在满足学生学科学习需求的基础上,进一步满足学生的创新精神、创业意识及创造实践能力的发展需求。

在以上目标的指引下,学校依据中国学生发展核心素养的根本要求,在秉持大同校训"笃学敦行,立己达人"及培养目标"学会做人,学会生活,学会学习,学有特长"的基础上,提出了面向未来大同学子应当具备的五个方面的"基本品格"和八个方面的"关键能力",从而形成了大同课程的育人核心。

基本品格:全球意识、民族情怀、责任担当、全面发展、学有特长。

关键能力:社会生活能力、团队合作能力、有效学习能力、信息与技术能力、实践行动能力、创意创造创业能力、批判思维能力、自主发展能力。

图1-2 大同中学课程育人核心

(二)推进课程统整,重构课程体系

基于核心素养的培育,在明确课程育人核心的前提下,学校对基础型课程、拓展型课程、研究型课程进行再统整,重构学校课程体系。

1. 确立课程设置原则

课程目标整体性原则。学校的课程,作为一个整体,以全面提高全体学生素质、发展学生个性特长为目标。各类型、各科目课程,在统一目标下,在不同层次、要求上功能互补递进,形成一个统一整体,课程计划需从学生全面素质培养的整体性原则考虑,针对学校学生特点,构建课程体系与配置课程科目。

课程结构多元性原则。学生素质教育的多元性,决定了课程结构的多样性。

各种类型、模式、周期的课程设计,既能保障学生共同基础的学习,也能够满足和促进学生不同基础和个性特长的发展以及社会多样化发展的需求。

课程教学差异性原则。坚持以学生发展为本,要承认并允许学生在中学阶段学习基础能力与潜质发展的差异性。课程计划应根据不同层次的学生,同一科目课程有不同层次的教学内容与要求;应根据不同层次学生的需求,设置不同层次的课程科目,或在同一领域、模块课程科目中,有不同层次的教学内容与要求。要培养、引导学生学会对学习的自主选择,尊重学生对自己所应学习的课程、课程的学习进程及要求的选择权利。

2. 形成学校课程整体结构

学校课程是一个完整的体系,体现基础型、拓展型、研究型三类课程有效整合,体现高中三个年段课程目标的整体布局,体现必修、限定选修、自主选修等修习模式的灵活运用。实现以上因素的整合实施,是学校课程整体框架设计的内在精神,即:目标整体、结构多元、尊重选择、差异发展。

基于学生学习基础的差异性和发展需求的差异性,我们将“为学生整体设计高中三年的学程”与“整体设计培养学生综合素质的课程(提高学生综合素质的所有学业生活,包括基础型课程、拓展型课程和研究型课程)”结合起来,依据“课程目标的整体性、课程结构的多元性、课程教学的差异性”原则,将学校课程重构为学科核心课程、素养拓展课程、专业导航课程和生涯发展课程。

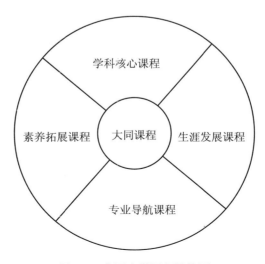

图 1-3 大同中学课程结构图

（1）学科核心课程是培养学生基本认知的课程，涵盖学生学习的八个学习领域。该课程分层、分类设置课程科目，为学生提供多样化的课程门类、多样化的课程层次，包括学科类课程和课程化的德育课程，涉及语言文学学习领域、数学学习领域、自然科学学习领域、社会科学学习领域、艺术学习领域、技术学习领域、体育与健身学习领域、综合实践学习八大学习领域，各学习领域设置相应的学科（模块）。

以语文课程为例，为满足学生学习兴趣多样化的需求，在基础型课程之外，设置古代散文阅读、古代诗歌赏析、现代散文阅读、现代诗歌赏析、中外小说阅读、中外戏剧欣赏等课程科目，供学生选择学习。英语课程，依据学生英语听、说、读、写等基本能力的差异，在基础型课程之外，将英语听说、英语阅读和英语写作设置为三个层次的课程科目，学生在教师指导下选择适合自己发展的科目学习，在学习过程中可以根据科目学习的状况进行科目之间的调整。物理、化学、生命科学、历史、地理、思想政治等选考课程，基于学科特点、学科课程标准的基础型课程要求、拓展型课程要求及学生学科特长发展需求，设置科目Ⅰ（基础型课程）、科目Ⅱ（倾向等级性考试科目的课程）、科目Ⅲ（等级性考试科目的课程）及学科竞赛科目等不同层次的课程科目，学生依据自身学习基础和发展需求，在学校提供的课程中选择适合自己发展的课程科目学习。

（2）素养拓展课程是拓宽学生视野、发展学生个性特长的课程。该课程着眼于提升学生综合素养，为学生提供不同的课程学习经历，促进学生个性特长的发展。着重从培养学生的通识素养、专业志趣和个性特长三个维度，为学生提供语言与文学、社会与人文、艺术与文化、科技与自然、信息与技术、数学与逻辑、思维与方法七大领域的课程。

（3）专业导航课程是研究型课程的升级版，致力于在培养学生研究性学习能力的同时培养学生的专业志趣。高一年级设置专题研修课程和CIE课程，高二年级设置课题研究课程和学院课程，形成了新的研究型课程实施体系。新的课程体系让学生在沉浸式的研究性学习中，走近专业、了解行业、明确志向。

（4）生涯发展课程对学生的高中预备、课程选择、学业规划、专业选择、职业体验等进行有计划的指导，帮助学生规划和实施好适合自己发展的高中学程。学校不仅要为学生"提供选择"，还应承担起指导学生"学会选择"的任务。所谓"教会选择"，就是学校要"帮助学生认识自己、认识高校、认识职业和认识社会，并在此过程中培养学生资讯收集、系统思考、利弊分析、价值观确立等终身受益的能力"①。

表 1-1　大同中学课程领域模块

课　　程	领　　域	学科（模块）
学科核心课程	语言文学	语文、英语
	数　　学	数学
	自然科学	物理、化学、生命科学
	社会科学	历史、地理、思想政治
	艺　　术	艺术
	技　　术	信息科技、劳动技术
	体育与健身	体育
	综合实践	学校文化活动、专题教育、自我服务与班团活动、社会服务与社会实践、社团活动
素养拓展课程		语言与文学、社会与人文、艺术与文化、科学与自然、信息与技术、数学与逻辑、思维与方法七大领域
专业导航课程		CIE 课程、专题研修课程、学院课程、课题研究课程
生涯发展课程		预备期课程、生涯教育课程、职业体验课程、成人教育课程等

（三）构建复合型学分制，为学生个性化学程腾出时空

为保障学生形成适合自己发展需求的个性化学程，学校还需为学生的选择学习提供时间和空间。在教育综合改革背景下，传统的以行政班级为主体的班级授课制教学组织形式已不适应学生选择学习和个性化学程的需要。

为深化学校课程管理，守住基础教育共性培养要求的底线，同时改进既有课程管理与评价体系对学生学习差异性与个性化发展的重视不足，学校试行复合型学分制，将学生在学校德智体美劳各方面的成长与教育经历以学分的形式进行呈现与记录，以形成学生的记录档案，以学分的形式呈现出学生在不同课程领域、实践活动中的投入程度与具体表现，形成了具象化的学生综合素质评价模型，引导学生不仅仅关注高考的毕业要求，更要兼顾个人的品德修养、身心健康、生涯发展和体育艺术等特长养成。基本学分、奖励学分共同构成了大同复合型学分结构。

---

① 霍益萍.高中改革需要完整的制度设计[J].上海教育，2014(18).

（1）基本学分是学生学习达标的评价标准。学校课程体系中的基础型课程、拓展型课程、研究型课程都纳入基本学分的范畴。将进入课程板块的德育活动,如军训、学农、社会实践活动等纳入学分制管理范畴。以学时为计算单位,按照学生学习领域设置,以学生根据课程计划必须达到要求的教育、教学量为基本评价指标,每学年规定学生在必要的学科领域的最低学时学分标准。在整个高中阶段,规定学生取得必要的最低学时学分为高中毕业的标准。

（2）奖励学分是学生学习优秀的评价标准。增设奖励学分,其目的是使学分制的评价指标能全面反映出学生在完成课程规定的学科知识、能力掌握与社会实践等教育活动基本要求时所表现出的差异性,以及学生在自主积极获得知识与技能、学习与活动能力等深广度、个性特长发展上的差异性,鼓励学生根据自己的个性特长,多学并学好,进一步激发学生的学习积极性、自觉性,激励学生发展自己的才能,开发自身的创造性潜力。

在大同,学生不仅可以对课程的门类、课程的层次进行选择,还可以根据自己的实际情况和课程学习需要,多选或少选一些课程,早学或晚学一些课程,学分制的建立为学生对自己的学习进程开展自主性的安排提供了可能。

例如,对于选考科目,新高考政策规定学生只要选择三门科目的学业水平等级性成绩折算计入高考成绩,也就是说学生只需要选择三门等级性考试科目学习就可以了。我们意识到,选考不能等同于选课,不能限制学生的选课自由。所以,我们允许学生在未明确自身三门等级性考试科目学科的阶段,可以多选择 1—2 门科目进行学习,简称"3 + X"模式,给予学生足够的缓冲时间,让学生在实际的课程体验过程中逐步确定自己的选考科目。对学生个体而言,由此可能会面临有的学期（学年）要求学习的课程过多。为此,我们将部分课程由按年段设置改变为根据课程总体要求按学程设计,方便学生根据自己的学业情况安排不同的学习进程。例如艺术课程,上海市中小学课程方案中设定为高中三年每年每周一课时,我们根据校情,在高一年级设置为每周一课时,将高二、高三年级的艺术课程设置为两个学程单元进行教学,每个学程为每周两课时,学生可以选择任意一个课程开展学习。

四、问题思考与未来展望

（一）对课程计划的思考

学校课程计划要充分体现"以学生发展为本"的思想,传承学校办学传统,倡导民主公平的课程文化,要通过课程计划的制订,反思学校既有课程,使学校课程从目标设定、结构确定、内容设计与实施、管理细则的制订都能体现学校文化的根本。

学校课程要着眼于时代的发展要求,将学生身心全面发展和个性潜能开发作为核心,构建为学生人格和才力自我发展、终身学习意识与能力的培养提供足够时空的学校课程体系,体现课程结构的多元性。

课程设置既要规范地遵守市教委的原则性要求,又要充分考虑学校特色,将相关特色课程灵活安排,采取集中教学与分散学习相结合的方式,灵活安排教学的实施。

(二)对课程计划的展望

课程计划的编制不是一个终点,而是另一个起点。要发挥学校课程计划的长远作用,就需要学校对课程计划的实施效果进行科学的评价和总结,作为后续学校课程计划调整和改进的基础与依据。这不仅是一种科学的工作策略与途径,也是学校制度和文化不断积淀、完善的重要载体和抓手,我们要进一步深化对课程计划评价的研究。

基于学校课程建设现状及存在的问题,提出课程评价的重点。内容包括:开展课程与目标交互效应的评价与分析,即课程目标与学校培养目标的支持度、各科目与课程目标的支持度、科目目标细化等相关问题;课程与课程交互效应的评价与分析,即三类课程中,不同学科领域间相互统整的科目数量与质量评估,学校课程模块组合的评估等相关问题;课程实施有效性的相关评估与分析。

研究课程评价的具体观测点。以课程开设的前期调研、实施中的过程调研及实施后的成果调研为主要三阶段,研究每一阶段具体的观测点设置问题,进而研究该观测点的观测内容、观测方式,并通过实践论证该观测点数据、信息对评估的准确性、有效性。

研究学校课程评价的运行机制。依托学校课程建设研究小组,评估现有评价运行机制,结合文献研究,吸收国内外成功案例的经验,完善学校课程研究小组(学校课程委员会)介入过程性评价的机制与运行模式,使学校课程评价有更明确的操作主体、操作规程与操作内容。

研究学校课程评价的技术支持。包括学校相关信息化平台的建设与完善,搜集各种指标证据的方法、问卷和量表、数据分析与解释的方法等,形成一套可持续运作的技术支持系统。

　　课程计划的编制并不是静态的,它是动态的、发展的,它有着核心和灵魂。如何在纷繁的变化中始终坚定不移地以学生发展为核心,坚持探寻适合学生发展的课程,是学校课程计划编制不变的初心和使命。

(上海市大同中学　郭金华、张伟峰)

第二节　以创造人才培养为导向的课程群建设

　　向明中学是上海一所有着百年文化传统的名校,现为中国创造学会全国创造教育实验基地、世界发明协会与中国发明协会联合命名的"国际青少年创新基地""创造教育名师培养基地"。在 30 多年的实践探索过程中,逐步形成创造教育课程体系,开发了面向全校学生,以人格、知识、能力、国际视野为核心要素的创造教育课程群。

一、研究背景与意义

(一)早期创造教育实践探索

　　早在 20 世纪 80 年代初,在市创造学会的指导下,学校着重在创造技能方面开展"小发明、小制作、小创造"的"三小能人"活动和开展带"小小研究生"、评"小小专家"活动,确立了"坚持全面发展,发挥个性特长,培养创造才能,造就四有人才"的办学思想。

　　至 90 年代,随着素质教育的提出,我校着重以开发学生的创造力为抓手来推进素质教育。在初、高中分别设立创新实验班,培养学生的创造性思维能力,提高创造素质。同时,提出"以学生可持续发展为本,让每个学生在创造实践中成长"的办学理念。明确中学实施创造教育的根本任务是:培养学生的创造精神和创造意识,形成创造性思维能力和创造实践活动的能力,铸就学生创造性人格。开始了第一轮的体现学校创造教育特色和符合 STS(科学、技术、社会)思想的"三个基点,四个板块"的课程框架构建,并着重在课堂教学中渗透创造教育思想。

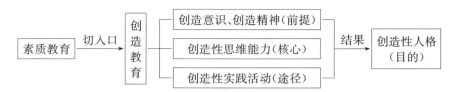

图 1-4 向明中学创造教育课程框架构建思路

（二）在实践探索中出现的问题

随着新一轮国家基础教育课程改革的推进，学校的教育实践出现了新的挑战：如何解决在有限的时间和空间里进行创造性人才的培养，如何更有效地培养学生的创造性思维能力，如何通过课程改革与设计，使课程、教材、教法、学法围绕培养目标的问题。这些问题要求我们站在新的高度，实施新一轮的课程教学改革。

（三）提出课程框架再设计，建设创造教育课程群

2005 年开始，学校在推进国家基础教育课程改革纲要实施的过程中，结合学校发展的特点，切实破解创造教育实践探索过程中存在的问题。通过学校课程框架的重组建设和课堂教学再设计，提出了创造教育课程群的建设。

创造教育课程群，就是根据创造性人才的培养特点和创造教育课程目标，围绕人格、知识、能力、国际视野四个要素，整合创造教育相关课程，从而形成课程群。在建设过程中，我们着重考虑将学校的培养目标具体化于各类学生的学习行为之中，使不同类型的学生得到充分、多元的发展。

二、研究与实践过程

（一）研究过程

1. 调研分析阶段

梳理自 2000 年以来开设的所有校本课程，包括创造技法、创造性思维、自创性研究课程、STS 课程、各种拓展型课程和实践性课程。从中明显地感到部分课程是属于培养学生的创造意识、创造能力、创造习惯的不可或缺的课程，有一部分是属于以培养学生创造能力为宗旨的可选类课程。为此，我们精选出 34 门较成熟的校本课程。

梳理以音乐创作、广告创意、电子设计、机器人创意、创造发明作品制作与展示等为支撑的创造实践活动,从学生的反馈与社会的反响,从与校本课程相匹配的角度,精选出 28 个学生协会。

对全体教师进行开设拓展课、指导协会活动的方向及能力的调研。结果令人满意,90%的教师能提交课程或协会的名称和内容,产生 14 种新的课程。

2. 方案设计与论证阶段

初步确立创造教育课程模块。即:创造教育核心模块、创造研究与创意模块、创造实践活动模块。

把创造研究与创意模块分为科技类、社科人文类、思维类、工程类、信息技术类、语言类和艺体类七类。

以创造教育课程群的形式提出建构原则,配套相关课程。

3. 课程设计阶段

根据重点高中学生的身心发展与教育规律,创造性人才的培养目标,采用"基础＋拓展＋实践"的建构原则,以"兴趣→志趣→志向"的发展目标,"教材＋实验手册＋自主创新实验室＋学习资料包"的新课程理念进行课程设计。

完善创造教育核心课程,包括创造技法、创造性思维、自创性研究方法论、创造性人格读本。

重建 19 门学校特色精品专业课程:创造性思维与技法、数码影像编辑、原创音乐、生物医学、现代物理、机器人控制与建模、创意设计、亚热带植物栽培技术、现代滴灌农业技术、天体与气象、国际经济、文史哲通论、纳米技术入门、环境微生物、计算机编程设计、茶道与民俗文化、科学与艺术、无线电子技术、实验中的创造。

重新定位创造实践活动课程。以学生协会活动为主体,以课题研究为学生创造实践活动开展的主要方式,通过学校大型活动的平台支持和教师特色工作室的专业支持,给每一位学生提供了施展创造才能的机会。

编写课程群实施指南及课程学生读本。

(二)实践过程

1. 课程与教材建设

让教师了解与熟悉课程方案,明确课程群实施的原则及三大课程模块间的关系。

利用校内外资源,组织教师编写校本教材。

创造教育课程群的实施。

（1）创造教育核心课程（必选类）

"创造"课的定位是激发学生创造潜能，倡导质疑、批判精神。该课以专题教学的形式，如以能源与节能、天文与测时、衡器与称重、测量与测长、火灾与逃生、为生活寻求便利等专题来引出要学习和了解的内容。

"创造性思维"课的定位是让学生更多地了解创造及人的思维，接受更集中的创造性思维训练。通过小组讨论的形式、进行脑力激荡，有针对性地实施发散思维、逆向思维、自由联想、强制联想、不完全归纳、类推、直觉思维、纵横思维等训练。

表 1-2　创造研究与创意模块的具体设置

类别\年级	高一	高二	高三
科技类	自然科学史、诺贝尔学、环境与地理、数学应用与建模、数学拓展、物理拓展、化学拓展、科学史、机器人控制与建模、现代物理、医学物理	数字电路与单片机、生活中化学、现代生物、生物医学、环境微生物、纳米技术入门、环境与地理、地质与能源、无线电子技术、应用数学、化学拓展、物理拓展、数学拓展、天体与气象	数学拓展、物理拓展、化学拓展、生物拓展、分析化学、微积分
社科人文类	模拟联合国、心理与生命健康、向明校史、创造性人格读本、文史哲通论、阅读与写作、自然辩证法	模拟经贸、国际经济、中国名著赏析、世界名著赏析、中外诗词鉴赏、社会与伦理、文史哲通论	国际金融常识、历史拓展、政治拓展、文史哲通论
思维类	创造思维与技法、自创性研究方法论	形式逻辑、数学思维	哲学
工程类	科学与艺术、实验中的创造	头脑奥林匹克（OM）、亚热带植物栽培技术、现代农业技术	
信息技术类	计算机编程设计、数码影像编辑	创意设计、计算机网络技术、计算机编程与设计	
语言类	英语阅读与写作、科技英语、日语基础、韩语基础、法语基础	英语听力与口译基础、科技英语、英美文学阅读	英语翻译技巧、科技英语
艺体类	原创音乐、打击乐艺术、茶道与民俗文化、演讲与口才、篮球、艺术体操、乒乓、游泳、健美、插花艺术	美术鉴赏、话剧创作与表演、篮球、艺术体操、乒乓、游泳、网球、健美、太极拳、打击乐艺术	

创造实践活动课程指南

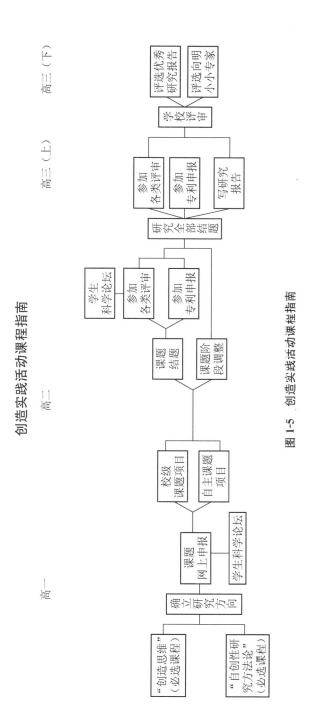

图 1-5 创造实践活动课程指南

"创造性人格读本"是一本阅读教材。通过对"爱国""诚信""正直""信念""责任""合作""宽容""环保""慈善"等主题的设计,鼓励学生从阅读感悟中体验、激发道德激情,潜移默化地形成创造性人格。

"自创性研究方法论"是一门让学生在课题研究活动中求发展,在兴趣探索中求创造的课程。所谓自创性研究,就是让学生自我发现,自主研究,自由创造,所设立的课题内容以创造实践探索为主。

（2）创造研究课程（选修类）

每个学生根据自身个性特长和爱好,从七类科目中选修一至二类,每学期至少选修二门,三年修完十门课程。

（3）创造实践活动课程（选修类）

创造实践活动模块通过以下两种方式实施:一是主题活动方式,确定主题—提前准备—拟订方案—实施活动—总结评价。其活动过程分为确定主题、活动导入、活动组织、活动展开、总结评价和拓展提升。这六步并非固定不变,而是可灵活安排。在实施过程中,学校提倡、鼓励师生勇于实验、大胆探索、不断创新,形成自己的活动特色。整个过程都应体现学生是课程实施的主体、以学生自主活动为主的课程理念。二是课外创造活动的方式。这一方式以学生的创造行为为主体,突出了创造意识、创造实践和创造成果之间的良性循环,这一良性循环的核心是"创造",其支撑体系包括与创造行为各个阶段相对应的六个子体系,分别是:群体激励子系统、经费资助子系统、教师指导子系统、竞争交流子系统、成果转化子系统、个体评价子系统。

2. 教法与学法建设

（1）鼓励教师采用互动性教学方法。"互动性"创造性教学过程的主要环节:精心研读教材,做好教学设计;设置问题情境,激发学习兴趣;培养创造性思维,加强高级思维训练。"互动性"创造教学过程如图 1-6 所示:

图 1-6　"互动性"创造教学过程

教师运用多种创造性教学的策略,包括设疑、启发、鼓励、指导、评价、总结的策略,目的是要教会学生学习,使学生乐学、善学、优学,鼓励和培养学生的自主性、独立性、自信心和创新精神。

(2) 鼓励学生开展课题研究。学生从最初的选题、设计研究方案到总结提升的整个过程中,不仅经历了科学课题研究的主要历程,也了解到创造活动的规律,便于以后独立进行创造实践活动。

(3) 培养学生创造性学习的习惯。

3. 环境建设与管理创新

(1) 创建协会楼,保障学生个性发展的空间。

(2) 建设一批专用自主实验室,即:创造实践实验室、机器人实验室、环境微生物实验室、音乐原创实验室、美术创作室、计算机设计与编程实验室、物理自主实验室、化学自主实验室、动漫创作室、基因探索基础实验室、纳米技术实验室、无线电子技术实验室、生命起源展示室、现代物理展示室、科学与艺术探索实验室。

(3) 营造和谐、宽松的创造氛围。从活动场所方面,建立以学校为主,少年宫、各类科技基地等社会教育为辅的活动网络;从形式方面,以课堂学习为主,以各种课外的竞赛、科技发明、小制作为辅;从内容方面,通过今天我当家、学生自主讲坛、我与科学家面对面、学生节等活动,搭建展示平台。

(4) 调整课时分布,把学科基础课程的课时压缩至60%,凸现学校课程特色。

表 1-3 课程课时分布

课程类别		学科基础课程	创造教育核心课程	学科拓展提高课程	创造研究和创意课程	国际教育课程	社会体验课程等
年级	高一	60%	10%	10%	5%	5%	10%
	高二	60%	5%	10%	10%	5%	10%
	高三 上	60%		20%	10%	5%	5%
	高三 下	60%		25%	10%		5%

(5) 实施"(3+1)+1+X"选课学习方法。"3+1"即语、数、英三门加一门选考学科;"+1"即创造教育核心课程;"+X"即创造研究课程和创造实践活动课程。让学生在有限学习时间里,充分发挥个性特长,扬长避短,错位发展。

（6）健全评价机制。制订《学生成长手册》《小小专家命名和管理细则》来充分开发学生创造潜能，指明创造方向；建立创造教育课堂教学评价标准及各学科评价标准；完善家委会制度，积极推进智慧家校空间建设；通过学生评"本周最好的课""我最喜欢的老师"来推进教师的教学工作；制定《科技创新指导奖励条例》《教师发展规划》，鼓励和激励教师的创新行为，更好地服务于学生。

（7）成立震旦书院，建成创意实践体验馆。学生的发展、成长离不开各种平台和机遇。筑巢育才、时空平衡，在机制创新中，我们不断探索着学生成功之路。学校在各种学生社团、协会的基础上，创立震旦书院，组织书院课程，包括科学与艺术、机器人控制与建模、创造发明、创意设计等，同时配置十多个特色实验室，如广告美术创意实验室、纳米技术实验室、数字电路与单片机实验室、现代生化医学实验室等，设立十个专题阅览室和研究室，新建创意实践体验馆，发挥教育综合效能，使每个学生在书院里，能寻找自身发展的空间。

三、主要内容

（一）创造教育课程群建设，面向全体学生，覆盖所有课程，贯穿始终

课程设置必须细化，落实到每一门课程上。其中，有不少实践课程、非校园内开设课程，这部分课程，是难以用分数来考量的。于是，我们试图以分数与学分相结合的方式，对课程进行管理。即围绕课程群的实施，探索学分评价制度，做到在国家基础型课程之外，让每一位学生通过学分制管理，拥有一张自己的课表。学生根据自身的发展需要，自主选择，形成个性化的学习进程。

在课程管理基础上，开发学生创新素养成长评价。以学生成长档案形式，关注学生个性特长，促进学生德智体美全面发展。以推进综合素质评价为导向，建立和完善有利于学生创新素养培育的教育评价体系，加强对学生的综合素质测评，将创新精神和实践能力作为学生奖励评优的重要指标，关注学生个性特长，促进学生德智体美劳全面发展。

（二）形成培养学生高级思维能力的课堂教学的策略与方法

从理论架构看，我们完成了具有向明创造教育特色的高级思维能力的界定，并着重从教育心理学的角度论证了高级思维能力是创造性思维能力的核心。

我们提炼出了以高级思维八法为核心的课堂教学的策略和方法。其中培养高级思维能力的八种方法包括:从简单识记到网格布局,从常规配对到选择编码,从领会运用到分析综合,从二元对立到关系互动,从一种方法到联系组合,从单一领域到融会贯通,从初步看法到自觉监控,从精确唯一到容忍模糊。并从中折射出的四种具体化的高级思维能力:高级知识组织能力、高级分析辩证性思维能力、高级策略选择能力、高级评价性思维能力。教师在教学实践过程中还结合学科教学,结合自己在课堂教学过程中一个个生动、鲜活的案例,一堂堂引人入胜、耐人寻味的课例,进一步总结出八种方法和四种能力间的对应关系。

(三)创造实践活动项目,塑造创造性人格

在创造实践活动模块中形成"创造实验、自主管理、社会实践、主题活动"四个项目,塑造创造性人格。

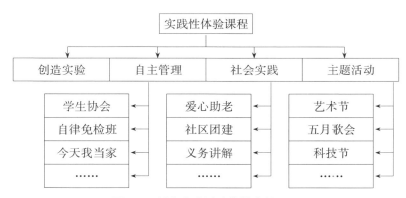

图 1-7 创造实践活动模块中的项目

创造实验。学校先后建造了 30 多个(两校区)创新实验室,即:隶属于自然科学类的现代物理、TI 数学、植物培育、水生物及微生物、现代生物实验室;隶属于工程技术类的机器人、创造发明、复合水处理、纳米技术、乐高结构、头脑 DM 及 DI、3D 创意实验室;隶属于人文社科类的微电影、原创音乐、数字影像、陶艺、室内乐、文化传承实验室。还有科学与艺术、创意实验体验馆。实验室的有效运作,为学生的兴趣和特长的发展提供了广泛的发展空间。

自主管理。包括学生协会组织、创建自律免检星级班活动、开展了"今天我当家"的责任服务活动等,其目的是唤起学生自觉意识、自励精神和自省作风,培养诚信意识、团队精神和责任感,形成自我管理的学校氛围。

社会实践。我校社会实践的内容,包括了爱心助老、爱心助学、爱心互助等爱心系列活动以及一大会址纪念馆义务讲解和社区团建的内容。

主题活动。从每周的升旗仪式到每年的"向明之春"艺术节、五月歌会、梦想剧场、科技节等大型主题活动,方案策划、组织落实、人员挑选、过程管理无一不是学生们自己动手完成的,从中锻炼了一大批具有创造能力的学生,实现了学生的自我体验、自主教育、自由创造。

四个项目相互渗透、相互穿插,学生通过自主活动,参与社会、体验人生,表现和展示自我,发挥个性特长,从中锻炼塑造创造性人格。

四、实践效果

30 多年创造教育的实践与探索,尤其是近 10 年来对创造教育课程群建设的探索和实践,使学校的品牌获得迅速地提升,学校先后获得国家级荣誉称号 30 多项,特别近三年荣获"全国精神文明建设先进单位""全国教育系统先进集体""全国创造教育成就奖"等称号。

(一)学生创新素质明显提升

学生创新潜力得到进一步的发展。每年我校学生有 80 多项创造发明获得专利申请,5 年来已累计 400 多项专利成果;3 年来,我校学生在国际、全国及市各级各类创新大赛上获奖有数百项;在 2008 年以来的国际创造发明展中,我校学生荣获 30 多个金奖、20 个银奖;在世界 VEX 机器人大赛中,连续获得优秀团队奖和世界冠亚军。打击乐连续 6 届获全国金奖;头脑 OM 比赛获世界冠军,得到韩正市长接见;陈同学获市长奖,10 多位学生获"中国科学院小院士"称号。

(二)学校品牌迅速提升

学校先后获得国家级荣誉 30 多项,现为世界发明协会与中国发明协会联合命名的、全国唯一的"国际青少年创新基地""市创造教育名师人才培养基地",中国创造学会命名的"全国创造教育实验基地"。获得全国创造教育成就奖(首次全国有 6 所学校)。学校教师的创造素养明显提高。教师不仅"要"开展创造教育,而且"能"开展创造教育,形成了特级教师、准特级教师和市、区学科带头人,市、区骨干教师及市名师后备人才共 40 多位的强势创造型师资团队。教师已累计编辑完成《创造教育成果系列丛书》20 多本和 40 多本校本课程读本;相关研究成果连续 3 届获得上海市教育科学研究评比一、二等奖,获得全国基础教育课程改革三等奖。

（三）向明教育集团成员校的壮大与培养目标的一致性

向明创造教育的优质资源,在联合体的六所成员校中实现了共享。学段衔接的教育教学探索,在提高教育教学质量上打破了学校的自我封闭,阶梯形学段的校际联动为向明创造教育的深化发展提供了更多研究契机。经过十年的磨砺,向明教育集团形成了资源有序滚动、师资柔性流动、学生深度互动的良性循环,实现了成员学校整体办学水平的共同提高。

（四）社会反响强烈

学校连续两届承办"全国中学创造教育峰会",三届"中学生世界经贸模拟大赛"和"模拟联合国大赛"。2018 年 10 月,面向全市展示"学生创造性人格培育"。五年多来,全国各地到向明来学习创造教育办学经验的达 3000 多人次,团队 200 多批。学校被列为教育部校长培训中心、教育部教育发展中心定点考察学校。向明创造教育成果被《文汇报》、《新民晚报》、中央及上海电视台等各类主流媒体多次报道向,得到联合国教科文组织总干事、全国发明协会原会长、教育部领导等的高度肯定和赞扬。韩正、陈至立、徐匡迪、柳斌、刘云耕、龚学平、沈晓明等领导还专门题阅和批示祝贺。2014 年,在上海市首届基础教育优秀成果奖评比中荣获特等奖。2015 年,在全国首届基础教育优秀成果奖评比中,荣获一等奖。

在 30 多年的创造教育实践探索过程中,通过实施创造类课程,培养了学生的创造精神和创造意识,形成创造性思维能力和创造实践活动能力,铸就学生创造性人格。步入新时代,学校会进一步以创造教育课程群的推进为抓手,将国家课程与学校课程有机地整合,创造性地构建学生课程学习模块组,通过必修和选修的方式,组合成个性化学习课表,继续压缩基础类课程课时,实现在有限的时间、空间里,为创造性人才培养奠基的目标。在推进课程群建设过程中,着力探究创新课堂教学模式,通过慕课、未来课堂、线上教学与线下相结合等方式,提升教师的教学水平,促进学生的深度学习,凸显学校创造文化特色。

（上海市向明中学）

第三节　基于学生需求的学校课程计划

尚文中学是一所在全市乃至全国享有一定声誉的公办初级中学,也是一所具有教育改革传统的学校。学校先后被评为"全国创造教育先进实验基地""上海市文明单位"等荣誉称号。学校始终坚持育人为先,注重全体学生的全面发展,是上海市一期、二期课程教材改革初中整体试验学校。在基础型课程中,努力探索"让学生动起来,让课堂活起来"的教学模式,注重对学生主动学习的态度和能力的培养。在拓展型课程中,大力加强校本课程建设,使学生的个性得到了充分张扬。探究型课程中通过师资队伍建设与管理网络的建立,使课程的实施有了可靠的保障,学生创新精神、实践能力、合作精神有了长足的发展。

一、问题提出的背景

多年来,学校持续在课程结构改革、课程内容建设、课程管理与评价等方面不断探索,从"生活价值教育校本系列课程的开发和实施"到"社会教育基地课程资源的开发和利用"的探索,努力实现"学生健康快乐成长,奠定人生发展基础"办学目标,形成了促进学生发展的、初具学校特色的一系列校本课程,不断完善学校课程计划。在对学校课程品质的分析和反思中,我们仍然发现:学校课程建设依然存在的一些问题,如学校课程规划的系统性还不强,课程文化彰显不够,不足以完全体现学校的课程特色;课程实施的形态依然比较传统和单一,使课程的规划与实施不能充分满足学生对学校课程的憧憬;课程类别虽多,但课程类型重复,不能充分满足不同层次学生的多元发展需求。

基于此,学校课程应更多地适应学生的发展需求,提高学校课程对学生的适切度。站在新的社会发展背景下,如何在传承学校优良传统的基础上,探寻适合学生发展需求的课程,体现学校的课程价值,是学校课程规划及实施中面临的新问题。2016 年黄浦区教育局启动了"黄浦区推进教育综合改革　深化学校内涵发展行动研究"项目的研究。以此为契机,我校开展了"基于学生核心素养培育的初中社会实践课程体系的研究"的行动研究。旨在通过该项研究,能促进学校重新分析学校课程的品质,思考并解决目前学校课程规划及实施中存在的问题,设计适合学生发展需求的课程,使学校各类课程围绕学校课程目标得到整体规划和有机整合,使学校课程结构更加合理,形成学校新一轮课程计划,在此过程中建立起学校课程计划的完善与更新机制,不断积淀学校课程底蕴。

二、问题解决的过程与方法

(一)收集课程信息,明晰课程需求

满足学生的发展需求,是我校课程计划更新和完善的追求,在学校课程计划的实施过程中,学校需要对实施的情况进行信息收集,深入了解学校课程实施情况的满意度。对需要改进的内容进行调研,之后对采集的数据进行分析,形成诊断,然后才能进入课程计划的调整与完善阶段。

为了更好地了解学生的需求,及时地发现学校课程设置及实施中的各类问题,我们针对学生、教师、家长不同对象进行了调查,采用问卷、访谈、听课、评课、专题教研活动等多种方式,问卷内容涉及学校的课程设置、课外活动、社会实践等方面的内容。调查显示:我校 96.5％的学生认为学校开设的课程丰富多彩,90.7％的学生喜欢学校开设的课程。很多学生对学校的课程提出了自己的意见和建议:希望多开设实践体验类的课程,尤其希

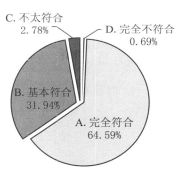

图 1-8　学生对学校课程是否丰富的调查数据

望学生的社团活动能与校外的实践活动相联系。90％以上的学生非常喜欢学校开设的教育基地实践课程,但同时也建议学校能开发更多的教育基地,丰富学生的选择,满足学生的发展需求等等。

对教师的问卷和访谈中也发现:不少教师非常支持学校的社会实践活动的开展,但同时也提出学校的实践活动虽然很多,但大多是零散的,往往被当作是应景的活动,随意性很强,难以形成较为稳定的课程系统。家长问卷显示:学生在家的时间除了完成作业外,用时最多的时间是游戏或看电视,与社会接触的时间较少,家长苦于没有明确的目标和缺乏有效的指导,也难以发挥积极的引导作用,希望学校能给予社会实践的指导。同时,原有的课程计划中对"社会实践活动"这一板块只规定课程的设置、学时(每学年安排两周)和要求(必修,分散安

排),给学校留了非常大的思考空间。由此,课程计划中的社会实践课程领域逐渐完善。

(二)分析课程现状,思考解决路径

在对学校课程品质的研究中发现,我校虽在课程建设中已经取得了一定的经验和成效,但在社会实践活动课程建设中仍然存在一些问题。例如,学校的社会实践活动虽然非常多,很受学生追捧,但活动目标不强,效果不佳,大多是以零敲碎打的分散活动为主,且被定格为学校德育的内容,班主任参与的多,学科教师参与的较少,没有与学校课程充分结合,也没有充分关注到作为未来公民的学生核心素养的培育。

基于对以上问题的分析,我们认为:在社会实践课程建设中必须解决三个问题:一是如何基于学生发展将学校零敲碎打的社会实践类课程及活动进行统整?二是如何将学校原有的社会教育基地课程、生活价值教育课程、各类主题性实践活动进行课程化设计和统整?三是如何形成一套社会实践课程体系的建构及实施的保障机制?以多年来学校取得的课程改革的经验为基础,将各类社会实践活动统整为一个内容系列化、资源社会化的课程体系,为培育学生综合素养提供新的途径和思路。

(三)确立课程目标,构建课程内容

社会实践课程应面向学生完整的生活世界,注重实践体验,着力发展学生的核心素养。这就要求我们在社会实践课程建设时,要遵循自主性、实践性原则,设计长短期相结合的主题活动,不断丰富活动内容,拓宽活动空间,使活动内容具有递进性和持续性,促进学生核心素养的发展。

通过系统地分析和反思,确立了我校社会实践课程体系建设四个维度的目标:

价值体认:亲历社会实践活动,加深有积极意义的体验,主动分享体验和感受,与老师、同伴交流,形成积极的观念、态度和能力。

责任担当:围绕学校、社区的需要开展服务活动,增强服务意识,养成独立的生活习惯;愿意参与学校、社区服务,增强服务行动能力;初步形成探究社区问题的意识,形成对学校、社区负责任的态度和社会公德意识。

问题解决:能关注自然、社会中的现象,提出有价值的问题,并将问题转化为有价值的研究课题,用科学方法开展研究,能运用所学知识理解与解决问题,形成基本符合规范的小课题研究报告。

创意物化:能将一定的想法或创意付诸实践,通过设计、制作等发展学生的实践创新意识和审美意识,提高创意实践能力。

同时,我们梳理了目前我校开展的各种社会实践活动的内容和形式,将社会教育基地活动、生活价值教育以及各类主题体验活动等,确立为社会实践课程的三大模块,并确立各模块重点关注的课程内容。

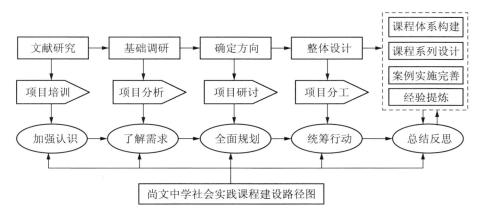

图 1-9　尚文中学社会实践课程建设路径图

表 1-4　尚文中学社会实践课程体系整体框架设计

社会实践课程结构						
	三大模块	系列课程	实施对象	课程框架	课时安排	重点关注
社会实践课程	社会教育基地课程	12个教育基地课程指南(上海科技馆、上海博物馆、上海城市规划馆、上海昆虫博物馆、鲁迅纪念馆、梦清园、上海民防教育科普馆、上海公安博物馆、江南造船博物馆、中华艺术宫、当代艺术馆、中共一大会址)	六至九年级	见模块一	每个教育基地8课时	综合实践能力的培育
	生活价值教育课程	关于"诚实"的实践课程 关于"包容"的实践课程 关于"简朴"的实践课程 关于"合作"的实践课程	六至九年级	见模块二	每个课程6课时	学生品格培育
	主题体验实践课程	成长性课程 传统文化课程 职业体验课程	六至九年级	见模块三	每个课程6课时	实践体验的丰富性

我们将社会实践课程体系的构建分为：课程整体框架设计、社会实践课程的有序建设阶段、个案开发与实施等三个阶段来开展。

第一阶段：基于学生发展核心素养的培育，将三大模块课程进行统整，每个模块从课程目标、课程内容、课程实施、课程评价等方面进行分析，形成一个社会实践课程整体框架。

第二阶段：社会实践课程的有序建设阶段，即选择某一模块，对我校开展的某项社会实践活动作系列课程化的研究。主要针对学校已有的社会教育基地课程、生活价值教育课程及主题体验实践活动等开展研究，明确各项活动的目标、内容、方法、实施过程及评价措施，形成社会实践课程系列。

模块一：教育基地系列实践课程

通过12个教育基地实地的考察和学习，提高学生在真实情景中体验知识生成与应用的能力，培养学生在知识学习过程中紧密联系社会实际的学习习惯，丰富学生的学习经历，提高学生的社会实践能力，有利于学生核心素养的培育。

表 1-5　课程内容及实施框架（以上海博物馆—青铜文化课程为例）

课程名称	课程目标	课程内容	课程实施形式	评价方式
上海博物馆——青铜文化	知道青铜器的造型、用途；认识青铜器的纹饰种类；体验用金属皮浮雕进行纹饰创作的乐趣；感受青铜器作为实用器具和礼器所承载的文化积淀和永恒的艺术魅力，以及对人类生活的巨大贡献	商周时期青铜文化及其在中国历史文化发展中的独特作用（历史学科）；青铜器铭文在各历史阶段的字形特点、修辞、语句等，感受文字、语言之美（语文学科）；青铜器主体及部件的独特名称及功能，感受青铜器的纹饰和造型美（美术学科）；青铜编钟的韵律之美（音乐学科）；青铜器制作技术，颜色变化的原因等，体会青铜器的独到工艺（化学学科）	以上海博物馆实践活动和课堂教学相结合：认识青铜器→青铜器的分类（青铜酒器、青铜食器、青铜水器、青铜乐器、青铜兵器）→青铜器的铸造方法→青铜器小常识（品类、器名、读音、用途）→青铜器的纹饰设计等环节，并且整合语文、历史、音乐、美术等各学科的相关内容，让学生的实践学习更全面、更开放、更高效	教育基地老师与学校老师评价相结合，同学互评与自评相结合

模块二："生活价值教育"系列实践课程

通过以"诚实、包容、简朴、合作"为主题词的"生活价值教育"社会实践课程来培育学生良好的品质、正确的价值判断、科学的方法、健康文明的行为习惯和生活方式,从而不断提升学生综合素养,实现学生作为"整体的人"的发展。

表 1-6 课程内容及实施框架(以诚实课程为例)

课程名称	课程目标	课程内容	课程实施形式	评价方式	保障措施
关于"诚实"的实践课程	知道诚实在社会中的重要性,懂得诚实是一个公民应该具备的基本素养;学会在社会生活中诚信待人、实事求是,自觉遵守网络诚信和安全规定,做"网络诚信小达人"	主题教育课:《诚实的人值得信赖》《诚信在家庭》《诚信在社会》《诚信在网络》;主题教育活动:市场诚信小调研、网络诚信主题讨论	由班主任、家长、小东门街道社工、校外法制辅导员等担任授课教师,进行分年级、分班授课;由学校德育处、教导处组织学生参与相关内容的探究调研以及网络讨论	教师评价、家长评价、社区辅导员评价、学生互评	"做尚文诚实学子"评选、生活价值教育实践活动手册

模块三:"主题体验"系列实践课程

主题体验实践课程包括:成长性课程、传统文化课程和职业体验课程。将"主题体验"作为我校系列实践课程体系的有机组成部分,深入挖掘和创新其内容形式及文化内涵,有助于塑造学生适应个人终生发展和社会发展需要的必备品格与关键能力。

表 1-7 课程内容及实施框架(以成长性课程为例)

课程名称	课程目标	课程内容	课程实施	课程评价
成长性课程	熟悉尚文校园,了解和体验校园文化,增强对学校的认同和归属感;学习初中生行为规范相关要求,更快融入校园生活,成长为合格的初中生;回顾初中生活点滴,感受作为尚文学子的荣誉感和责任感,激发感恩母校的情感;迎接新加坡友好学校师生,展现当代中国青少年活力和形象	尚文的悠久历史初中生行为规范要求;新生入学仪式展示在适应性训练中的风采;结业仪式节目准备;展示尚文学子,介绍尚文校园	由年级组、班主任等共同组织开展适应性活动,由团队组织开展入学仪式,表彰新生适应性活动成果;由德育室对学生自主设计和策划的结业仪式活动进行指导,并邀请家长、老师见证这一刻;由校长室、德育室、教导处组织新加坡师生来访时展示活动相关事宜	学生自评与同伴互评相结合,班主任评价与教师、家长评价相结合,侧重过程性评价

第三阶段：社会实践活动的个案开发与实施阶段，即围绕某一实践课程进行个案设计及活动实施，确立该活动的流程，形成不同年级的社会实践课程，并在实践中修订完善，形成可借鉴的案例。

以生活价值教育课程模块"诚实课程"为例，我们将每一个主题词设定分年级进行总体设计，确立内容及具体要求，以主题教育课、实践活动、学科教学为载体实施，从学校、家庭、社会三个横向领域落实目标要求。

表 1-8　生活价值教育课程内容框架（诚实）

年级	年级目标	具体要求	主要选题	评价方式
六年级	了解诚实的基本含义，懂得诚实是一个人最基本的品质；学会把诚实行为落实到日常学习、生活中，做一个诚实的学生	认知要求：知道什么是诚实及诚实的意义；行为要求：作业不抄袭，考试不作弊；品格要求：坦白真诚、实事求是；取向要求：诚实是为人之本	诚实是一个人最基本的品质；诚实——不说谎话；诚实——说出真相	同伴互评、师生互评
七年级	了解诚实是交友的基础；学会真诚待人；在交友中建立互信	认知要求：知道诚实是交友的基础，只有真诚才能换来友谊；行为要求：能真诚待人，有错误勇于承认；品格要求：诚实、互信；取向要求：诚实是交友的基础	诚实是交友的基础；诚实的人值得信赖；互信——真正的友谊	自评互评、教师评价
八年级	诚实地与家长沟通学习情况；诚实地与家长沟通交友情况	认知要求：知道诚实是正确处理家庭关系的基础；行为要求：能与家长坦诚交流；品格要求：尊重家长、坦诚相待；取向要求：诚实让家庭生活更愉快	学习方面的诚实；交友方面的诚实；日常生活方面的诚实	自评、家长评价、教师评价
九年级	懂得诚实是一个公民应该具备的基本素养；学会在社会中诚信待人，实事求是	认知要求：知道诚实在当今社会中的重要性；行为要求：遵守网络诚信和安全规定，不浏览、传播不良信息；品格要求：真诚、信任；取向要求：诚实让社会更和谐	聚焦社会上关于诚实和诚信的热点新闻；讨论诚实和不诚实的行为分别带来什么后果	师生互评

在九年级"诚信在社会——你我努力，共铸诚信"的课程实施中，教师通过活动背景的分析、活动目标的确立、活动前期的准备以及活动过程的设计和评价等，形成一定的课程实施流程：组织学生走访董家渡路布料市场，深入了解社会生活中的

诚信；参观上海工商行政管理局黄浦分局，认识诚信经营、守法经营的重要性；运用所学知识在董家渡路布料市场宣传诚信经营，发自内心地认可诚信行为。同时在此过程中，教师和学生共同设计调查问卷、参观学习单和访谈提纲；学生依据活动任务和要求分组，推选组长，进行分工，提高学生团队合作和人际交往的能力，培养学生的综合素养。

又如在上海博物馆"青铜器"课程实施中，我们研究青铜馆内潜在的、可能进入教学的资源，并加以有效利用，站在语文、历史、美术的学科视角，确立课程目标、设计系列课程内容、开展学习活动，引导学生对青铜器的相关信息进行采集、整理、提炼和创作，在此过程中将青铜器相关历史知识、人文教育和审美品位的熏陶潜移默化地渗透到学生的内心，提升学生的综合实践能力。

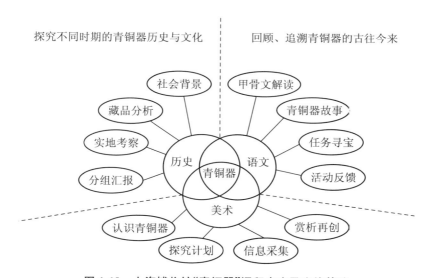

图 1-10 上海博物馆"青铜器"课程内容及实施策略

（四）建立运作机制，发挥评价激励

为保证项目研究的顺利开展，学校建立了一套完善的运作机制。明确学校各部门、各人员的任务职责，通力协作，对项目研究进行全程管理和保障，定期邀请专家作研究培训，提升教师的课题意识和研究能力，在学校全员参与的基础上，充分发挥研究小组的引领作用，定期召开项目研究小组会议，及时交流、解决项目研究中发现的问题。同时，建立了激励性评价措施，鼓励教师积极开发和实施社会实践课程，对该研究中有突出贡献的教师进行表彰。设立"温馨班集体创建奖"，鼓励教师在生活价值教育、主题体验类活动实施过程中有创新、见实效、显特色。

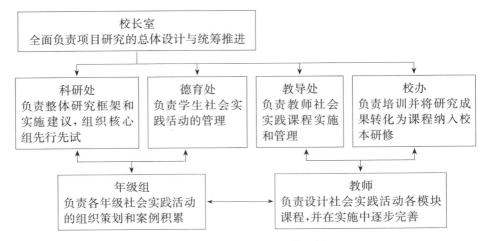

图 1-11　学校课程的运作机制

　　学校课程计划的完善与更新,是一个伴随学校课程发展同步进行、持续进行的过程。学校每年组织学生、教师、家长等通过访谈、问卷等方式,对课程实施的满意度和参与度等进行调查和分析,对课程计划进行深入分析和反思。研究中我们分析课程需求,关注了社会实践领域课程的设计与实施,对学校社会实践课程进行了顶层设计,设计了适应不同年级学生的社会实践课程系列,解决了实证研究中的真实问题,找到了课程计划完善的依据,更新了课程结构,从而更新了学校课程计划。

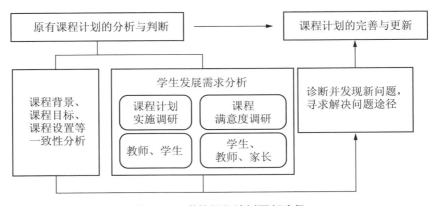

图 1-12　学校课程计划更新路径

三、实践成效

（一）促进学校分析课程历史，对学校课程计划的完善与更新有了更清晰的定位

在研究中，我们对学校课程历史做了全面的回顾、反思、分析，并将此作为学校编制课程计划的基础与起点之一，形成的研究成果"基于课程历史分析的学校课程计划的编制和完善研究"获黄浦区第十二届教科研成果评比一等奖。学校以构建学校社会实践课程体系为载体，推进学校新一轮发展目标的落实，在传承中发展、在实践中创新，更新了学校课程计划。在项目研究的过程中，学校课程的结构不断完善，越来越清晰地凸显学校的课程特色，越来越多地考虑如何满足学生的课程需求。学校通过社会实践课程体系的构建和实施，不断提升学校的课程品质，这应该就是课程计划需要不断更新和完善的价值所在。

（二）教师自我发展的愿望被激活，专业发展有了新的增长点，提升了专业素养

教师是社会实践课程体系建设和实施的主体。开展项目研究以来，教师静心研究相关社会实践活动的资源特色和课程设计，用社会实践活动的内容来充实学科教学资源，丰富课堂教学内容，自我发展的需求得到了激活，课程开发和实施能力得到提升。教师围绕社会实践课程设计等展开研讨、分析案例、实践完善等活动，积累了诸多课程开发和实施的案例，引领教师从满足学生发展需求出发，站在学生核心素养培育的视角，聚焦学科素养，把握教学的本质，在学习研究中经历了前所未有的专业历练。

（三）促进了学生学习方式的改变，学生的综合素养能力有了很大的提升

社会实践课程的实施，满足了学生多样化发展的需要，为综合素养的培育提供了沃土，为陶冶学生情操、提高实践能力、形成个性特长，搭建了探索的平台。社会实践活动丰富了学生的学习经历，改变了学生的学习方式。围绕社会实践活动，学生先后开展了"在社会实践中成长""生活价值教育""职业体验"等主题活动。我们欣喜地发现：学生们的兴趣广泛了，渴望新知的欲望更强了，自主学习能力提高了，学生爱观察、爱动手、爱思考，综合素养能力大为提升。

四、思考与展望

（一）学科间、课程间的整合不够,教师跨学科协同合作的能力有待加强

社会实践课程大都具有很强的综合性,在课程设计和实施中,需要在学校的统筹规划下相关学科的教师进行有效协作,联手设计活动项目和活动方案。研究中我们深切地感受到:教师专业能力、跨学科协同教学能力的提升是学校永恒的工作目标。

（二）社会实践课程体系建立是一个反复论证的过程,需要长期的实践积累

在社会实践课程体系建立的过程中,需要不断收集信息、分析信息、诊断信息,从而做出适当调整,并在反复论证、实践完善的基础上,将我校的各类社会实践课程统整成一个校本化的社会实践课程体系。因此,需要一个长期的、持续不断的实践和完善过程。

（上海市尚文中学　梅守真）

第四节　丰富学生学习经历的学校课程

创新人才培养的关键是创新思维的发展,而与创新思维有关的好奇心、想象力等发展的关键期就在中小学阶段。自 1909 年学校创建之日起,上海师范专科学校附属小学的前身——上海贫儿院,便"敢为天下先",以养育与教育相结合、普通教育与实业教育相结合的方式来救助和培育贫苦儿童。时至今日,学校秉承了这一课程革新精神,以"丰富经历　睿智成长"作为学校新一轮课程建设的突破口。

一、实践背景与问题提出

（一）梳理脉络,厘清发展优势

1. 办学理念一脉相传,课程架构传承中有发展

追溯学校百年发展历史,能始终秉承办学宗旨,从最初的"为了一切学生""一切

为了学生,为了学生的一切,为了一切学生"到"多经历,漫成长"发展理念的提出,既延续学校发展的优势,又能结合新的教育形势,在传承中创新。基于《上海市普通中小学课程方案》中"课程要求为学生提供多种学习经历,丰富学习经验"这一理念,我校力求通过"多经历,漫成长"课程体系的架构,为学生提供多种学习经历,聚焦创新素养培育,促进学生综合能力提升。

2. 教学改革不断深化,课程实践探索中求实效

作为首批二期课改试点校,我校在课改中积极探索,如:基于新入学儿童学习需求的"壹"课程、低年级学生综合评价⋯⋯2017 学年,作为上海市小学低年级主题式综合活动课程首批试点项目校,能先试先行,在课程方案、活动项目设计与实施中积累相关案例,并在市区级层面进行交流分享。学校先后被评为中国创造学会创造教育实验基地、上海市 54 所整体改革试验学校、上海市课程教材改革研究实验基地、上海市行为规范示范校、上海市科技特色学校、上海市 DI 模范学校、上海市小学体育兴趣化试点项目校、上海市少儿茶艺特色学校等。

3. 课程资源多维挖掘,学生能力培育中重成长

校园文化的物化形态就是学校的环境创设。学校积极发挥校园环境育人功能,充分利用市、区创新实验室项目,先后申报"智味馆"学生魔幻厨房体验馆、"田园野趣"学生种植体验区等,以创设适宜的教育教学环境为载体,使其与学校课程、学生发展相融合。学校还充分挖掘、开发周边区域的课程资源,先后与上海科技馆等签订合作协议,并引进家长资源,以此拓宽渠道,推进课程开发与实施途径,最终以学生睿智成长作为落脚点。

(二)分析问题,明晰发展方向

学校课程建设必须与时俱进,使课程内容更具有时代气息,为每个孩子的可持续发展奠定基础。我们重点关注以下两个方面的问题。

围绕学校办学理念及育人目标,已有的课程体系中三类课程间知识的延伸与衔接体现还不够充分,如何以市级课题"指向创新素养的'智立方'课程设计与实施研究"为龙头、为抓手,形成三类课程间有机的链接。

实现课程改革目标的必要条件之一,就是要建立与之相适应的评价体系和评价工作模式。如何立足学校实际,设计科学的评价工具,实现评价主体的多元化,提升评价的适切性,将以评价促发展落实到位。

二、推进过程与举措

（一）推进过程

1. 入轨：立足前期基础，确立课程目标、系统架构

2014年，结合新一轮学校五年发展规划以及前期基础，我们对课程做了进一步完善，将原有"丰富学生经历"这一课程理念，发展为"多经历，漫成长"。"经历"在词典中释义为"亲身见过、做过或遭受过"，在这里特指学生通过亲临其境、动手实践，体验、感悟、建构新认知的过程。由此"多经历"意指提供学生多种经历体验。"漫成长"中的"漫"则具三种含义：其一，取"慢"字谐音，强调教育要做遵循孩子身心发展规律的事，尤其要给足学生深度思考、自主感悟的时间与空间，使其在经历中获得有效体验；其二，指"烂漫"，取鲜明、美丽之义，意指光彩四射，绚丽多彩；其三，含"蔓延"的意思，意指学校课程对孩子个性成长的影响力。我们希冀学生通过学校课程，依托多种经历来丰富学习经验，获得发展潜能的广阔空间。合而言之，"多经历，漫成长"不仅注重拓展广度，为学生提供多样的经历，启迪创新思维，还注重挖掘深度，给予学生深度经历的时间与空间，使"经历"成为激发学生学习兴趣，深化学习经验，建构新认知的深度学习过程。由此，我们确立了学校课程建设目标和学生发展目标。

（1）课程建设目标：关注学生成长需要，提供多元经历，完善国家课程校本化实施，拓展型、探究型课程的拓宽及特色课程的深度开发，依托三类课程的整合与架构，挖掘基础型课程中的创新内蕴，丰富拓展型课程中的创新经历，深化探究型课程中的创新实践，提供学生多维发展空间，使学生的视界更为宽阔、心智更为成熟，综合能力、创新素养得到全面提升。完善学校课程实践研究，以评价促发展，提升教师课程实施能力、课程资源开发能力和课程评价能力。

（2）学生发展目标：培养知礼诚信、活泼睿智，具有一定社会责任感、国际视野的新时代小学生。具体表现为：

尚礼、厚德、乐合作：崇尚文明礼仪，秉承道德规范，乐于交流合作；

活泼、开朗、爱运动：倡导乐观向上，热爱锻炼运动，身心均衡发展；

自信、悦纳、懂欣赏：正确认识自我，善于发现优点，学会赏识品味；

勤思、善学、能创新：引导勤于思考，勇于担当责任，敢于质疑创新。

这一阶段,我们将市课程方案五个领域的学习经历在三类课程中,或分类实施,或交叉融合,各有侧重地开展,建构了相关系列课程,并形成部分优质课程。我们首次将学生置于课程建设的中心,触及了学生学习方式的改进,以"经验学习环"理论为中心,开发了与之匹配的课程实施策略,并在三类课程中进行了初步尝试。比如,我们提倡教师对学生"动态关注",激发学生思维再生,关注学生思维动态,运用巧设质疑、规划学案、转化生成等多种方式,触发学生思维过程的循环上升;我们还鼓励教师教学"突破边界,形成学生体验链",即让教师突破学科或家校时空边界,形成起跨越学科的横向体验链或是从初步体验到行动应用逐步深入的纵向体验链。

我们发现,这些策略的初步尝试,使得学生在创新思维的萌发以及综合素养的提升方面有了初步、可见的成效。虽然学校为学生提供的经历越来越多元、越来越深入,但这些经历如何对应学生育人目标,指向"创新素养"培育,促进学生综合能力提升,又该如何寻求破解之法,还值得我们进一步思考。

2. 攻坚:聚焦创新素养,着力探索实践,凸显特色

课程架构时,学校除严格执行市教委课程计划外,还需思考本校课程特色或特色课程的形成。结合区域项目、办学理念与课程实践,我校将创新素养培育作为着力点,在原有基础上,对课程作了进一步优化,架构了指向学生创新素养培育的"智立方"课程并予以实施研究。

"智立方"是我校指向全体学生创新素养培育的课程,它有机融合三类课程,包含对学生创新人格、创新思维和创新能力的整体关注与培养,以"求知、求异、求新"为培育目标关键词。其中,"智"指创新素养在学生身上最终呈现的"智慧";"立方"指为学生提供多维发展空间的创新素养立体课程架构,"智立方"同时寓意学生在以创新素养为核心的课程空间中呈现的多维发展态势。

基于此,学校对课程进行了整体设计。"智立方"课程由"智立方学科课程"

图 1-13 "智立方"课程

和"智立方孵化项目"两部分组成,围绕培育目标展开,是融合了创新人格、创新思维和创新能力的综合培育。其中"智立方学科课程"主要来自基础型课程,而"智立方孵化项目"则来自拓展型、探究型两类课程。学科课程内容可以延伸为孵化项目,而孵化项目中问题解决式的学习方式则反哺于学科课程。

"智立方学科课程"以利于学生创新素养培育的方式实施国家课程,以启发式的话语互动为主要实施形态,注重对学生自主学习、合作学习能力的培育,从而让学生成为知识建构的学习共同体。课程内容以单学科为主,开设对象以单年级学生为主。"智立方孵化项目"将课程内容转化为需要学生解决的问题,让学生经历"围绕真实问题的学习",以解决问题的行动为主要实施形态,培养学生成为项目中的问题解决者。课程内容以跨学科为主,开设对象也以跨年级学生为主。

(二)推进措施

1. 协同管理,保障课程落实到位

(1)搭建管理体系,明确职责,有序运行。

学校课程管理是一个多级系统,主要构成是规划系统、执行系统以及相应的反馈系统。学校从改革课程管理方式和强化专家引领入手,引导一线教师自觉投入对课程的深度开发和实践思考之中。

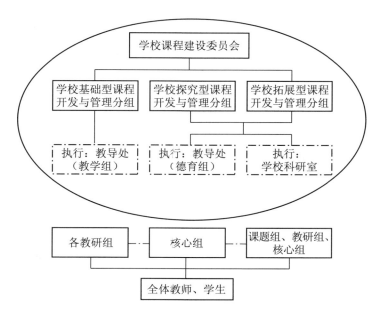

图 1-14　课程发展规划与管理体系图

（2）加强过程管理，关注实施，确保落地。

贯彻执行市教委要求，制订本校课程计划。根据学生学习和生活规律，科学、合理地安排好课程计划，加强教学管理，严格执行市教委的课程计划与课程标准，不随意增减课程门类、难度和课时，严格控制周活动总量和学科教学课时，努力提高教学质量和效率。

完善教学管理制度，健全课程过程管理。学校制定课程与教学系列制度，注重落实，加强考核，及时反馈，适时调整。探索科学的课程开发、实施等相关评价标准，以此引导教师进一步提升认识，改进教学行为。

深入课程研修活动，提高课程教学实效。夯实教研及各类培训，在优化课程开发、实施的基础上，聚焦创新素养，研究教学资源的拓展、教学方法的改变、教学空间的扩展、课程实施策略的优化。

关注课程实施情况，确保课程正常有序。各课程由专人具体负责，认真实施。教导部门进行巡视检查，并能反馈改进。定期召开课程研讨会，交流课程实施案例，总结情况，解决问题。

2. 融合实施，着力课程类型实践

（1）以基础型课程为根本。

基础型课程强调促进学生基本素质的形成和发展，体现国家对公民素质的最基本要求。主要课程包括语文、数学、英语、自然、道德与法治、音乐（唱游）、美术、体育与健身、信息科技、劳动技术。这些课程是全体学生必修的课程，也是学生获取基础知识、基本技能与方法，积累学习经验，形成正确、积极价值观的主要渠道。

（2）以拓展型课程、探究型课程为延伸和拓深。

学校拓展型课程、探究型课程属于校本实施的智立方课程，其育人功能为丰富阅历、发展个性、提升综合学力。以限定选择修习方式和自主选择修习方式展开。作为基础型课程的延伸和拓展，体现自主性、多元性和选择性。

限定选择修习的课程包括专题教育、班团队活动、社会实践活动、心理健康教育、体锻活动等，由学校课程建设委员会审议并组织力量按学校课程逻辑进行设计和实施。自主选择修习课程则主要包括低年级主题式综合活动、快乐活动日等，聚焦创新素养，从文化、艺术、科学、健康等领域开设课程，着眼于培养、发展学生的兴趣爱好，开发潜能，促进学生个性发展、睿智成长。

3. 多轨并举,促进教师专业发展

(1)创新师资团队的学习与研发,提升能力。

组建跨学科研究团队,突破传统教研以"课"为单位的教学研究,实现优势互补。制定相应策略,尝试并创新教研方式,采用跨界联合教研、依据主题组建多样态研究团队,以研究学生为起点,进行教研机制创生。帮助教师转变理念,夯实学科基础,增强课程设计、资源开发、课程实施与评价能力。

(2)着力青年教师课程执行力提升,开展研修。

关注学校"85后"青年教师团队,通过专家引领、师徒结对、自主研修、专题研讨、教学实践等多路径研修方式,全面提升青年教师课程执行力。

(3)鼓励教师进行课程申报与凝练,形成特色。

重视课程的研发与优化,鼓励教师进行申报,加强凝练,培育区级及以上特色课程。要求教师从开阔学生学习视野、发展思维、拓展应用等角度入手,构建多元的课程内容体系,使得学生在广域的学习中完善知识,在知识的运用中提升创新素养。

(4)探索课程评价的方法与路径,发挥功能。

充分发挥评价的促进、反馈调节功能,探索课程评价的方法与路径,将评价贯穿于各个活动的过程中,激励引导儿童;将评价纳入教师专业发展中,强化教师对课程设计与实施的反思、改进;将评价与促进学校课程相链接,不断调整,促进课程的不断优化。

4. 硬件与资源,充分利用落实保障

落实硬件保障,确保课程有序开展。根据学校课程发展需要,科学规划预算,合理配置相关资源,保证课程开展必需的经费、器材等,以确保课程建设的有序推进。

开发各类资源,促进课程实施成效。充分挖掘校史资源、家长资源、社区资源等,开发课程,提高课程成效。同时教师作为最重要的课程资源,不仅决定课程资源识别、开发、利用的状况,而且其本身就是课程实施的首要教学资源。因此,鼓励教师参与学校课程研究与资料编写,开发教师资源,以此促进效能。

三、特色经验与实践成效

(一)基于课程特点,探索课程变化

1. 打破时间限制,尝试课程结构变化——以学习准备期课程为例

学习准备期处于小学一年级起始阶段的2～4周。经过梳理,我们发现内容存

在交叉与重叠。问卷也显示，处于这一年龄段的儿童还没有表现出明显的学科分化兴趣，于是我们再构了基于新入学儿童学习需求的"壹课程"。

该课程从学生需求出发，在课程设计与实施中体现学习游戏化、游戏生活化、生活体验化原则。"每日任务卡""每周综合活动"能凸显情境性、淡化学科性，引导学生在游戏中体验、学习，逐步适应、平稳过渡。课程内容上则寻找这样的课程设计使课程间的契合点，整合内容，体现学科间的交融，学习内容及方法方面相互促进。原有的35分钟固定教学时间不能适应课程内容、教学形式的需要，探索课程结构变化，局部改良，实行总量控制、长短结合则成为一种尝试之径。学校从改变"结构"入手，着力课程内容的创新设计，合理设置教学课时与人员安排，体现内容的无痕对接。在课时总量不变的前提下，根据学科特点及教学（活动）内容需要，灵活安排课时。调整后的长课时使学生能够更好地运用自主、合作、探究的学习方式开展学习。如"猜猜他（她）是谁"的整合性任务，它涵盖自然、美术、语文三门学科，由三科教师共同执教。自然老师先带领学生认识人体，了解基本构造，并启发学生去探究部分人体构造的学名；美术老师顺势而为，鼓励学生仔细观察某个小伙伴的外貌特点，动手画一画；语文老师则衔接前两部分内容，让学生展示自己画的小伙伴，用规范的语言描述一下，让大家猜猜他（她）是谁。整个活动打破学科界限与课堂固有模式，以一种全新的组合带给学生不一样的学习体验。

"壹课程"的开展，对相同主题的课程内容进行了有机整合，打破时间限制，增强了趣味性，对学生的启智是贯穿性的、跨学科的。

2. 打破空间限制，开发运用本地资源——以"芷澜自然课堂"为例

小学生最感兴趣的是亲身观察、动手实践。小学自然课因此而受学生欢迎，尤其是涉及种植、饲养等长周期探究的活动，但因课时、场地等因素限制，学生往往不能尽兴。放眼周边，学校地处五里创意园区内，本地资源丰富，部分知名企业入驻其中。这启发了学校，将课程资源的触角延伸至校区周边，使之与学校现有课程作有机链接。"芷澜自然课堂"应运而生。学校引入上海芷澜环境规划设计有限公司专业指导团队，结合学生年龄特点，遵循自然规律，实施了适宜的种植体验课程教学。

校企联手共建课程，打破了课程壁垒，引入专业人士指导，无疑让学校课程更具有专业性。学习场地的位移，为学生提供了真实的学习情境，有效地调动起学习者的视觉、听觉等多种感官。任务式的探究，使学生走出教室、走向户外，他们能接

触到丰富的自然环境和现实世界,视野得以开阔,心态也变得开放与包容。在完成收集任务、动手操作体验的一系列问题解决过程中,更能激发学习兴趣,激活创意思维。

(二)立足学生需求,探索实施方式

作为市试点校,依据《上海市小学低年级主题式综合活动课程指导纲要》及学校育人理念、课程基础和资源,制定了"QQ 小世界"校本化课程实施方案。该活动课程遵循儿童立场,从儿童视角设计任务,使之在"做"中学,在经历体验中丰满对现实世界的感知与理解;主要面向一、二年级学生。

课程以集中活动与分散活动为实施路径,采用主题文化活动、主题实践体验等形式,注重引导学生在实践中学习。

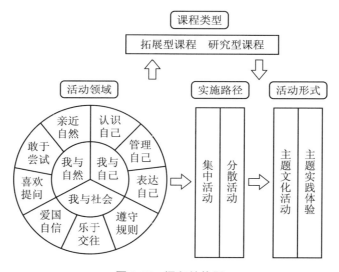

图 1-15　课程结构图

围绕三个维度,各自体现第二层次目标导向,下设六个主题:"心'情'宝贝""HOW 思空间"等,并分别设计若干项活动内容。贯通一、二年级,活动目标与内容设计上体现整体性、连贯性与递进性,呈现螺旋上升的态势。

例如,在"我与自然"维度下"季节里的童话"主题中,选取了六项活动,即"给风姑娘照相""你好!树先生""迷人的秋色""月亮在说话""雨"和"水妈妈的孩子"。这些都结合了二年级学生既有活动中与"自然"契合的元素,也考虑低龄学生的兴

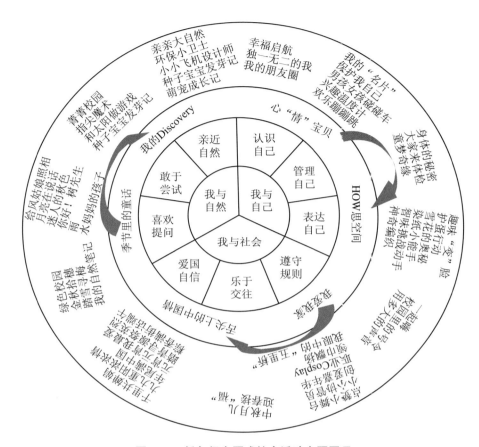

图 1-16　低年级主题式综合活动主题图示

趣点,贴近其生活,易于展开观察、实验等实践活动,让学生在探索体验中认识自然。同时还关注到各个活动间的递进性与层次性。

可以说,互为关联又互为递进的任务设计,适时的评价激励与引导,都关注了不同学生的发展,使之能在"初步感知—实践再观察—创意呈现"的活动过程中,获得不一样的学习经历和体验。

(三)着眼学生发展,探索评价改进

1. 强化评价方式多样,与学生心理需求结合,体现适切与多元

针对不同年段学生的兴趣、认知水平及心理需求,设计与之相匹配的评价方式。如对低年级学生多采用游戏形式,化学习与评价于游戏化的场景中,引导学生在游戏中体验成功,体现趣味性与易操作性。同时发挥评价的激励与导向作用,将

学生学习表现的单一维度评价和多维度评价有机结合,既有助于客观反映学习过程,又能够调动学生的学习兴趣,体现激励性与生活实践性。

2. 注重融入学习过程,与学生身心特点结合,关注体验与习得

倡导评价与课程内容有机融合,寓评价于学生学习过程中,鼓励教师多采用质性评价方式,将学生在学习中的各种表现和活动成果作为分析考察课程实施状况和儿童发展状况的重要依据。关注学生的参与程度、与他人合作状况、综合能力的表现以及学习成果的表达等,重视学生表现出的学习兴趣和生活、学习、交往习惯,使之有效促进学生发展。

3. 倡导促进学习评价,与学生持续成长结合,指向反思与改进

评价以学习目标为导向,关注学生在学习过程中的点滴变化和进步。引导学生用各种方式记录学习过程,鼓励学生积极参与问题讨论、成果分享,对于自己在学习过程中的各种表现进行适当的反思。引入多元评价主体,学生、教师、家长共同参与,实现评价为了更好地促进学生学习的目的。强化诊断与改进功能的发挥,基于学生表现,确定其在学习兴趣、习惯等方面的长处与不足,并提出相应的教育指导对策和方案。

四、问题思考与未来展望

(一)聚焦评价,走出一条以课程评价撬动课程发展、学生成长之路

虽然说,在新一轮课程建设中,我们将创新融入课程,着力于学生创新素养培育,使之形成链接未来的必备品格与能力,但随着认识的不断深化,我们意识到其对教育的未来是何等重要,对于学生的发展是何其关键。因此,仅有好的课程设计是远远不够的,还需要有匹配度更高的课程实施路径与方法,尤其是必须建立一个发展性的课程评价体系,要以人的健康、可持续发展为核心理念进行构建:一是确立灵活动态的评价内容和科学合理的评价标准;二是以评价程序的规范性和可操作性为根本,设计科学合理的相关评价工具,真正体现评价的激励与导向功能。

(二)创设教师专业成长的支撑环境,为教师发展赋能

"创新素养"作为一个要素,它不仅仅是课程的灵魂,是学生的发展之本,也是教师教学工作的不涸之源。学校课程的最终价值在于师生成长。我们需要建立创新素养培育的学习共同体,营造研究氛围,引导教师从课程的角度看教学,走向学

与教时空的重构,学与教方式的变革。因此,将其纳入教师专业能力培养的长远规划,并形成一套成系列的培训机制,关注每一位教师,为教师专业成长赋能,也是学校在后续课程计划编制时必须思考的问题。

(上海师范专科学校附属小学　张奕春、薛海容)

第五节　为了学生幸福成长的课程

　　黄浦区复兴东路第三小学(下简称"复三")是一所探索如何为学生幸福人生奠基的学校。"聚",是一种合力,是学校发展所需要的凝聚力,是幸福教育的传承和创新,更是聚焦学生素养的发展。多年来,学校始终不忘初心,"聚光谷"课程从计划编制到组织实施,都是源于培育学生能力素养的那一道"幸福之光"。

一、追光溯源,确定目标

　　"幸福教育"是我校长期坚持的办学思想,"幸福教育,为精彩人生奠基"是我们一直探索的教育命题。站在以人为本的发展角度,究竟什么是"幸福教育"? 怎样的能力和素养才能使学生的未来真正具备获得幸福的能力呢? 回望学校 60 多年的办学历程,总结"幸福教育"的实践经验,结合国家"十三五"发展的关键词,我们深入挖掘"幸福教育"的内涵,从五大角度对这一办学理念加以诠释,并以此作为学校发展的愿景和目标:

　　1."幸福教育"的温度,是体现爱心无疆生命力的创新;

　　2."幸福教育"的维度,是助力"聚光谷"三类课程的协调;

　　3."幸福教育"的广度,是追寻真善美和谐校园的绿色;

　　4."幸福教育"的宽度,是推进家校社一体育人的开放;

　　5."幸福教育"的高度,是实现师生发展获得感的共享。

　　在这样的办学理念指引下,学校回归教育本源,追溯"幸福教育"源头的曙光,提出了以"每一缕阳光闪耀每一个孩子"为目标的"聚光谷"课程。

　　"聚",是一种合力,是学生之间的合作,更是家校、社会能量的聚集,是建构主义脚手架的搭建;"聚"也是一种向心力,更是学校发展所需要的凝聚力。"聚"把

"复三"教育的传承和发展聚合,聚焦学生素养的发展。"光"象征光明、温暖和能量,具有明亮且多变的特点,意为温馨、多样的课堂引领孩子幸福成长。"谷"是山谷、河谷,是学生幸福成长的场所,预示着"复三"的好山好水;"谷"也是五谷丰登,是积淀,是幸福校园里的成长收获。"聚光谷"即校园,汇聚了美德之光、欢乐之光和智慧之光。

我们进一步探讨了学校育人目标与我国教育部研制中国学生发展核心素养的内在逻辑衔接,形成了"尚美、乐学、善思"的育人目标,既与教育部提出的"文化修习、自我管理、社会参与"三方面表述相呼应,又辉映了"聚光谷"课程的幸福源理念,并进一步丰富育人目标的内涵:"尚美"代表美德之光,爱祖国、讲文明、习艺体,夺"尚美小金人";"乐学"代表快乐之光,能自主、乐合作、会学习,做"乐学小能人";"善思"代表智慧之光,有创新、善思考、敢表达,创"善思小达人"。

"聚光谷"课程以光为元素,以校本育人目标为导向,统整基础型、拓展型、研究型三类课程的实施,尝试体现课程的整体性、渐进性、逻辑性和发展性,助力孩子幸福成长每一天,为学生养成适应终身发展和社会发展需要的必备品格和关键能力打下基础,从而实现学校课程设置最终的价值追求。

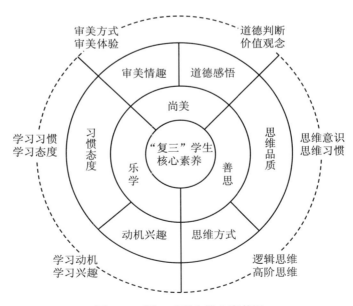

图 1-17　"复三"学生核心素养图

二、解析光谱，搭建框架

从学校的育人目标出发，学校进行了"聚光谷"课程的整体架构，设计了"光之源"（基础型学习品质课程）、"万花筒"（拓展型快乐活动课程）和"阳光轴"（研究型任务导向课程），通过家校社会合力，鼓励学生体验探究、合作创新的学习方式，实现三类课程的统整，形成有"复三"特色的课堂新形态，以更好地服务于校本化育人目标的实现。以下为"复三"的"聚光谷"课程结构图：

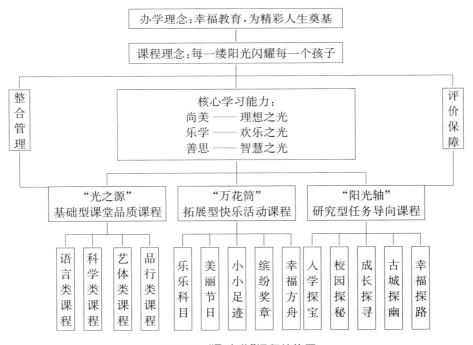

图 1-18 "聚光谷"课程结构图

"基础型课程"将九门基础型课程分为语言类、科学类、艺体类、品行类四大类课程。从小学生身心发展规律出发，结合本校学生的实际情况，聚焦学习品质的培养，采用分层推进、协同作用的策略：学科教师、家校之间、学生之间相互协作，各类课程、各门学科贯通考虑，保持横向同步、纵向发展的态势。通过学习品质的提升，导向校本化育人目标的实现。

表 1-9　"光之源"——基础型课堂品质课程

	品行类学科 （品社、道德与法治）	语言类学科 （语文、英语）	科学类学科 （数学、自然、劳技、 信息技术）	艺体类学科 （音乐、美术、体育）
尚美	通过观察、访谈、讨论等方法辨别是非，具备初步的道德判断能力；学会与周围的人和谐相处	通过听说读写，学习中华民族的传统美德，拥有良好的道德情趣与审美情趣，并且形成积极的人生态度与价值观念	热爱科学，发现科学之美；具备坚持不懈的钻研精神和求真、务实的科学探索精神	能感受到艺术、体育带给自己的乐趣，沉浸其中，享受美好；通过艺术和体育再现和创造真善美的境界
乐学	热爱生活，喜欢看、听新闻，关心身边的人和事；在学习和生活中，乐于调控情绪、情感，让生活变得更快乐	有学习语言文字的兴趣，有阅读和表达的愿望；养成良好的识记、阅读和表达的习惯；勤于表达，与同伴合作时能形成良好的沟通	乐于探究，喜爱动手动脑发现问题、解决问题；能通过小组合作，共同学习；养成多观察、勤发问、乐探究的学习习惯	喜爱用艺术表现自己的情绪和想法，善于表现，有一定的审美情趣；热爱运动，养成锻炼身体的好习惯
善思	观察、思考生活中的各种现象，有一定判断是非的能力，并以此要求和反省自我的行为；思维有一定的深刻性，具备初步的批判性	善于发现识记的规律，学习语言文字知识有方法；阅读有效能，能带着问题阅读，在理解的基础上有所感悟；思维有广度，有独创性	善于通过观察和探究发现科学规律，能创造性地解决问题；敢于用不同的方式尝试，寻找解决问题的关键，经常性地总结学习方法；思维敏捷缜密，兼具灵活性和创造性	边学边思，善于动脑发现艺术创造的方法，掌握体育锻炼的技巧；通过学习，能学会基本的体育技能，进行简单的艺术创造

　　"拓展型课程"在满足广大学生学习需求的同时，坚持"面向全体、梳理结构、特色优先"的课程发展思路。领会市教委精神，设立以低年级"幸福方舟"主题式综合活动课程。回应社会诉求，设置 330 课程，整合各类资源，提升学校的公共服务水平和意识。

　　"研究型课程"以"探"为切入点，形成有校本特色的研究型课程序列，以任务为导向，以项目化学习为方式，充分利用地域资源，优化重组原有课程内容，不断落实体现学生生命成长的发展轨迹。

表 1-10 "万花筒"——拓展型快乐活动课程

	乐乐科目	美丽节日	小小足迹	缤纷奖章	幸福方舟
尚美	学习与同伴沟通、合作。在玩一玩、做一做、唱一唱、跳一跳、说一说中,感受艺术、体育、科学等活动带给自己的美的享受	在节庆活动中充分运用展示,挑战自我,完善自我,学会自信地表达,学会体锻炼的技能、简单的艺术创造,获得成功的体验	通过考察、参观、访问等社会实践活动,学会沟通、合作;在实践中拓宽视野,增长才干,增进队员间的友情,增强集体荣誉感	积极参与各种少先队奖章活动,在实践中学会自理、自护、自强、自律	养成一定的自理能力、情绪控制能力和自我保护能力;形成规则意识,乐于交往,逐步养成民族自尊心、自信心和自豪感
乐学	能根据自己的兴趣爱好、学习需求,自主选择科目,主动参与学习。在系列活动中,勤于思乐、乐于表达、热爱运动,投身艺术展演活动,对课程学习充满兴趣	积极参与系列活动,掌握知识技能、愉悦身心,提高审美情趣,以及创新实践能力	组建小队,积极主动地参与各项社会实践活动,从中学会与人沟通,懂礼仪,守规则	学习生存能力,参与组织、自立、服务、交往、益智、科技、体艺、自护等争章项目,根据达标要求,完成相应的活动	学会互助合作,展示自我,逐渐行程合作、分享、积极进取等良好的个性品质
善思	善于观察,勤于动脑。在实践探究中,发现科学规律,运动的技巧,表达的技能……思维具有逻辑性、灵活性、创造性	勇于实践,有创新意识;善于观察、思考,能够独立判断、提出自己的意见	在社会实践中,通过参观访问、专题调查、基地教育等方法提高自己的创新思维能力	学会互相关心、助人为乐的集体主义精神和共同进步共同发展的社会主义思想,振奋民族精神并增强社会责任感	激发对大自然的好奇心、求知欲,学会一些简单的探究方法;不断挖掘自己的实践和创新潜能,努力成为创新生活的小主人

表 1-11 "阳光轴"——研究型任务导向课程

	入学探宝	校园探秘	成长探寻	古域探幽	幸福探路
尚美	主动参与活动,产生对"复三"校园的喜爱之情	在熟悉学校进而探秘的过程中发现更多的"复三"的美	发展团队的合作能力和执行力,懂得集体的利益高于一切	感受探索之美,发现老城厢悠久的地域文化	学习自我生存,懂得感恩,逐渐形成个人价值观

	入学探宝	校园探秘	成长探寻	古城探幽	幸福探路
乐学	与小伙伴和家长合作探究,感受学习的快乐;初步形成学习兴趣和良好的学习习惯	形成注意的指向和集中、细致耐心观察、提问交流的学习品质	感受并认同学校生活的快乐,乐于通过信息处理的方式进行学习	形成问题意识,会发现问题,梳理问题	喜欢合作研究,能自主成立研究团队,选择研究主题;实现竞争与合作并进
善思	用直觉行动思维和具体形象思维的方式,初步了解思考探究的有效途径	通过观察进行探究,有所发现和认识,并能通过思考,提出自己的见解。初步学习概括、归纳、简练表达的学习能力	开始逻辑思维的启蒙,发展创新精神和简单的思辨能力	学习解决问题的方式,与已有知识结构形成联系。尝试能力的迁移,寻找解决问题的途径	在新情景中运用所学解决问题,创造出新意义和新知识;具备完成任务的决策力、执行力,以及沟通交流能力

随着"聚光谷"课程整体架构的完善,学校进一步深入研究,衔接"尚美、乐学、善思"的育人目标,形成了三类课程分类培养目标的细则,从而使中国学生发展核心素养的校本化培养更接地气,并为评价的研究提供了明确的依据。

三、集聚光能,组织实施

在统整三类课程的过程中,我们特别关注纵向同一学习领域在不同年级的关系,以及横向同一年级不同学习领域的关系,纵横交错,在纵向上体现顺序性、连续性,在横向上体现整合性。

(一)基础型"光之源"课程

学校锁定学习品质在基础型课堂中的生长,以此作为育人目标的突破口。我们以"良好学习品质"为重点培养目标,聚焦"学习习惯、学习方法、学习思维"三大要素,遵循各要素之间齐头并进的组合式发展原则,在小学不同年段,根据品质发展关键期特征,形成以一个重点培养要素为抓手,另两个培养要素渗透融合、潜移默化的基本发展模式。

表 1-12　各年段培养重点一览表

年级	重点培养点	培养目标说明
低年级	学习习惯	低年级的学生刚刚进入小学阶段,各方面的学习习惯都没有形成,形象思维水平远远高于逻辑思维水平。因此,这个阶段的学生,在学习品质的培育方面,应注重兴趣习惯的培养,保护好学习的兴趣,特别是直接兴趣,同时深入浅出地渗透学习方法的指导和思维品质的训练
中年级	学习方法	中年级的学生已经非常熟悉小学阶段的学习规范,养成了一定的学习习惯,自我学习的求知欲较强。因此,这个阶段的学生,在学习品质的培育方面,应注重学习方法指导,可时继续巩固其兴趣习惯方面的培养,渗透思维品质的训练
高年级	学习思维	高年级的学生已经初步形成自我的学习风格,掌握了一定的学习方法,同时逻辑思维能力得到较大程度的发展。因此,这个阶段的学生,应通过教育干预,挖掘潜力,从学习思维入手进行学习品质的培养,特别是思维的独创性、批判性等特征。同时继续巩固习惯的培养以及学习方法指导

在根据学生的年段发展特点制定该年段重点培养要素的同时,也不忽视其他两种要素的联系作用,并且做好年段之间的衔接和过渡。

表 1-13　各年段习惯养成要求

	学习习惯	学习方式	思维品质
低年级 (观测点:听说读写的习惯;操作、练习的学习方式;提问、思考的品质)	初步养成专心学习的习惯、自觉学习的习惯,为良好学习方式的形成打下基础	尝试自主学习,能有意识与同伴合作学习,初步学习分工合作;能进行简单的发现学习,有探究意识	思考问题努力做到灵活、敏捷,有质疑精神,有一定合理想象思维的能力
中年级 (观测点:积累、表达的习惯;合作、探究学习的方式;质疑、运用知识解决问题的思维品质)	逐步形成专心学习的习惯,有一定的自律,养成细心耐心、认真思考的习惯	经常性地进行自主学习,有效开展合作学习,通过意义学习提高学习效率;主动探究,学会发现,导向思维品质的优化	思维灵活、敏捷,质疑有方法;学习分析综合,思考问题有序,有一定的深度广度;开始萌发创造性思维的意识
高年级 (观测点:思考的习惯、计划性学习的习惯;自主学习、综合性学习的方式;挑战性任务的完成)	固化自觉、专心学习的习惯;耐心细心、认真思考成为常态;会制定学习计划,养成严格执行学习计划的习惯	合作学习中会合理有效地分工合作,自主学习和探究学习有一定的方法,具有一定跨学科综合性学习能力,通过迁移比较,建立知识联系	逻辑思维开始萌芽,能进行简单的抽象概括和具体化思考,能有效质疑,思维有一定的批判性。思维的发散性和系统性同时发展,并尝试解决问题

(二)拓展型"万花筒"课程

整合学校课程分类目标、拓展课程学力点、学生的学习经历点和课程学习的情感幸福点,建设以"万花筒"为结构形式的课程,将拓展型课程与学校特色节庆活动、社团活动、社会实践及主题式综合课程有机整合,利用本地资源,丰富学生创新活动的参与经历和情感体验。

1. 乐乐科目

"乐乐科目"课程包含"乐表达""乐思考""乐美韵""乐动手""乐运动"五大模块,在每天放学后的"快乐30分"活动和每周的社团课程中给学生带来愉悦的学习体验。课程从周一延伸至周五,体现"五育"并举,课程内容强调整合性,并渗透上海人文底蕴,注重校内优质资源,形成了学校特色教师、家长助教和专业机构送教的多方参与课程模式。

2. 美丽节日

课程包括校园五大节:乐耀五环的体育节、载歌载舞的艺术节、扬帆书海的读书节、实践创新的科技节、"小眼看世界"的英语节。"美丽节日"的绽放,为学生搭建了自我认可、技艺才能展示的平台,拓宽了孩子们学习的空间与时间,使之更好地体验幸福,增长才干。

3. 小小足迹

课程采用小探索、小访问等多种活泼、有趣的研究方式,挖掘区域资源,依据学生年段特点,分层选定1~5年级实践基地,依托假日小队活动,由校内延伸到校外,结合市中心老城厢地域特征,研究方式也从单一走向多样化,让学生用脚丈量周边的小天地,为未来更好地走向世界做准备。

4. 缤纷奖章

作为上海市少先队课改实验学校,大队部以市级德育课题为引领,根据必修章内容,设计了少先队"五彩必修奖章课程":一年级"绿苗破土"、二年级"红星闪闪"、三年级"紫韵探寻"、四年级"蔚蓝畅想"、五年级"金光灿烂"。课程用五种色彩体现孩子们从一年级的绿苗苗,到五年级的红领巾成长的每一阶段,让五彩奖章在"万花筒"里开出最绚丽的花瓣。

5. 幸福方舟

学校作为小学低年级主题式综合实践活动课程的试点校,将拓展型课程与主题式综合活动相结合,开设了"复兴号"幸福方舟系列课程,课程的设计过程关注学生校本化核心素养发展,注重活动内容与孩子生活世界的联系,打破学科界限,打造开放的学习时空,让学生经历"萌芽谷""畅想谷""五彩谷""乐乐谷"四个驿站,丰富孩子的学习经历,为实现培育学生终身学习与发展的目标奠定基础。

（三）研究型"阳光轴"课程

通过项目化任务导向,引导学生自发组队、自由选题、自主探究,用类似科学研究的方式开展探索,主动地获取知识、应用知识和解决问题,形成校本特色的螺旋式研究型课程,创新探究直指学生的未来。

学校以"探"为切入点,从一年级至五年级分别设立探究课程群:

1. "入学探宝"课程

该课程致力于幼小衔接。开学前的"入学探宝"夏令营活动、亲子活动,和老师互助闯关,一起在校园探宝、激发学习兴趣、懂得养成学习习惯的重要性。"入学探宝"课程具有时间的延续性和空间的广延性,学生在幼小衔接过程中的点滴进步和成功都将记录在"探宝"档案袋里。

2. "校园探秘"课程

该课程以学校"生态谷"创意空间为载体,结合低年级学生的认知程度和探究水平设置了"探秘水循环""开心种植园""解密中草药"和"寻觅生态园"四个主题的课程内容,旨在培养学生的科学探究精神。课程活动中,学生参观水循环区域雨水回收系统;识别校园常见植物,书写农夫日记;走进百草园,制作中草药介绍卡片;登上"天文台",监测"阳光谷"天气,寻觅有利于动植物生长的适宜环境。

3. "成长探寻"课程

三年级的"成长探寻"课程充分体现了任务导向的特点。"用什么方式进行感恩?"是驱动任务的情境,不同的学习方式是课程活动的载体:班会课上开展问卷调查,初步感知父母师长的默默付出;信息课完成"十岁成长足迹"小报制作;探究课设计感恩长辈的生日方案;全年级以"感恩,为成长喝彩"为主题开展"十岁生日"联合队会,通过项目主体自由组合,整合各学科所学到的知识与技能,多形式展示与主题相关的活动。

4. "古城探幽"课程

四年级的"古城探幽"课程深受孩子喜欢。行走于中华路与人民路环绕的上海老城厢,找一找古老的城门遗址,逛一逛以城隍庙为代表的传统园林,探一探书隐楼等明清宅第,参加"丈量文庙"传统文化亲子挑战赛……让家长和孩子们在与中国传统文化零距离接触中体验非遗的独特魅力。

5."幸福探路"课程

该课程是五年级综合实践活动课程,总体架构分为区域轴、文化轴和形式轴三条轴线,安排了厚重历史、悠远典故、典雅建筑、朴素方言俚语、多彩民俗、卓越名人、精美手工艺等主题课程。课程实施以跨学科的形式展开,让学生在亲身体验的过程中,对某一方面知识形成系统化、整体化的认识。

四、反射光波,评价改善

按照"复三"学生核心素养校本化培养目标,对学生的发展变化及其影响学生发展变化的各种要素进行价值分析和价值判断,开发了"星符"评价工具。"星符"与"幸福"两个字是谐音,寓意为学校对学生、教师和员工的评价以激励内驱动力和星级学生、星级教师和星级员工为目标,让每一个人在"复三"感受幸福,感悟幸福和感动幸福。"星符"评价工具指向改进学生学习的原则和促进学生核心素养形成的原则,犹如反射的光波直接指向育人目标的源头,为学校教育决策提供依据,尊重学生自我发展和自我实现的需要,改善学生的学习,不断促使学生核心素养的养成。

(一)建立"星符"评价平台

以学生喜爱的幸福豆形象结合少先队争章活动,借助数字化"三维奖章"平台开发校本评价工具,形成了系统化、形象化、引导化的奖章模型。评价内容包含必修、选修奖章。"必修章"为市教委要求的考章内容,"选修章"包含"光之源"基础型课程的课堂争豆、纸笔测试分项等第评价、学科竞赛等奖章。"万花筒"为拓展型课程中社团、四大节日、节庆活动等奖章。"阳光轴"研究型课程为各年段主题探究活动的奖章。

(二)形成"星符"评价路径

基础型"光之源"课程运用支架式教学的理念,对学生课堂学习习惯、学习兴趣、学习方式、思维品质进行整体观察,多维度综合评价学生课堂中学习品质的形成趋势。学生在课堂中、竞赛中得到的幸福豆都通过"幸福豆争章平台"进行电子化记录,实现以豆换章。

评价改善教与学,既体现教师的指导作用,通过低结构、低控制的课堂,关注学

生最近发展区,将教学内容与学生学习需求主动对接,学生形成自我学习目标。路径如下所示:

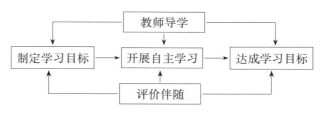

图 1-19　自主学习流程图

拓展型和研究型的这些活动类课程,以挑战性任务,引导学生主动探究,通过解决问题的一系列学习过程,帮助学生优化学习方式,开展高阶思维活动,提升思维品质。任务导向学习采用过程档案式评价,全程记录、诊断、激励和调控学习的整个过程。具体路径如下所示:

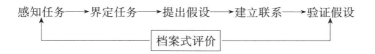

图 1-20　任务导向学习流程图

拓展型"万花筒"课程以三维争章活动结合"尚美之星"的评选展开教育综合评价,通过"小水滴"的收集,培养温柔、文明、纯净、善良、团结的尚美素养。研究型"阳光轴"课程则通过"定向'复三'"入学乐乐园活动和"毕业珍藏册"开展幸福豆争章评价,并在数字平台上将纸质评价予以记录。

从传统评价到注入信息化评价,从数字量化指标到评价形象幸福豆的研发,再到量化和质性一体化的综合评价,从质量检测功能到诊断、激励功能的评价理念的转型,最终不断地导向学校育人目标的形成,深化幸福教育办学思想。

复兴东路第三小学正是以"幸福教育"为源头,以育人目标为导向,构建"聚光谷"课程体系,集聚每一份光能,让孩子沐浴在幸福成长的阳光之下。

（上海市黄浦区复兴东路第三小学　季峻岭、裘文瑜）

第二章

基于结构化的课程图谱设计

学校课程体系设计必须考虑课程之间的联系,课程图谱因应了这一需求。实际上,课程图谱既是一种学校课程体系结构化的呈现方式,通过它,人们可以更为清晰地了解学校课程间的逻辑关系;课程图谱也是一种使学校课程体系结构化的构建方法,通过对课程的属性和彼此间的前置要求进行分析,从中提取前驱和后继之间的关系,从而能更系统更有逻辑地构建学校课程体系。

上海市格致中学通过构建纵横开阔、多元交融、文理兼容的高科技特色课程,形成了凸显高科技特色的纵向金字塔分层课程体系,为每位学生的个性化发展提供培养路径。上海市卢湾高级中学将人工智能技术与学校课程深度融合,构建了面向全体的普及性课程、面向群体的发展性课程和面向个体的高阶性课程,形成了"H·AI"人工智能+课程群框架。上海市向明初级中学以"明课程"的开发与建设为抓手,突破课程壁垒、跨越学科边界、联动多个年段,使学校课程走向实质关联、有质量的网络状课程体系。上海市黄浦区卢湾第二中心小学通过对"务本尚智"课程设计、实施、评价的不断优化,使三类课程更基于儿童本真,符合儿童天性,形成了转识成智的"阶梯式课程"体系。上海市黄浦区中华路第三小学基于"让每一棵小草开出自己最美的花"的办学理念,形成了以"花"为基本图形的"百草园"课程整体框架。通过下列几所学校的案例我们可以看到,这些学校在构建学校课程体系时,都很好地运用了课程图谱梳理学校课程脉络关系,同时又以课程图谱的形式清晰、形象地呈现出学校如何围绕立德树人的要求构建起学校课程体系。

第一节 基于"创客教育"的高科技特色课程构建

上海市格致中学前身为"格致书院",始建于1874年,由清朝重臣李鸿章提议,由近代著名化学家徐寿和时任英国驻沪总领事麦华佗联合创办。书院取名"格致",源自《礼记·大学》中的"格物、致知、诚意、正心、修身、齐家、治国、平天下"。它是近代上海最早系统传授自然科学知识、培养民族科技人才的新型学堂,也是近代上海最早中外合作开办的学校。百余年来,学校始终致力于在传承中创新,在创新中发展,延续《格致课艺》"经世致用"的理念精髓,依据时代发展要求,对学校课程进行创新性和校本化的"系统更新",注重学生创新精神和实践能力的培养。

在上海市格致中学建校140周年之际,一座延续格致传统的"英式"风格校园在奉贤区南桥新城东方美谷正式启用。创办上海市格致中学奉贤校区是上海市推进基础教育优质均衡发展的重要举措,也是学校面向教育现代化和教育信息化2.0,谋划新一轮发展的原动力和推进器。

一、实践背景与问题提出

党的十九大提出,实现教育现代化,建设人力资源强国,标志着我国教育改革发展进入新征程。新时代教育发展不仅要解决规模、质量、公平、效益等共性问题,还要着力构建创新人才的培养体系和培养路径。教育创新在应对全球化竞争、建设创新型国家的战略中处于基础性、全局性、先导性地位,而教育信息化则是推进教育创新的重要抓手。伴随着现代信息技术对人类生产方式、生活方式乃至思维方式的深刻影响,教育信息化将进一步引领学习内容、学习方式、教育管理等方面的深度变革。基于这一教育改革发展背景,我们认为格致中学奉贤校区不仅要传承百年格致"爱国""科学"的优良传统,秉持"格物致知、求实求是"的办学理念,彰显"理科见长、和谐发展"的办学特色,还要以"构建创新的课程、搭建创新的平台、丰富创新的实践"为发展策略,坚持"让每一位学生在创新中成才"的发展目标,从"科学伦理、科学精神、科学方法、科学知识"等四个维度培养学生基于"科学精神、科学知识、科学方法、科学伦理"的高科技素养,从而将上海市格致中学奉贤校区建设成为一所国际化、信息化特征鲜明的高科技高中。

课程是学校实现育人目标、落实办学理念的重要载体。随着格致中学奉贤校区办学定位和发展目标的廓清,构建与之相适应的高科技特色高中课程成为学校办学发展过程中值得探究的重要课题。

二、推进过程与举措

基于"创客教育"的高科技特色高中课程,就是要有别于传统意义上以传授知识和技能为主要任务的高中理科类课程,这里的区别主要体现在课程结构、课程内容、课程形态、教学方式、教学环境等方面。基于"创客教育"的高科技特色高中课程,其目的在于充分发挥学生的主观能动性,引导学生在实践中思考,在实践中学会创造。

（一）构建思路

"创客教育"是一种融合信息技术,秉承"融合创新、探究体验"教育理念,以"在创造中学习"为主要学习方式、以培养创新型人才为目的的新型教育模式。

"创客教育"的目标是让学习者不仅掌握技术,还要运用技术进行创造,面对真实情境进行问题求解和优化完善。"创客教育"的跨学科性、实践性、科技性、合作性等特点为培养创新意识、创新精神、创新能力、创新人格提供了新的思路。

有学者提出"创客教育"的三部曲:第一步,引导学生学习如何动手做,在做的过程中学习相关的知识和技能;第二步,引导学生学会思考,即进行创新意识和创新思维的培养;第三步,引导学生进一步将自己的创意变成现实,学会创造。这样的行动逻辑,为创新人才的个性化培养提供了新途径。

根据以往学校校本课程的建设经验,在基于"创客教育"的高科技特色高中课程建设中,学校进一步整合资源,组建由学校管理者、教师、学生、家长、社区、共建单位等组成的"课程建设共同体",共同开发并实施开放、多元、动态生成的课程体系,着力构建创客空间、科技教师、学生创客、高科技高中特色课程等要素和谐共振的"创客教育"生态环。

在"创客教育"生态环中,创客空间是实施高科技课程的教学环境和硬件保障。科技教师是课程开发和实施主体。学生创客是课程实施的中心。高科技高中特色课程是实施"创客教育"的载体。以创客空间为基础,构建科技高中特色课程,应着力凸显跨学科、创新性、实践性三项基本原则,开发融基础型、拓展型、创新研究型三个层次的课程体系。在组建创客教师队伍时,以学科素养、创新能力为选拔标准,以信息技术为支撑,对教师进行分层培训,以理科教师为主体进行教师队伍建设。

(二)课程体系

基于"创客教育"的高科技特色,高中课程以创新人才的早期培养为课程目标,坚持立德树人根本导向,积极探索面向未来的学生高阶能力培育,发展学生的批判性思维、自主能力、创新能力、协作交流和跨文化能力,为学生终身学习和发展奠定基础。

通过构建纵横开阖、多元交融、文理兼容的高科技特色课程,实现覆盖面向全体的基础型课程、面向部分学生选修的跨学科实践应用课程、面向精英学生的前沿探究课程,形成凸显高科技特色的纵向金字塔分层课程体系,为每位学生的个性化发展提供培养路径。基于"创客教育"的高科技特色,高中课程图谱如图 2-1 所示。

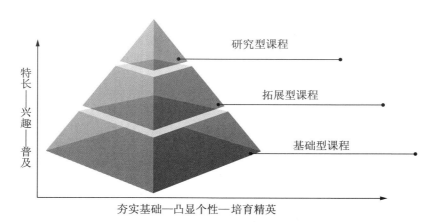

图 2-1 基于"创客教育"的高科技特色高中课程图谱

"横向解构"和"纵向分层",是高科技特色高中课程体系的两大鲜明特征。所谓"横向解构",是以学科为横向维度,将高科技课程内容按学科门类,分解到各个学科知识体系中。所谓"纵向分层",是以课型和教学组织方式为纵向维度,根据不同的教学内容,以学生的学习心理特征为出发点,分散到不同的课型和教学活动中。高科技特色高中课程,均通过传统的线下教学和基于 MCOC、MOORS 平台的在线教学两种方式实施。

具体而言,纵向的课程结构呈"基础型课程(普及)—拓展型课程(兴趣)—研究型课程(特长)"的阶梯式,横向的学科能力培养以"基础—个性—精英"分层递进。基础型课程是在整合优化学校已有课程资源的基础上作进一步优化组合,面向全校学生,重在普及学生必备的素质素养。拓展型课程主要针对学生的个性化学习需求,重在拓展学生的学习兴趣,引领其在知识和技能方面向更高层次发展。研究型课程以基于创新实验室建设的校本化创新素养实践类课程为载体,实现科技课、社团活动和科技竞赛辅导的无缝对接,实现课堂教学与课外教育相结合,面向有专业特长和创新潜质的学生,针对性更强,重在创新潜力的挖掘和精英人才培养。

（三）课程设置

1. 基础型课程

通过学科维度的横向解构,基于"创客教育"的高科技特色高中基础型课程以线上慕课的形式开展,主要包含"天文学""创新学""格致学""经典哲学"等课程。

"天文学"在线课程以培养学生对天文学的兴趣为目标,分专题介绍天文常识、与生活相关的天文知识以及今后进一步学习天文所必备的观测基础。

"创新学"在线课程主要包含创新思维和创造发明技法两大板块,结合具体案例为学生分析和介绍逆向思维、侧向思维、求异思维、类比思维、发散思维、综合思维等创新思维的基本形式,结合具体实例,深入剖析创造奇迹的组合发明法、找出成果的补短发明法、独具魔力的需要发明法、专利利用创新法等创造发明技法。

"格致学"包括学校的沿革历史,但最主要的是讲中国近代自然科学发展史和"格物致知"的哲学内涵。中国自古以来有着领先世界的自然科学成就,对人类文明的贡献非常巨大,但在中国近代"科学"一说没有引入之前,中国人把自然科学统称为"格致学",自然科学研究者就统称为"格致家"。

"经典哲学"分为上下两篇,共 14 节微课,以人物为线索,系统讲授中外著名思想家的哲学理念及其蕴含的内在奥义。

由此可见,基于"创客教育"的基础型课程并非聚焦于创新的技术和操作,而是通过线上学习的方式,从历史、哲学、创新思维等多个视角带领学生走进创新、了解创新,进而萌发成为一名创客的学习热情。

2. 拓展型课程

通过学科维度的横向解构,基于"创客教育"的高科技特色,高中拓展型课程分为智能制造、航空航天船模、电子编程等不同的课程内容模块,以线下教学的形式开展。

"智能制造"模块包含"3D 设计与打印"课程"激光切割与雕刻"课程"智能家居系列"课程等。

"3D 设计与打印"课程旨在让学生通过学习与实践 3D 设计与打印技术,培养学生运用三维设计软件和 3D 打印技术解决实际生活中的工程问题,提高设计能力、物化能力和解决实际问题的能力。课程内容可分为基础理论、软件应用与实体制造三大类。课程内容分类目录如表 2-1 所示。

表 2-1　"3D 打印设计与打印"课程的内容组成与核心专题

核心内容	内容分类
PLA、ABS 耗材的选择	创意制作的基础理论与基本认识
Makerbot Replicator 打印机常见问题及解决方法	
3D 打印技术的历史与现状、3D 扫描仪的使用	
3D Design 软件的基本使用及建模实例六则	创意制作软件的基本应用
Meshmixer 软件的基本操作与实际应用	
Creo 软件的基本操作与实体建模	
生活实物小模型制作:小椅子、眼镜、花盆、家具	创意设计的实体制造
学习工具小模型制作:艺术笔、笔筒、台灯、风扇	
娱乐工具小模型制作:溜溜球、飞机、小车、充电器	

"激光切割与雕刻"课程旨在让学生通过学习与实践激光雕刻技术,培养学生运用三维设计软件和激光雕刻机设计外观与实用性兼顾的个性化物件,提高学生的设计能力和物化能力。课程内容分为激光雕刻机的工作原理和激光雕刻设计软件的基本使用两方面。教师在教学中还融合了节约环保的育人理念,引导学生合理设计图像,最大限度地利用好原始的整块木质材料。

"智能家居系列"课程以项目为载体,融合了积木式编程、电子通信和木工制造三项内容专题。学生运用3D打印或激光切割的方法,制造出与现实家居等比例的木结构家居模型,并为这些家居的部分部件安装网卡,通过构建无线网络环境,完成积木式编程,让学生感受远程控制家居的物联体验。

"航空航天船模"模块包含"无人机"课程、"船模的艺术加工"课程、"卫星应用"课程等。

"无人机"课程分为无人机工作原理、试飞无人机、设计无人机三大内容专题。课程综合数学、物理、飞行原理、三维建模、城市规划、软件编程、通信工程、英语表达等学科知识,旨在全面提高学生的跨学科综合能力。学生需以团队的形式共同研究、设计一款无人驾驶飞机系统来解决一个基于真实情境的问题。在此过程中,学生需要利用专业软件开发解决方案,用英语撰写报告论证方案的合理性。参加该课程且表现良好的学生团队将被推荐参加 RWDC(Real World Design Challenge),即"真实世界设计挑战大赛"。

"船模的艺术加工"课程让学生在回溯航海历史的过程中继承和发扬航海文化,提高了学生们的动手能力、实践能力和空间想象能力。通过理论教学,掌握不同船模的历史渊源、物理原理,区分不同类型船模的航行优势。通过动手制作、加工船模,掌握实践操作能力,结合船模比赛,加强学生的动力能力,培养竞争意识和团队协作能力。

"卫星应用"课程属地理学科地理信息技术方向。课程共分为三个阶段。(1)准备创新阶段,重点介绍现代地理信息技术的基本原理和应用,学生以小组活动的方式学习 ArcGIS 和 ENVI 软件的各种功能,为地理信息研究打下基础。小组任务的完成过程及撰写的学习心得作为该阶段学习效果的评价依据。(2)体验创新阶段,引导学生完成一项以"城市变迁"为主题的地理信息研究任务,学生在这个范围内自己选题,制作地图,研究并撰写论文。(3)自主创新阶段,学生将自己提出创新课题并开展研究活动。该课程定位是成为学生将来进入卫星导航定位理论学习与工程实践专业的"启蒙师"和"引路人"。

"电子编程"模块包含"App Inventor 手机编程课程""Arduino 电子编程课程""机器人课程"等。

"App Inventor 手机编程课程"基于 App Inventor 软件,以积木式编程的方式,让学生快速上手简单的安卓系统 App 的设计与开发。学习该课程能够为"智能制造"课程模块下的"智能家居系列"课程做铺垫。

"Arduino 电子编程课程"以项目为载体,通过一系列典型的 Arduino 项目,带领学生学习和掌握开源硬件的常用元件、传感器和编程方法,进而以典型项目激发学生灵感,结合真实情境,让学生设计开发能解决具体问题的小发明。

"机器人"课程包含 BLAST-WEDO 和 BLAST-EV3 两个内容专题,课程内容包括 Wedo 基础学习、传感器与智能编程、Wedo 编程游戏、Wedo 智能生活、机器人基础、机器人城市与交通、Blast 机器人挑战、Blast 机器人全能运动会等。

3. 研究型课程

通过学科维度的横向解构,基于"创客教育"的高科技特色高中研究型课程以跨学科＋X 的思路来展开。

"跨学科＋X 的研究型课程设计思路"是将一种技术应用与不同的学科领域和问题情境,其目的是让学生在完成各课程模块后,能进一步实现知识与技能的融会贯通。

例如,"3D 打印＋"课程是将 3D 打印技术与不同的学科模块进行联结:在"3D 打印＋工程"模块中,学生的研究任务是开发"手机支架或手机壳等手机延伸产品";在"3D 打印＋物理实验"模块中,教师结合物理实验,如伯努利实验、陀螺仪等,引导学生设计制作实验器材和实验教具;在"3D 打印＋传统文化"模块,教师引导学生联想与戏曲、茶艺等传统文化相关的创意产品,根据自己的喜好运用 3D 打印技术设计制作相关的道具和衍生产品,为继承和发扬传统文化添砖加瓦;在"3D 打印＋机械"模块,教师引导学生利用机械知识结合 Arduino 开源硬件,3D 打印机械臂,融合电子控制,组装形成机器人。

又如,"App Inventor＋"课程是将基于安卓系统的 App 开发工具 App Inventor 与各学科相结合,打造各学科手机移动应用。"App Inventor＋文史"模块,学生可研究如何开发"我爱背单词""听音辨词"等 App 开发项目;在"App Inventor＋智能家居"模块,学生可结合生活经验,设计自动投食机等作品。

三、特色经验与实践成效

（一）优质课程的共建共享

上海中小学新科学新技术创新课程平台（简称"双新课程平台"）,是一项推动学校创新教育的工程。上海市格致中学奉贤校区作为首批参加"双新课程平台"试点工作的学校(校区)之一,始终期望借助"双新课程平台"帮助学生接触科技前沿领域,经历创新学习过程,培养和发展学生的创新意识和实践能力。"双新课程平台"邀请科学家领衔开发种子课程,将科学家的研究心得带入课程,以来自第一线的新科学、新技术研究为内容、以科学实验和技术创新实践为特征、实施能双向对接科学家的前沿开拓成果和中小学的课程实践。加入"双新课程平台"既有益于学校高科技高中特色课程的不断丰富和完善,也有利于学校自主开发的课程资源能够被进一步向外辐射共享。

学校先后引进了多门"双新课程平台"课程。课程"益生菌的培养技术"在学校经历了两轮教学实践,现已摸索出了适合学生学习的项目式教学实践策略。教师在鼓励学生个性化选择实验内容的基础上,将课程内容和课程名称调整为"生物创新实验"。"生物创新实验"课程由四个模块组成,分别是益生菌、植物、动物、生化与分子,分别由四位学科教师授课,每位教师结合各自执教的学科模块特征,有选择性地设计实验。在跨学科整合方面,四位教师各展所长,将生物实验与生活相结合,利用树叶制作叶脉书签,并让学生在书签上绘制自己喜爱的风景;将生物实验与 3D 打印技术结合,制作分子结构的模型,使抽象的学科概念更加形象直观。学校引进的另一门课程"离子液体"则与学生的研究性课题相结合,采用翻转课堂的教学方法,让学生根据自己的兴趣选择与离子液体相关的小课题,课前学生通过网络寻找资源和教材,自学离子液体基础知识,课上教师帮助各个学生小组理顺研究思路,备齐所需的实验设备,保障学生能逐步完成相关的研究课题。此外,"3D 打印"课程在学校内已开展了三轮教学实践,教师逐渐探索形成了"3D 打印 + "的教学模式,在"双新课程"展示活动中得到分享和推广。

(二)构建课程实施平台

高考新政实施以来,学生研究性课题作为普通高中学生综合素质评价的重要组成部分,已经成为高校衡量学生研究素养和创新能力的重要参考之一。学校在指导学生开展研究性课题方面虽起步较早,创新实验室开放、海外课题研修、专家校内课题论证各项保障措施也相对健全,但在新时代、新教育背景下,学校仍在思考和规划如何充分运用现代信息技术,进一步丰富学生的研究性学习资源、规范学生的课题研究流程、提升学生课题成果的质量、优化教师对学生研究性学习过程的管理与评价。在上海市电化教育馆的指导下,学校引入高中生研究型课程自适应学习平台(MOORS)。MOORS学习平台能帮助学习者突破学习时空的界线,并即时记录与追踪学习者的研究轨迹。除此之外,系统的最大亮点在于依据算法模型为学习者实时推送与研究主题相关联的个性资源。在这一平台的辅助下,学生可24小时开展线上自适应学习,充分利用碎片时间,提升研究型课程的学习水平。

在MOORS平台的支持下,学校可实时跟踪学生课题的研究进展,对进展缓慢的课题小组给予重点关注和辅导,对已完成的课题及时进行评价。据学校统计,使用MOORS平台后,学生研究型课程的平均学习时间从每2周1课时提高到线上线下每周共学习约3课时。研究型课程的教学管理从过去依赖纸质材料,转变为师生记录的数据在平台中长期贮存,平台上呈现的数据可视化统计结果让学校对师生的过程性管理更直观清晰。

(三)整合高校优势资源

我们深知,高科技高中的课程开发与课程实践不能仅仅拘泥于高中校园内,而是要在力所能及的条件下,最大范围地整合优势资源,助力学生发展。从课程形态而言,专家讲座是对学校常态课程的一种重要补充,具有前瞻性的课程内容,能在很大程度上开拓学生的视野,提振学生的学习和研究兴趣。

近年来,学校先后与麻省理工学院、清华大学、上海交通大学等诸多国内外高校和研究机构开展了形式多样的交流合作,邀请诺贝尔奖得主科里教授在内的知名专家为学生开设科普讲座和拓展型课程。2019年9月,学校与同济大学进一步深化交流互动,通过定期组织科普讲座、开设拓展型先修课程、学生研究性课题指导与孵化等形式,拓展学生在人工智能、大数据、5G技术、电子工程等方面的学科视野,助力青少年科创人才培养。

此外,高校的尖端实验室也是高科技课程实施的重要资源。2019年4月,学校科技教师和部分高一年级的科创小能手们来到上海交通大学闵行校区,一起见证了格致中学奉贤校区与上海交通大学科创素养培养基地的落成。整合高校优势资源,联合成立科创基地,将为培育学生的科技创新与人文素养搭建桥梁。

(四)完善创新实验室建设

格致中学奉贤校区由现代学习中心、人文艺术中心、科技创新中心、学生自主中心、体育活动中心、生活休憩中心、餐饮中心等七大中心组成。科技创新中心内预设有36间创新实验室。

2014 年，由美国麻省理工学院指导的标准 FabLab（Fabrication Laboratory）创新实验室——格致创智空间，在上海市格致中学揭牌成立。随后，格致中学奉贤校区也按照相同的实验设备配备标准建立了 FabLab 创智空间，借此开展教学活动。

近年来，校区内又先后新建了环境保护综合实验室、航海模型创新实验室、无人机创新实验室及物理、化学、生物等学科创新实验室，为基于"创客教育"的高科技特色高中课程实施提供了坚实的保障。

四、问题思考与未来展望

当前，基于"创客教育"的高科技特色高中课程构建仍处于探索阶段。与全球领先的高科技高中相比较，学校在课程管理、创新实验室建设、课程内容设置等方面还有值得进一步思考和提高的空间。

（一）开展学分互认的课程管理探索

位于美国新泽西州的"高科技高中"（High Technology High School）是《美国新闻与世界报道》杂志评出的顶尖 STEM 高中。学校的办学定位是一所早期培养工程学人才与工程行业从业者的高中，学校课程以工程学为核心，注重强调数学、科学、技术与人文的内在关联。学校在课程管理方面的特色做法是与罗切斯特理工学院（Rochester Institute of Technology）、乔治亚法院大学（Georgian Court University）、布鲁克达尔社区学院（Brookdale Community College）开展学分互认合作，学生修习核心课程可以获得上述大学的学分。

格致中学奉贤校区与高校的合作，涵盖定期举办专家讲座、开放高校创新实验室、高校学者为高中生开展课题指导与校内答辩等方面，但在课程衔接和学分互认方面尚未形成课程管理上的双向对接。事实上，在基于"创客教育"的高科技特色高中课程中，部分课程从内容深度和课程结构的系统性而言，已经达到了大学课程的水平要求，还有部分课程（例如"双新平台课程"）由高校专家开发。学校若能进一步提高课程管理和课程评价水平，贯通学校与高校的学分互认机制，将进一步提高学生对课程选报和课程学习的积极性。

（二）开展基于创新实验室的研究型课程走班教学探索

研究型课程的实施在很大程度上需要依靠专用的实验环境或教学空间，尤其是开展自然科学类课题研究,不仅需要专门的实验室,而且在条件允许的情况下,应当合理控制学生和实验器材的比例,保障学生的实验环境。从这个角度而言,当前学校的创新实验室建设尽管门类齐全,设施设备也较新,但从生均创新实验室设施比例来看,还有所欠缺,难以开展基于创新实验室的研究型课程走班教学,仍以传统的班级授课制开展研究型课程。这一教学管理方式的弊端,在于将不同研究方向和研究兴趣的学生集中在普通的教室中,难以实现个性化学习和有针对性的教学指导,不利于研究的有效推进。

从教学空间而言,格致中学奉贤校区预留了 36 间创新实验室空间,若能进一步完善创新实验室建设、加强研究性课题指导教师团队建设,完全有条件开展基于创新实验室的研究型课程走班教学探索,逐步形成与高科技高中相适应的研究型课程教学组织方式。

(上海市格致中学　吴　照、季金杰、何　博)

第二节　"人工智能＋"课程群的开发与实施

20 世纪初,卢湾高级中学以创建上海市实验性示范性高中学校为契机,提出"科学教育树人,人文精神立魂"的办学理念,以"培养高度科学素养的高中学生,营造浓厚人文精神的学校文化"为办学目标,开展科学教育实验,探索创新人才培养,推进科学课堂改革,打造科学课程文化,在探寻与凝练学校办学特色的过程中,找到了一条学校特色发展之路。在十余年的"科学教育"实践中,科学教育惠泽每一位学生,科学教育成效日趋显著,科学教育品牌在上海市乃至全国范围内都具有了一定的影响力。

近年来,学校秉承"崇尚科学,注重实践"的校训,继往开来,创新发展。在区委、区政府、区教育局的支持下,与人工智能独角兽公司商汤科技公司、中国联合网络通信上海市分公司签约,合力打造具有前瞻性和影响力的"AI＋5G"智慧高中样板校。借助企业核心技术、高等院校前沿理论,开发人工智能的课程,建设人工智能核心团队,将最先进的人工智能技术成果和 5G 技术应用于教育教学实践。从人工智能时代的挑战和机遇出发,提出以"H·AI"为育人目标的课程框架(H 为 Holistic 首字母,代表全人发展;AI 即人工智能,立足于胜任人工智能时代的品格情意与关键能力），探索在普通高中培养既具有人工智能素养，又具有不被人工智能所取代的具有核心竞争力的人才。2019 年，学校获得中国科协青少年科技中心认定的"全国青少年人工智能活动特色单位"称号。

一、"人工智能＋"课程群的价值意义

人工智能作为 21 世纪最前沿的科技领域，不但成为新的战略性产业的发展动力，而且影响着各行各业的深入发展。2017 年 7 月，国务院印发《新一代人工智能发展规划的通知》，明确指出要在中小学阶段设置人工智能相关课程，加快人工智能创新应用，发展智能教育，构建包含智能学习、交互式学习的新型教育体系。① 目前，我国各中小学校人工智能课程都还处于初级尝试阶段，虽有部分学校积极探索，但都未形成系统性的框架体系，人工智能教育资源也相对匮乏。因此，如何将人工智能引入普通高中课程领域，培养能够胜任未来社会的创新人才，就显得尤为迫切。就世界范围来看，推出人工智能国家战略、培养未来人才已经成为主要国家的普遍做法。

（一）对学生：提升 AI 素养，助力未来发展

开展人工智能教育既是国家经济社会发展的战略需要，又是培养新时代创新人才的重要手段。在基础教育阶段开设人工智能课程，让学生了解人工智能基础知识、基本原理，满足学生走近科学、了解前沿科技的需求，提升学生对人工智能的认识，助力学生的未来发展，帮助学生为胜任人工智能时代做好准备。

（二）对教师：培养 AI 意识，胜任未来教学

人工智能时代下的教师，应该具备更优秀的科学素养、更丰富的知识储备、更多样的教学思路、更有效的授课能力。人工智能课程的开发与实施，可以帮助教师胜任人工智能时代的教育教学，成为学生认识人工智能的领路人和 AI 教学专家，同时促进教师个人的专业发展。

（三）对学校：打造 AI 课程，构建特色教育

课程是学校实现办学理念和办学特色的载体。作为一所以科学教育著称的

① 国务院.国务院关于印发《新一代人工智能发展规划的通知》(国发〔2017〕35 号)[EB/OL].[2018-4-13].www.gov.cn/.

市实验性示范性高中,卢湾高中以 AI 课程建设作为新时代科学教育的重要突破口,培养能够迎接人工智能时代挑战的未来人才,弘扬了学校办学传统,丰富了学校科学教育内涵,凸显了学校科学教育的品牌效应。

二、"人工智能＋"课程群的目标定位

"人工智能"是计算机科学的一个分支,是当前科学技术发展的重要的尖端科技之一,是研究、开发用于模拟、延伸和扩展人的智能的理论、方法、技术及应用系统的一门新的技术科学。"人工智能＋"有四层含义:一是引入,把人工智能课程引入到学生的学习中;二是应用,将人工智能技术应用到学生的学习中;三是融合,从人工智能角度更好地审视学校原有科学教育课程的价值,对原有课程进行再造和提升;四是创造,开展人工智能研究,利用 AI 技术进行创意设计和创造发明,让生活变得更美好。"人工智能＋"课程群是基于时代社会发展与未来人才需求,以全人发展为目标,以培养学生"H·AI"素养为指向,围绕"人工智能"主题开发并实施的一类内容联系紧密、内在逻辑清晰、层次连贯递进的,具有学校鲜明个性特征的课程体系。

开设人工智能课程,必然要回答一个前提性问题:普通高中人工智能课程是培养人工智能专门人才,还是培养适应人工智能时代的全面发展的人? 对于基础教育而言,培养人的创造力、人文素养和计算思维是人工智能课程的核心目标,也是人工智能时代基础教育课程的重要价值取向。[①] "人工智能＋"课程群以"科学教育"实践为轴线,紧紧围绕立德树人根本任务,聚焦学生和教师两个主体,内容涵盖AI 基础课程域、AI＋学科课程域、AI＋城市课程域、AI＋审美课程域、AI＋情感课程域、AI＋创意课程域等六大领域。不仅要让学生了解人工智能知识,学会与人工智能协作共存,运用人工智能思维解决生活中的实际问题,还要让学生具备不被人工智能所替代,并且能在未来生活得更好的关键能力和必备品格,如情感、沟通、审美、创意等。我们把这两者合称为"H·AI"素养,"H·AI"素养指向全人发展。具

① 王本陆,千京龙,卢亿雷,等.简论中小学人工智能课程的建构[J].教育研究与实验,2018(04):37—43.

体而言,它包括掌握人工智能的基础知识、核心概念和发展趋势,具备主动应用人工智能技术于学习的意识和能力,具备创造性应用人工智能技术改造周边世界的能力,具备更强的审美意识和能力,具备更强的同理心与情感能力,具备更强的创造性能力。

要想全面实现人工智能课程的目标追求,需要在目标层、行动层、保障层等方面进行系统构建,努力形成全面的课程教学新样态。目标层:在学校科学教育传统和人工智能时代的双重背景下,确定项目的主要目标,具体包括情感、审美、创新、AI 素养、深度学习五个方面。行动层:通过课程的开发与实施来将这些目标付诸行动。保障层:从学科建设、空间打造和校外资源等方面为课程开发与实施提供保障。

三、"人工智能十"课程群的体系建构

基于学校科学教育的办学特色和基础,卢湾高中将人工智能技术与学校课程深度融合,注重构建面向全体的普及性课程、面向群体的发展性课程和面向个体的高阶性课程,给各类学生提供丰富的选择性,形成了 AI 基础课程域、AI + 学科课程域、AI + 城市课程域、AI + 审美课程域、AI + 情感课程域、AI + 创意课程域等六大领域的"人工智能 + "课程群。

其中,每一个课程域都有特定的"大概念",每一个课程域都有学生关键能力与必备品格的培养侧重点。每一域内的具体课程之间都有内在关联性,或内容相联系,可平面迁移;或内容有梯度,可垂直关联;或内容可综合,可以由部分组合成整体。

（一）AI 基础课程域的开发

依托中小学信息技术课,以《人工智能》教材为蓝本,根据学生学情进行校本化设计与实施,开发如"人工智能是什么?""机器学习环境的搭建""人脸识别技术"等系列模块,让学生深入浅出地学习、体验感知和应用人工智能技术解决生活中的实际问题。

（二）AI + 学科课程域的开发

将 AI 技术更好地融入学生学科学习,让学生利用 AI 技术提高学习有效性,并

在此过程中提升对 AI 的理解和应用能力。如,人工智能与艺术课结合,开发 AI 钢琴大师、神经网络电子鼓等内容。体育教学智能化:利用人体姿态识别分析技术和智能视觉分析技术,提供智能乒乓球训练课程、智能羽毛球训练课程等。生物教学智能化:引入 AI+医疗技术,帮助学生更好地了解人体器官结构。化学教学智能化:利用现实增强技术改善实验设计和效果,利用机器学习技术和量子化学模拟改善催化剂的设计,预测化学反应的有机合成效果。

(三)AI+城市课程域的开发

以项目化学习为载体,以"城市让生活更美好"为主题,构建基于现实问题解决的跨学科项目学习课程。开发城市交通无人驾驶、无人机+无人车协作挑战、基于机器视觉的快递配送、火眼金睛的电子警察等课程;开展人工智能专题讲座和实践参观等活动性课程,引导学生了解人工智能应用到不同行业的现状,拥有改变城市生活、改变世界的能力。在教学内容的选择和教学活动的设计中,强调兴趣+基础,选择那些与他们学习和生活密切相关的人工智能应用问题作为教学案例。①

(四)审美课程域的开发

人工智能技术的高速发展,会让人们对审美有不同以往的认识和理解。基于此,学校以文学艺术等审美学科课程探索为切入口,以"激发学生的艺术灵感和审美体验"为核心,结合人工智能技术,开发与人工智能时代密切相关的艺术人文类审美课程,如:3D 材质和渲染、Quick,Draw、AI 旋律混合、央美彩铅精微素描、戏剧欣赏等课程。

(五)AI+情感课程域的开发

立足人工智能时代学生情感道德、意志品质的培养,开发"AI 时代对人的素养新要求""AI 时代伦理、道德的新挑战"等专题课程及相关讲座,开发社会心理学、沟通与表达、人际关系与人机对话、AI 心理咨询师等课程,培养学生的社交沟通能力、团结协作能力,以及和情商相关的能力,如同情心、同理心、慈善心等。

(六)AI+创意课程域的开发

开发人工智能专题研究课程,引导学生将人工智能技术应用到其他领域进行

---

① 陈剑平.我国人工智能课程实施的问题与对策[J].中国电化教育,2008(10):95—98.

交叉创新,开展人工智能相关领域的课题研究;立足学生创新想象和创意设计能力培养,激发学生的创新激情,开发和完善融入 AI 元素的创意设计课程,如创意与表达、智能机器人设计、头脑奥林匹克创新课程、数码摄影与摄像、数码音乐创作、电脑程序设计、3D 动画制作与创意设计、人工智能与新闻传媒等。

（七）课程实施的方案细则

在学校原有科学教育课程方案基础上,结合新开发的人工智能特色课程,制定课程实施细则,明确课程设置和学程安排。根据课程的教学目标以及高中生的认知特点,运用"情景化教学模式""基于问题的教学模式""基于案例的教学模式"等教学模式,①开展人工智能＋课程群的教学。每学期末安排一次人工智能创新课题分享及成果展示活动,通过现场展示、课题评比等形式,对课程进行评价和管理。

表 2-2　卢湾高中人工智能＋课程群的实施方案

领　域	课程名称	具体实施
AI 基础课程域	人工智能基础（商汤）	基础必修课程,在高一、高二全体学生中普及,每学期不少于 16 个课时,四个学期合计 64 课时
	人工智能校本学材	
AI＋城市课程域	机器视觉的应用实践	校本选修课程,在高一高二拓展课和社团课上实施。采用项目化学习、问题化学习、个性化学习等方式,在任务驱动下,展开问题探究式的学习,通过小组内的沟通、交流、合作,完成问题的解决。在资料搜集、框架搭建、成果展示、思路讲解及意见交流的过程中,习得自我学习的方法和策略,实现理论知识的二次转化,突破实践操作中的具体问题
	Sense Rover 小车项目	
	基于视听的人机交互项目	
	基于机器视觉的无人驾驶	
	城市交通无人驾驶	
	机器人足球和篮球项目	
	新能源汽车 STEM＋课程	
	基于机器视觉的快递配送	
	无人机＋无人车协作挑战	
	……	

---

① 马超.高中"人工智能初步"教学的三种常用模式[J].现代教育技术,2008(8):51—53.

领　　域	课程名称	具体实施
AI＋审美课程域	视频拍摄和剪辑 影视表演和创作 3D 材质和渲染 3D 动画设计 ……	校本选修课程,在高一高二拓展课和社团课上实施。采用项目化学习、体验式学习、批判性学习等方式,培养学生必备的审美意识
AI＋创意课程域	3D 设计建模 数码音乐创作 基于 Arduino 的创客设计 DI 创意课程 无人车 DIY 设计制作 ……	校本选修课程,在高一高二拓展课、研究课和社团课上实施。采用项目化学习、批判性学习等方式,将真实生活与学习情境勾连,鼓励不同想法的人,把想法和创意进行产品化设计和制作,培养学生的创新意识和动手能力,激发学生的创造激情
AI＋情感课程域	AI 时代伦理道德的新挑战 热爱智慧 人际沟通技巧 ……	校本选修课程,在高一高二拓展课和社团课上实施。采用体验式学习等方式,倡导基于服务的学习,让学生关注周遭,建立社会化人格
AI＋学科课程域	C＋＋计算机编程 重走祖冲之路 参数模型与非参数模型 水蚤心跳的检测 荡秋千的建模 抛物线拟合 智能生态瓶 ……	基础必修课程,与其他学科教学结合,开发人工智能实践应用课程。利用人工智能技术,改进学科教学,将 AI 技术更好地融入学生学科学习,让学生利用 AI 技术提高学习有效性,并在此过程中提升对 AI 的理解和应用能力

四、课程实施的成效与反思

面对时代的发展与变革,学校顺势而为,积极探索人工智能时代育人方式的转型,探索人工智能赋能学校课程教学的实践规律,在课程体系的多元化、教师技能的专业化、学生成长的个性化等方面有新的作为和突破，为学生的终身可持续发展奠定坚实的基础。

（一）"人工智能＋"课程群的实施成效

1. 丰富了科学教育的办学内涵

学校在梳理、盘整、优化科学教育原有特色课程的基础上，根据时代和科技的变化，开发"人工智能＋"课程群，不断优化科学教育的课程理念、科学教育的课程目标、科学教育的课程实施和课程评价，使人工智能课程成为学校科学教育课程的新亮点，加快了学校科学教育课程的迭代与更新，丰富了学校科学教育的办学内涵。2019年度，中国科协授予卢湾高中"全国青少年人工智能活动特色单位"的荣誉称号。

2. 培养了人工智能的创新人才

在普及人工智能课程的基础上，精心培育学有潜力的学生，鼓励学有所长的学生进行跨学科跨领域的人工智能课题研究。程同学的"智能化个人舞蹈姿态评判系统"、陈同学的"双电机驱动小车的一种简易差速修正方案的探究"将人工智能与艺术、工程等融合创新，分别获得了首届国际中学生人工智能决赛特等奖和二等奖。学生们参加各级各类比赛，获得首届上海市青少年人工智能挑战赛智能驾驶锦标赛二等奖、挑战赛三等奖；第二十届全国中小学电脑制作活动上海赛区中小学机器人竞赛篮球冠军、亚军，"快递末端配送"无人驾驶挑战赛常规赛亚军及联队赛冠军等奖项。

3. 打造了敢于攻关的教师团队

学校以校本研修为抓手，借助企业技术力量对教师开展技能实践培训，全面提升教师的人工智能素养和AI应用意识。成立AI课改团队，开展攻关研究，实现了全体教师人工智能素养"面"上的提升和课程开发与课堂教学的"点"上的深入探索，打造了一支有技术、有思想、敢闯敢干的创新课程团队。

（二）课程实施的思考与展望

未来已来，学校将主动适应5G互联网、人工智能和大数据等新一代信息技术对学校形态的重塑，完善人工智能教育的硬件环境和软件环境，大力推进"AI＋5G"智慧高中的建设，促进"AI＋5G"技术与课程教学的融合。

1. 进一步加大校企深度合作的力度

充分整合企业、高校、社会资源，为人工智能课程的开设、人工智能创新人才的培养,提供全方位的技术支持和资源保障,将先进的人工智能技术成果应用于教育教学实践中去。从卢湾高中的教育实际出发,以问题为导向,注重顶层设计和统一规划,在规划指引下,突出重点、以点带面、分步实施、逐步深入,不断增强实施应用效果,统筹推进学校教育信息化协调发展。

2. 进一步探索课程实施的保障机制

打造人工智能功能实验室和人工智能创新孵化实验室,建设"立芯·展翼"人工智能实验区,为教师开发与实施人工智能课程,提供必要的硬件支撑和技术保障;优化内部治理结构,完善课程管理机制,为教师开发和实施人工智能课程群提供科学化、集成化的制度保障;创设能够进行提取、分析、评价、诊断的学校教育教学与学习活动数据库平台,运用大数据分析、人机交互技术、自适应技术等推动学生的个性化学习和自适应学习,课程教学的多样化和可选择性。

3. 进一步促进 AI 与教育的深度融合

以推进人工智能技术与教育教学深度融合为主线,以智能教学、资源体系建设和教师能力提升为重点,鼓励特色发展,坚持整体推进与典型引领相结合。充分利用智能化教育环境,突出培养教师的 AI 技术能力、信息环境下教学创新能力,学生的自主学习能力、协作学习能力、探究学习能力和 AI 信息技术素养,促进 AI 技术与教育教学的深度融合,实现教与学方式和教育模式的变革与创新。

(上海市卢湾高级中学　何　莉)

第三节　以核心素养为导向的学校特色课程设计

从 2014 年起,向明初级中学开始进行重构学校课程的尝试和探索。经过多年的研究与实践,体现突破课程壁垒、跨越学科边界、联动多个年段等特点的"明课程"初步建成,实质关联且有质量的网络状课程体系正在形成。

一、我们的学校

（一）历史与传承

上海市向明初级中学于 1902 年由教育家马相伯先生所创立,是一所享有盛名的百年名校。20 世纪 50 年代,当时的震旦大学附中、震旦女子文理学院附中、私立晓光中学等三所沪上知名学校调整与合并成了向明中学,学校即为初中部。20 世纪 90 年代以来学校又历经初高中脱离、转制、迁址、更名等过程,最终被命名为向明初级中学(下简称"向明")。

学校秉承创造教育传统,在"教给学生一个创新的头脑,为学生的未来发展奠定基础"教育理念指引下,扎实进行了"三类课程"体系的建设,积累了一定的课程建设经验。首先,学校较好地贯彻了课改精神,成功实现了学业负担相对较轻、学业水平依然很好的总目标;其次,学校较好地传承了向明传统,坚持开展创造教育,不断探索创新思维教学模式;再次,学校较好地营造了育人氛围,不断提高师生及家长对向明乃至国家的认同感、归属感和幸福感。显著的办学成效得到社会各界广泛认可与好评。

(二)问题与思考

办学成效日益显著的同时,我们注意到,在金字塔形的"三类课程"框架下,学校课程的进一步发展渐渐受到了限制,产生了一些亟待解决的问题,主要表现在学校的课程体系有待进一步完善,校本课程的合理性有待进一步加强,教学主体的转换理念有待进一步夯实,教师的课程意识与能力有待进一步提高,学生的综合评价体系有待进一步改进,家、校、社联动的共育平台有待进一步建设等方面。

课程最终应为育人服务。于是,我们将目光落在了核心素养概念上。自 1996 年以来,多个国际组织,如联合国教科文组织、国际经济合作与发展组织先后开展了关于核心素养的研究,受其影响,美国、英国、法国、德国、芬兰、日本、新加坡和我国台湾地区等也相继开展了关于核心素养的研究。中国教育部也于 2015 年正式印发《教育部关于全面深化课程改革落实立德树人根本任务的意见》,并于 2016 年正式发布《中国学生发展核心素养》整体框架,从而在政府层面吹响了行动的号角。当前,"核心素养"已然成为教育领域备受关注的热点词汇,成为统领教育改革的上位概念,引领并拉动了课程教材改革、教学方式变革、教师专业发展、教学质量评价等关键教育活动。相比较而言,对于校本核心素养的研究及其在学校特色课程开发建设中的应用仍然处于刚起步的阶段。这让我们意识到,创造性地、个性化地推进核心素养的校本化实施大有可为。

二、我们的愿景

（一）理念与设想

"课程成就每一位师生的今天与明天"，这是我们的课程理念。在向明的课程哲学中，好的课程要能促进课程中所有人的成长，使师生成为学习共同体；好的课程要具有创造性，可以在师生共同协商、汇聚、筛选、积淀的过程中，成就个性教师与学生；好的课程不仅立足于当下，更面向着未来，使师生能适应未来、影响未来，甚至创造未来。

带着对学校课程现状的充分思考，我们大胆设想、小心探索，以关注成长、凸显个性、面向未来为宗旨，以培养学生的自主学习能力、实践创造能力、规划成长能力等校本核心素养为目标，以突破三类课程壁垒、跨越各学科边界、联动多个年段为特点创立了整合型、主题式、贯通性的校本"明课程"。"明课程"的"明"，是向明的"明"，是"明知、明行、明理"的"明"，是真正引领学生迎接明天、适应明天、创造明天的"明"，这也正是"明课程"名称的来由。

（1）"明课程"群应关注成长

优质课程要注重人的发展，而课程的构建都离不开师、生这两个主体，因此我们的课程追求的就是"双主体"的生命成长。课程提供知识，更生成思想和方法。这思想与方法最初的源头在于教师，这就要求教师伸展多维触角，提高课程的开发力、执行力与反思力，并逐渐形成个人特色。从而引导学生发现适合自己的有效学习方式，自主寻找学习规律，并使其思想在锤炼中走向独立与思辨。

（2）"明课程"群应凸显个性

优质课程要尊重学生的个体差异，满足学生个性化发展的需求，这就要求为全体学生提供可张扬个性、提升素养的多样性学习平台，让学生根据自身的兴趣爱好、个性特长、能力水平选择课程，并在各类课程的学习与实践中发现更多的特长与潜能。同时，还要为学有专长的学生开设助推性课程，给他们的自主学习、深入钻研创造更多有利的条件。

（3）"明课程"群应面向未来

优质课程要思考未来社会的需求，要思考未来的教育会有哪些变化，要思考师生走向未来提高核心竞争力时需具备哪些核心素养。让学生在课程学习中积淀能适应未来社会发展需要的综合素养,让教师在课程的开发与实施中提升专业能力,在未来逐渐成长为有特色的智慧教师,这是学校课程建设的方向。

(二)目标与期许

我们希望核心素养理论在向明能够生根落地,从而探索具有学校特质的学生培养方法。经过反复讨论和实践,我们逐步确定明晰了核心素养校本化实施的两大路径:一是架构共同素养基础上具有学校特色的校本素养,即设计反映学生现实基础、体现学生个性特点、指明学生发展方向的独特育人目标;二是打造反映学校元素的特色课程群及实施体系,即建构带有鲜明学校印记的特色课程群。

在学校"课程成就每一位师生的今天和明天"的课程理念指引下,我们以核心素养为指导方针,根据本校学生的现实特点与发展方向,确立了三项校本核心素养:自主学习、创造实践、规划成长。随后,围绕向明校本核心素养培育,我们更新学生培养目标为:培养学生成为自主学习的践行者、创造实践的探索者、规划成长的主导者,即引导学生重视传统文化,陶冶深厚的人文底蕴,注重知识的运用,使之具有终身发展潜力;鼓励学生彰显个性,构筑健康的体魄与人格,勇于在实践中不断创新,使之具有积极开拓精神;促进学生快乐成长,培养明理向上品质,乐于包容多元文化,使之具有广阔国际视野。同时,更新教师发展目标为:培养教师成为自主学习的指导者、创造实践的推动者、规划成长的陪伴者,即增强教师教学能力,学会引导学生自主寻找普遍学习规律、发现有效学习方式、形成独特学习效果;提高教师科研能力,学会鼓励学生实践想法创意、发挥潜能特长、畅通发展途径;培育教师进阶意识,学会帮助学生伸展多维触角、选择成长方向、设计个性人生。

三、我们的课程图谱

(一)结构与框架

在确定了校本核心素养概念后,我们进行了"明课程"的开发与建设。我们认为校本课程的创建应突破"挑一位能干教师、造一间专用教室、选一批特长学生、开一门特色选修课"的传统金字塔形的课程模式,而应尝试推动学校课程模式的转变,促进三类课程的交叉、融合与统整,体现突破课程壁垒、跨越学科边界、联动多个年段等特点,使学校课程由无关联或表面关联的金字塔状、碎片式课程体系,走向实质关联、有质量的网络状课程体系。

因此,我们设法使课程内容既发端于拓展型、探究型课程,又在基础型课程中有所结合和延伸,从而形成主题式的综合课程,让更多的学生有机会经历学习过程,让课程由"少数人"课程扩大为"全体人"课程。同时,我们设法促成有着内在联系的不同学科的整合,让学生的知识体系与学习方法向综合化的方向发展,使课程由"专题性"课程成长为"综合性"课程。最后,我们设法将学习过程贯穿在整个初中学段,让学生能力得以螺旋递进增长,使课程由"短训班"课程延长为"长训班"课程。(见图 2-2)

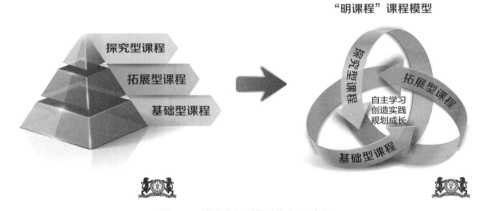

图 2-2　学校课程模型优化示意图

(二)内容与设置

目前,"明课程"共有"三维工坊""财商学园""微境世界""争鸣天地""职业体验"等五门子课程组成,而"科艺殿堂""华夏瀚海""公益广场""体育赛场"等子课程也正在成型中。(见图 2-3)

五门子课程都聚焦于培养学生的校本核心素养——自主学习、创造实践、规划成长,实现了在基础型、拓展型、探究型课程中都有课程内容的有机渗透,实现了语文、数学、英语、物理、科学、政治、历史、科学、生命科学、信息技术等多学科的跨界,实现了课程学习从预备年级一直到初三年级的贯通。(见表 2-3)

"争鸣天地"子课程图谱

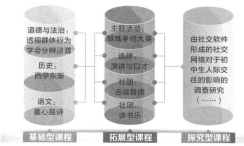

"职业体验"子课程图谱

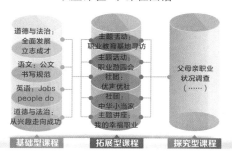

"财商学园"子课程图谱

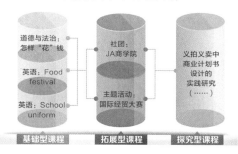

"微境世界"子课程图谱

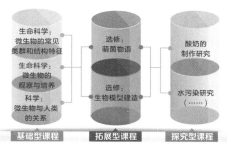

"三维工坊"子课程图谱

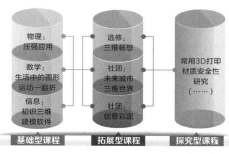

图 2-3 "明课程"各子课程图谱

表 2-3 "明课程"设置

子课程名称	年级	基础课(课时)	拓展课(科目)	探究课(课题)
三维工坊	预备	信息科技:初识三维建模软件(1课时)	选修:三维畅想 社团:未来城市三维世界 社团:创意彩泥	常用3D打印材质安全性研究
	初一	数学:轴对称图形的应用(1课时)		
	初二	物理:压强应用(2课时)		
微境世界	预备	生命科学:细胞的结构(2课时)	社团:科技创新社 选修:萌菌物语	水质安全的研究;空气、衣物表面、食品中的微生物分布情况研究
	初一	生命科学:海洋生物资源、海洋是地球生物的故乡(1课时)		
	初二	生命科学:微生物与人类的关系(1课时);微生物的观察与培养(4课时)		
争鸣天地	预备	语文:童心是诗(2课时)	社团:舌战群儒 社团:读书乐 选修:演讲和口才 主题活动:雏鹰争鸣大赛	由社交软件形成的社交网络,对于初中生人际交往影响的调查研究
	初一	历史:西学东渐(2课时);北洋政府的统治和军阀割据(2课时)		
	初二	道德与法治:文化遗产是以开发为主还是保护为主;遇到危急时刻是否需要遵守交通安全;维护交通安全主要靠做好宣传教育还是靠加大执法力度;人际关系和真才实学哪个更重要(4课时)		
财商学园	预备	英语:Food Festival(2课时)	社团:JA商学院 主题活动:国际经贸大赛	义拍义卖中商业计划书设计的实践研究
		道德与法治:和谐家庭我出力(1课时)		
	初一	道德与法治:克服炫富嫌富心理(1课时)		
	初二	道德与法治:培养自己的自理能力(1课时)		
		英语:School Uniform(2课时)		

子课程名称	年级	基础课(课时)	拓展课(科目)	探究课(课题)
职业体验	预备	语文:"有朋自远方来"综合学习性学习之新闻稿的撰写、求职自我介绍提纲的撰写(2课时) 思想品德:做更好的自己(1课时) 英语:What would you like to be?(1课时)	主题活动:职业教育基地探访 主题活动:职业游园会 社团:中华小当家 主题讲座:我的幸福职业系列	向明初级中学学生对会计师了解程度的调查;餐饮服务工作者与消费者之间的关系的调查;IT系统工程师专业素养储备的职业调查;船舶工程师核心素养和知识获取途径的调查研究;验光师专业储备的研究调查;黄浦区篮球高中体育生培训现状调查研究;交通广播主播职业素养研究;新媒体视域下的广告策划人员的发展前景研究;向明初级中学初三学生关于上海民防教育的满意度调查;店名中语言文字的案例研究;向明初级中学喜欢的艺术教育课程的案例研究;南京路上好八连的职业特殊性研究
	初一	道德与法治:全面发展,立志成才(1课时)		
	初二	英语:Jobs People Do(2课时)		
	初三	道德与法治:从兴趣走向成功(1课时)		

　　另外,每门子课程都有各自的学习主题、核心课程目标等课程要素。例如,"职业体验"子课程的学习主题为"职场体验",合作的学科为思政、语文、英语等,核心课程目标为"丰富学生职场生活体验,增进学生社会交往能力,提升创新思维品质,增强社会责任感,树立正确的劳动观、职业观和成长观",与之相配套的是近30家校外"明课程"共建基地。"争鸣天地"子课程的学习主题为"语言逻辑实践",合作的学科为语文、历史、思品等,核心课程目标为"体验实践语言表达,感受交流过程中的理性、平等和互相尊重,培养逻辑思辨能力,树立初步辩证的世界观",与之相配套的学生创新实验室是"逻辑表达空间"等。

四、我们的实施

(一)策略与路径

1. 统筹教学内容,绘制课程图谱,确保课程良性生长

　　我们首先对现有校本课程的教学内容进行了逐一梳理和统筹,将相关拓展型课程学习内容与基础型课程、探究型课程进行有效整合,并完善成更有利于课程的良性生长的链条式课程。

以"微境世界"子课程为例,我们将原有的生物拓展课程资源(见表2-4)重整、聚焦、优化为"萌菌物语"和"小小生物家协会",并新增"生活实验室(生物方向)""我的生物模型世界"两门拓展课。然后我们深入挖掘了基础型课中从预备到初二年级科学、生命科学中"常见的传染病及其预防""观察青霉菌"等六个相关课时的教学内容,增加、拓宽、深化微生物研究主题相关的课本知识与实验操作技能。

表 2-4   原有的生物主题课程资源

初三		
初二	与吃有关的微小生物	自主课题研究
初一	科技创新社	
预备		
	拓展型课程	探究型课程

我们还改进研究型课程实施,从以往只有部分学生能有机会做课题研究,到普及、分层、递进为预备年级全员都要进行"家庭有害垃圾中某因子对斑马鱼的影响"专题性体验研究,以此了解熟悉和初步掌握如何选题、设计实验、结果分析、形成论文及答辩等研究性学习的过程和方法,然后在初一到初三年级引导学生进行自选课题研究。在教学内容的统筹过程中,"微境世界"子课程图谱也逐渐显现,为今后课程良性生长打下了基础。

表 2-5   现有的"微境世界"子课程图谱

初三				选题开放式研究:不同类型茶的抑菌效果比较研究;不同材质上筷子的微生物……
初二	常见的传染病及其预防	我的生物模型世界		
	观察青霉菌			
初一	酸雨	萌菌物语	小小生物家协会	
	检验土壤的成分			
预备	显微镜的使用	生活实验室(生物方向)		全员专题式研究:家庭有害垃圾中某因子对斑马鱼的影响
	绿色植物如何获取能量			
	基础课时	拓展科目		探究课题

2. 设置学习梯度,丰富课程形式,吸引学生积极参与

我们依据不同年级的培养目标和学生的年龄特征,设置各门子课程的学习梯度,同时根据学情调查中学生所期望的学习方式,对原先较为单一的课程形式进行了丰富与补充,以此吸引学生积极参与到课程的学习中。

表 2-6 "职业体验"子课程分阶段培养目标

对 象	年级分布	目 标
面向全体学生	预备年级	提升对职业的认识和理解,进一步完成自我认识;能运用学科知识解决实际问题;增加对不同行业文化的认识
面对已有定向职业兴趣的学生	初一年级	重审自我,激发自我意识;提高运用不同学科的综合知识观察社会、分析社会现象、解决问题的能力;能内化自我对于社会文化的结构化认识
面向具备一定专长的学生	初二年级 初三年级	激发基于职业规划的自我意识;认同学科知识的价值,进一步培养创新实践能力;形成文化认同,能积极主动承担发扬社会文化的责任

以"职业体验"子课程为例,预备年级刚入初中,课程内容主要以听取校外导师的职业讲座、跟拍父母工作片段 VCR 并在社团活动中进行分享交流为主,以此激发他们对职业认知的兴趣。初一年级在对六大领域的职业有基本认识的基础上,可以选择自己最感兴趣的两门,参加由校外导师指导开设的专题课程,从而进一步认识职业所需要的品格和能力,提升思考力和分析判断能力。到了初二年级,学生就可以选择自己最感兴趣的职业,走出校园,走进职业体验基地,开展真实场景的体验活动。到了初三年级,学生则可以利用休息时间去父母和亲戚的工作单位,以撰写参观日记并在课堂中分享的形式,交流各自走访的收获。这时很多学生就会提出他们发现的问题并给出合理的建议,和预备年级相比,能够更专业、客观且深入地去看待职业的方方面面。

表 2-7 "职业体验"子课程分阶段安排

	预备年级	初一年级	初二年级	初三年级
课时安排	16 课时	16 课时	16 课时	16 课时
课程内容	1. 听取校外导师开设的六大领域的职业体验主题讲座; 2. 选择自己感兴趣的职业领域,分析自己需要提高的素养与能力; 3. 在基础课上学习求职简历的撰写要点;参加初二年级组织的职业体验游园会	1. 从六大领域中选择自己感兴趣的两门,参加由校外导师指导、根据不同兴趣所开设的专题课程; 2. 在探究课中,交流、展示体验收获,排练模拟职场的情景剧; 3. 撰写职业名人传记等相关读书笔记;参加初二年级组织的职业体验游园会	1. 选择一项自己最感兴趣的专题,赴职业体验基地,开展真实场景的体验活动; 2. 在探究课中,开展关于职业体验的探究学习课题; 3. 通过游园会的形式,交流分享职业体验所得,实现资源共享	1. 在父母或亲友单位开展职业体验活动; 2. 参观一位亲戚的工作单位,拍摄 VCR,撰写参观日记,提出建议; 3. 在课堂中借用职业体验案例与同学交流、分享

3. 整合内外资源，联动课程基地，创设真实学习情境

我们梳理并整合现有的校内外资源，努力拓展资源渠道，向内加强课程实施场地建设，向外拓宽课程教学实践基地，内外携手，为学生创设更真实的学习情境，打造更优质的体验空间。

以"微境世界"子课程为例，经过多年来的不断协调和建设，目前学校已成功建成三个校内课程基地，分别是市级学生创新实验室——小眼睛看大世界微生物探究空间、科学学科实验室、生命科学学科实验室。子课程还拥有两个校内基地及三个校外基地，校外基地是上海自然博物馆、中国科学院分子植物科学卓越创新中心、黄浦区青少年科技活动中心。（见表2-8）其中校内两个学科实验室主要承担基础课时授课任务、部分拓展科目教学、简单探究课题研究任务，校内创新实验室及校外上海自然博物馆、黄浦区青少年科技活动中心主要承担要求较高的拓展科目及探究课题研究任务，难度较大的创新性探究课题研究则主要在中国科学院分子植物科学卓越创新中心完成，使学生能在科学家导师的指导下，接触前沿生物科技，操作精密实验仪器，完成创新课题。

表 2-8 "微境世界"子课程校内外基地与对应任务

基地类别	基地名称	对应学习要求	承担工作
校内基地	科学学科实验室	基础	基础课时教学
			部分拓展科目教学
			简单探究课题研究
	生命科学学科实验室	基础	基础课时教学
			部分拓展科目教学
			简单探究课题研究
	小眼睛看大世界微生物探究空间	较高	基础课时教学准备
			拓展科目教学
			研究课题研究
校外基地	黄浦区青少年科技活动中心	较高	拓展科目教学
	上海自然博物馆	较高	拓展科目研学
	中国科学院分子植物科学卓越创新中心	创新	探究课题导师制指导

4. 编撰配套手册,完善导师制度,规范有效学习路径

我们积极编撰各门子课程的配套校本导学手册,不断完善各门子课程的导师制度,帮助教师规范教学路径的同时,进一步提高学生学习的有效性。

例如"财商学园"子课程项目组通过编制旨在培养初中生经济与金融认知意识、提高其财经素养的校本读本《财富向明》,为本校初中学生提供了较为系统的、基本商业与经济理论知识的学习资料,在校本读本中引导学生充分运用数学、英语、语文、经济学、社会学等诸多学科知识,并侧重培养他们的"FQ"(财商),让学生在模拟商业贸易活动的体验中,激活其创新思维的潜能、激发其创新实践的能力,借此来探索适合初中学生学情和年龄特点的经济与金融教育方式与策略。其余各门子课程也均编制了相应的校本读本或使用手册。

与配套手册编撰同步,我们不断完善各门子课程的校内外导师制度。例如"微境世界"子课程的导师团队由学校生命科学组、科学组六位教师、向明教育集团化办学的外援教师组成,并共同参与到学生探究课题指导的工作中,团队中还拥有多位中科院植物分子遗传国家重点实验室的学术大咖,以满足学生多样化个性学习需求。"职业体验"子课程同样采用校内外导师通力合作的形式,通过对《职业体验校本课程实施指导手册》的规范与完善,设计"导师招募通知书""导师申报表""导师讲座任务单""职业体验课程导师须知""职业体验基地导师须知""职业体验课程协议""基地体验导师评价表"等,进一步提高"双导师制"对于课程实施的专业化指导保障。

表 2-9 "明课程"配套手册

子课程名称	配套手册名称	编写主体
财商学园	《财富向明》	学校自主
争鸣天地	《争鸣向明》	学校自主
微境世界	《创见向明》	学校自主
职业体验	《职业体验校本课程学生活动手册》《职业体验校本课程导师指导手册》	学校自主
三维工坊	《3D打印在课程》系列丛书	与校外合作

5. 激发创新思维,形成研究成果,推动师生共同发展

我们始终坚持以科研引领课程建设,确保课程的高位发展,在此过程中,师生

的创新思维都得到了极大程度的激发,研究成果不断涌现。

以"微境世界"子课程为例,仅近一年,课程导师团队就辅导学生完成了"食气梭菌转化二氧化碳气体合成高值化学品""基于四环素类抗生素污染防治的酶制剂研发"等多项课题研究,并获得了两个上海市青少年科技创新大赛一等奖、四个二等奖与三等奖,指导一位学生荣获中国少年科学院"小院士"称号。以"微境世界"子课程为样本的师训课程"初中拓展型课程设计与评价"也在申报成为上海市见习教师精品课程,"萌菌物语"拓展课被评为了上海市馆校合作精品课程。教师们也积极参与到各项子课程的课题研究中来。仅在 2019 年,研究行动就已硕果累累(见表 2-10)。另外,"职业体验"子课程还于 2018 年参加了"上海课改三十年展示汇报",向全国课程专家同行呈现了多课程类型渗透、多学科合作、多年级联动的课程资源库,得到了专家的广泛好评。

表 2-10　2019 年"明课程"部分研究成果

类别	成果名称	成果奖项
教师	基于校本核心素养创建明课程群的行动研究	区级课题鉴定优秀黄浦区教科研成果二等奖
	创建初中职业体验课程的实践研究	市级课题结题黄浦区教科研成果一等奖
	初中经济与金融教育校本教材的开发与实践	黄浦区青年教师课题二等奖
	依托逻辑表达空间创新实验室提升初中生语文口语表达能力的探索与研究	黄浦区青年教师课题三等奖
	依托"逻辑表达"创新实验室提升初中学生语文口语表达能力的探索案例分享	上海初中管理专业委员会教育管理案例评选优胜奖
学生	食气梭菌转化二氧化碳气体合成高值化学品	上海市青少年科技创新大赛青少年科技创新板块三等奖
	基于四环素类抗生素污染防治的酶剂研发	上海市青少年科技创新大赛青少年科技创新板块三等奖
	0 和 1 的世界——数字扮靓生活	上海创客新星大赛项目二等奖
	工业设计师——创意纪念徽章	上海未来工程师大赛初中组二等奖

(二)成效与展望

随着"明课程"的不断深入实施,学生的整体素养得以提升,教师的课程领导力得以提升,学校的课程改革得以深入,而课程元素还在不断得到完善,课程特点也在渐渐凸显。可以说,"明课程"是对学校原有课程的丰富、补充和改进,成了学校个性化、开放性、发展性课程框架中的新模块,体现了学校课程的创新能力,也彰显了向明的办学特色。

与此同时,我们也对"明课程"的未来有了进一步的思考与展望:

(1)要进一步完善课程体系开发的科学性

"明课程"中的各门课程都是打破课程界限、年级界限、学科界限进行设计的,参与的教师经讨论研究形成了系列化、主体化的课程知识链,而这些课程内容间的衔接性、融合性需进一步完善。同时,校本核心素养涵盖的不仅仅是这几门课程,因此我们下一步将把学校"三类课程"都纳入到"明课程"的范畴中来,重构我们的课程体系。初步设想将无法纳入特色课程的三类课程都作为自主学习课程,将特色课程确立为创新实践课程,德育系列课程梳理成生涯规划课程,使整个学校课程体系都紧紧围绕校本核心素养而建构并完善。

(2)要进一步加强校本核心素养的针对性

目前的"明课程"设计与实施,较为注重的是学生学习技能、思维方式上的改变,但核心素养应强调科学维度上的素质(能力)与人文维度上的素质(品格)的互动和融合。因此,在后一阶段,我们将把育人目标有机融入"明课程"中,使学生在浸润、发酵中形成健康的精神世界,成为能力与品格俱佳的未来人。

(3)要进一步实现信息技术手段的融入性

学校在"明课程"设计和实施的过程中都强调与真实世界的连接,努力畅通校内、校外教育的渠道,扩展学生学习的时空,但还是会受到教育现实的限制。在这种情况下,先进信息技术手段的引入和融合不失为一种较好的解决方案。在下阶段的研究中,我们也将选取部分子课程进行试点。

"明课程"的研究与实践是核心素养在校本课程建设与实施中落地的探索之路,也是顺应教育改革发展趋势与满足学生成长需要的必经之路。我们越来越深刻地体会到,紧跟时代步伐,帮助学生形成适应终身发展和社会发展需要的关键能力,为其未来发展成为更卓越的人才而奠基,才是课程建设的真正目的所在。

(上海市向明初级中学　郭　抒、范如洁、朱艳婷)

第四节　转识成智的"阶梯式课程"体系

上海市黄浦区卢湾二中心小学(下简称"二中心小学")是一所传承118年深厚文化历史的百年名校,曾被联合国教科文组织收入《世界名校录》,在市区乃至全国具有较高声誉。百余年办学探索中,二中心人始终立足每个学生终身发展,全面实施素质教育,力争使学生个性特长得到发扬,潜能得到激发,创新精神和实践能力得到培养,终身学习能力得到增强。

近年来,在习近平新时代中国特色社会主义思想指引下,为了让我们的教育梦与中国梦同频共振,培养更多更好能符合党、国家、人民、时代需要的人才,学校基于人才培养视角,不断完善二中心"务本尚智"特色课程图谱建设,以课程育人,促进每位学生智慧成长。

一、实践背景与问题提出

学校从最初自主开发校本课程和逐步增减课程门类的"点状"课程变革,到围绕学校办学特色和课程目标打造"务本尚智"特色课程群的"线性"发展,再到如今学校课程发展将课程、教学、评价、管理以及师生发展融为一体呈现出"巢状"的多维联动课程体系,这期间历经了近20年的课程变革,而所有的变革都是为了顺应时代对我们提出"立德树人"的呼唤。

(一)背景:课程建设与办学理念一脉相承

1902年,吴怀疚先生创办二中心小学的前身务本女塾时,便提出四项办学希望:"注重俭朴、注重体育、注重各科并重、注重职业教育。"这是对学生德、智、体、美、劳诸方面的殷切期盼,也是学校解决根本问题所在,更是"务本"精神——求真务实、学以致用、学用结合的弘扬,揭示了教育真谛,旨在为了学生终身发展。

20世纪五六十年代,学校提出的"启发式　少而精",将孔子"不愤不启,不悱不发"的教育思想进行发展性诠释,在当时教育界极具影响,继而开启二中心"尚智"路程。

20世纪八九十年代,学校确立"美育研究"课题,把艺术教育与办学理念紧密结合,充分挖掘学生发现美、欣赏美、创造美的能力,提高学生综合素养,被联合国教科文组织收入《世界名校录》。

21 世纪以来,学校大胆尝试"形成智慧"的研究:开展综合探究活动。旨在培养学生创新精神和实践能力,有效改变长期以来以知识授受为主的学习方式;尝试让学生走出课堂,走向社会,善于发现,体验创造,引导学生在日常生活现象分析中学会观察、探究、解决问题的一般方法;培养学生独立探索、合作学习的能力,形成科学素养和科学道德。

2005 年,学校正式提出"务本尚智"的办学理念,即"务教育之根本　尚人生之智慧",以"课程建设"为抓手,探索"务本尚智"课程的设置与实施,进一步梳理学校课程体系,优化课程结构,增强课程选择性,关注学生全面发展,关注学生形成未来生活能力的发展,力求把学生培养成走向世界和未来的智慧人。

(二)问题:课程建设如何满足时代"新"需求与儿童"心"需求

如果说社会不断更新的客观需求是教育归宿点,那么儿童"身心"发展就是教育出发点,两点之间,则是教育实施的过程。而"课程"就是教育实施过程中,教和学相互作用的中介纽带,课程适合学生与否,反映着教育充分程度和办学准确精度。学校课程建设实践主要基于三方面考虑,即:回应上海中小学课程改革新要求,回应学校课程架构实施新问题,回应本校学生学习境遇新现状。

1. 市教委课程改革要求出新

近年来市教委颁布的课程计划都有若干新政策、新要求出台:统一使用部编版《语文》和《道德与法治》教材;进一步规范课程教学工作;深入实施素质教育,减轻学生课业负担;加强德育教育;落实"快乐活动日"、社会实践活动和专题教育;增加"体育与健身"课程;率先试点"低年级主题式综合实践活动课程",等等。学校课程建设不断面临新挑战。

2. 学校课程实施问题显现

学校基础型课程通过"基于课程标准教学与评价"工作的推进,教师课程执行力、课标意识和评价意识逐步增强,教学行为持续规范。但部分学科评价流于形式,评价与课堂教学融合不够充分,课堂评价的诊断调控功能尚未凸显。

学校两类课程总体架构趋向合理,课程实施为学生多元智能发展起到促进作用,但通过学校自主研发的课程评估工具的使用,从评价反馈情况看,有部分课程实施效益存在问题,如课程内容枯燥,教师授课方式单一,不能很好贴近学生学习需求和个性发展。如何根据评估结果进一步优化课程结构,指导教师优化课程实施,都是需解决的问题。

3. 学生发展需求更为多元

二中心学生大都来自文化层次较高的家庭,家长、学生对学习关注度普遍较高。2016年学业质量绿色指标综合评价结果显示,学生的成绩标准达成度指数、高层次思维能力指数、学习自信心指数、学习动机指数、学校认同指数和师生关系指数都非常高,远超市区平均水平;而学生学习压力指数、作业指数、校外补习指数、睡眠指数都偏低。由此可见,学校大部分学生并不满足现有课程学习,呈现学习需求多元,对学校课程教学提出了高要求。此外,学生将较多时间和精力花在学习上,对于学习之外世界探索欠激情,对周边事物感受能力欠强等。学生全面发展的不平衡需要从课程角度进一步反思优化,努力引导学生通过课程学习,实现全面均衡发展。

面对上述问题,学校希望通过对"务本尚智"课程设计、实施、评价的不断优化,使三类课程更基于儿童本真,符合儿童天性,真正达到通过课程经历帮助学生走上智慧成长阶梯,为学生终身发展奠基的最终目标。

二、推进过程与建设举措

（一）顶层设计,整体规划

1. 办学理念与育人目标

学校围绕"务本尚智"办学理念,确立了"做一个脚踏实地、心存高远的智慧人"的育人目标,并在办学理念、育人目标的顶层设计指引下,以"课程建设"为抓手,探索"务本尚智"课程的设置与实施,不断达成构建"智慧型学校"的美好愿景。

2. 课程理念与课程目标

学校的课程理念是"自主、开放、多元、融合",即:课程选择自主和学习方式自主,课程视野开放和课程教学开放,课程内容多元和课程评价多元,课程资源融合和课程时空融合。

通过丰富学生学习、实践经历,来达成课程总目标——使学生成为有理想会做人,有学力勤探究,有毅力敢拼搏,有个性能合作,有情趣懂生活的新时代五有新人,形成"以德育为先、智育为本、体育为基、美育为重、劳育为融"等五育并举、融合育人的格局,彰显学校每门课程的育人意蕴。

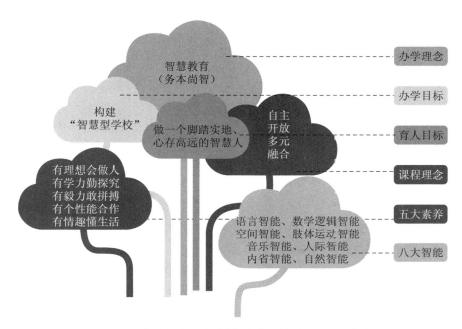

图 2-4　卢湾二中心小学"务本尚智"课程顶层设计图

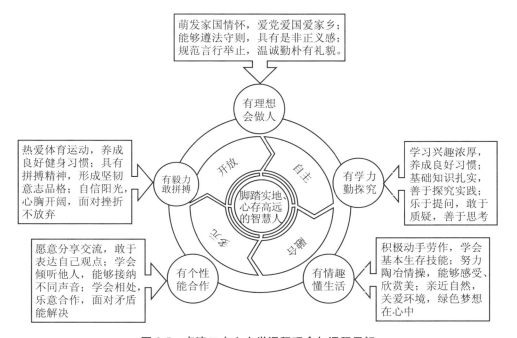

图 2-5　卢湾二中心小学课程理念与课程目标

（二）构建课程图谱，严密课程肌理

学校围绕"做一个脚踏实地、心存高远的智慧人"这一育人目标，努力建构本校独特的"务本尚智"课程图谱。

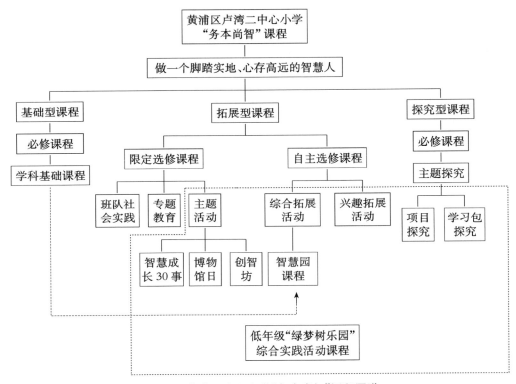

图 2-6 卢湾二中心小学"务本尚智"课程图谱

1. 基础型课程

严格按照市教委课程标准、课程计划，以及基于课程标准的教学与评价、等第制评价等相关规定执行。

2. 拓展型课程

班队、实践活动每月一主题，除了常规入团、入队、春秋游活动，校级层面还开展淘淘丫丫系列和星宝宝系列活动课程，同时鼓励年级组和班级结合时事开展特色班队实践活动课程。

专题教育主要围绕健康、安全、文明、行规等方面展开，每周四中午安排 1 次健康教育课程，由卫生教师进行设计宣讲。安全、文明、行规教育每月一主题，通过阶段性的集中课程,帮助学生树立良好的安全意识,养成文明行为习惯。

主题活动"智慧成长 30 事"的课程空间由校内转向校外,通过校内学习—校外实践途径,帮助学生将学校与社会相连接,将书本与现实相联道,达到学以致用、丰富经历、提升感悟的课程目标。各年级学生在班主任和学科教师指导下,一年中完成相应的 6 件事,并邀请家长、邻居、朋友等不同社会角色参与其中和对学生学习的评价中。主题活动"博物馆日"课程安排在每学期最后一周某个半天,根据学校制定的博物馆列表,学生每学期参观学习一个博物馆,五年内完成十个博物馆课程的学习。根据博物馆主题和本年段学生认知水平,设计相应学习任务单,并指导学生完成学习任务。主题活动"创智坊"课程以创新实验室项目为驱动,分为"创意厨房"和"创意手工坊"两大板块。"创意厨房"侧重家政与烹饪等基本生存技能的学习,"创意手工坊"侧重手工制作,提高学生动手能力的同时,培养创新意识。每学期每班安排一天时间进行"创智坊"课程的学习,半天为"创意厨房",半天为"创意手工坊"。其他主题活动还包括向明联合体运动会和艺术节、校科技节、体育节和艺术节等各类学生活动,以丰富学生的学习经历,让学生在活动中展现个性、能力、展现学业成果。

"快乐活动日"的"智慧园课程"主要为课程拓展活动,安排在每周五下午进行。学校提供"语言、数理、视觉、音乐、运动、人际、自然、自我"3 大领域 52 门课程菜单供学生自主选择,学生可选择进一步发展自己优势智能的课程进行学习,也可选择弥补自身弱势智能课程进行学习,最大限度地满足学生个性化学习需求。

兴趣小组相关课程为学校选拔类课程,主要针对在某方面有爱好特长的学生开设,以期进一步发展学生的潜能与特长。每个兴趣小组每周开展 1 至 2 次活动,每次活动 3 课时,每学期不少于 15 次。

3. 探究型课程

学校选用全市组织编写的"探究型课程学习包"进行探究型课程。

项目探究则主要通过学科长周期主题探究和参与馆校合作项目开展探究实践活动,以项目化学习方式开展。

4. 低年级主题式综合实践活动

学校积极探索低年级主题式综合实践活动,开展二中心"绿梦树乐园"综合实践活动课程,通过课程实施,帮助低年段学生做好幼小衔接和项目化学习,"绿梦树乐园"综合实践课程在拓展型课程和探究型课程中实施。

（三）优化课程实施，实践育人目标

"务本尚智"课程图谱的体系建构与学校育人目标是否达成一致，需要通过课程实施来验证其科学性和实效性。如何将育人目标落实到课程中去，真正为育人目标的达成搭建一条智慧成长阶梯，是学校一直在探索的问题。

1. 基础型课程实施

（1）以单元教学设计为抓手，夯实教学基本规范

学校深化"基于课程标准的教学与评价"工作，教导处指导各教研组教师对《单元教学设计指南》进行研读，组织培训教师，并开展单元教学设计研讨活动。各教研组结合学科教学特点，以学科操作路径为重点，研究单元教学设计的校本化实施，提高单元整体设计能力。

教学目标分解。以培养学生核心素养为长远目标，在把握课程标准本质、解读课程标准细目、研究教材内容的基础上，根据学校提出的"学段通览—学期策划—单元解析—单课设计"的总路径，达成单元目标分解的学科化探索。

学习活动设计。依据单元目标和分课时目标，立足学情，遵循"由易到难，逐步递进"原则，设计"以生为本"的学习活动。既关注单元各课时之间活动衔接、延续递进，也关注单课教学活动之间逻辑关系，为帮助学生达成分课时学习目标和单元总目标搭设拾级而上的阶梯。

单元作业设计。各学科结合学科性质，设计有特色、有效能且少而精、优而活的作业。以单元为单位，统筹思考各课时的作业设计。其中，单元作业以综合任务型作业为主，分课时作业则是单元作业部分或单元作业铺垫，以此形成单元作业链。常规抄写、诵读等作业分散到课时作业中，为达成单元综合作业而服务。机械作业控制时量，作业设计体现思维含量。

（2）以融评于教为方式，促进教学诊断改进

学校聚焦研究《评价融于教学的校本化实施路径探索》，依托学校质量保障机制，对基础型课程教学与评价方案的实施进行动态管理和评估，使教、学、评真正融为一体，走向一致。

融评于教的路径规划。在进一步厘定课标、教学与评价三者之间关系的基础上，架构基于课程标准教学与评价工作校本化实施的总体路径，为各学科有效落实融评于教工作提供操作路径。

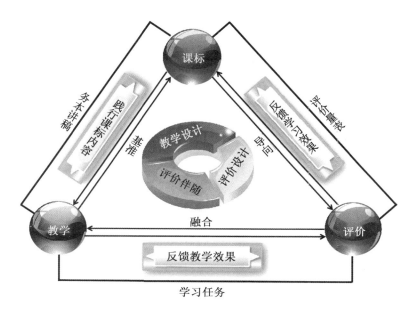

图 2-7　融评于教的路径规划图

融评于教的模式探索。各学科在总体路径指导下,依据学科特点,进行教学与评价的研究,在案例研究基础上梳理出各学科评价融于教学的模式。

比如:数学学科采用"基于问题探索"模式进行教学。通过从情景中发现问题,基于问题进行教学,在探索过程中发现规律、形成方法,并运用方法解决问题。在此过程中,教师既重视学生学习过程,也注重发展数学思维。从"记录思考""聆听质疑""操作纠正"和"自我反思"四方面评价学生的学习过程。

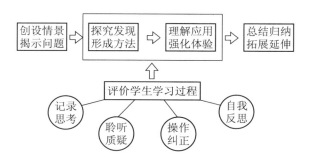

图 2-8　"基于问题探索"的教学模式

其他学科也积极探索科学、合理、有效评价方式,提炼评价融于教学的模式,将评价作为课堂教学过程性诊断和调控手段,以更好为达成教学目标、促进学生学习而服务。

(3)以课程改革为契机,关注学生核心素养的培养与发展

时值上海课改 30 年,学校引导全体教师树立正确课程观、人才观和质量观,重视学生身体素质和人文艺术修养培育,关注学生全面基础能力的发展,进一步将学校培养目标落实到学科教学中。语数外学科在夯实基础前提下,进一步拓宽学习途径,通过学科特色活动和主题项目学习丰富学生学习体验;音体美学科重在激趣和感悟,让学生在体育运动中实现强身益智,在艺术熏陶中感受现实世界的艺术再现;科技学科在了解客观世界现象与规律基础上,通过项目化学习加强探索、质疑、创新与合作意识的培养。

2. 拓展型课程实施

(1)以"更精细"为目标,确保课程有效实施

以拓展型课程为"快乐活动日"实施的主阵地,"快乐活动日"系列课程包括限定选修和自主选修两种课程形式,从一定程度上讲,对课程实施和管理增加了难度。由此,学校致力于进一步明确课程目标,加强组织,精心设计,有效实施,精细管理。根据每学年拓展型课程问卷调查结果,从管理角度出发,进一步优化课程实施。

拓宽课程信息发布渠道。"智慧园"课程为学生自主选修,据统计,2017 年有 30%以上学生在对课程内容没有任何了解情况下盲目选课。因此,学校在 2018 年度进一步拓宽课程信息发布渠道,除学校网络外,通过橱窗、广播、家校互动等形式对课程内容进行宣传,提高学生选课的针对性。

加大学生选课自主权。四五年级学生自主选课比例在五个年级中较高,但也只有 34%。学生年级越低,父母帮助决定课程的比例越高。由于学生选课自主权缺失,导致较多学生对所选课程欠兴趣。因此学校建议教导处和班主任利用家长会进行宣传,还学生选课自主权,让学生真正做到"我的课程我做主"。

改变课程学习方式。作为学科拓展活动的"智慧园"课程,教师讲课比例在 64%以上,教师在学生课程学习中仍然充当了主导角色。相较学科拓展活动,主题活动中的"智慧成长 30 事""博物馆日""创智坊"等课程,学生主动参与、体验、操作、访学、展示成果的比例较高,真正做到以生为本,学习方式多元。因此学校进一步加强"智慧园"学科拓展课程实施的研究,帮助教师重新定位课程角色,努力以设

计者、引领者、指导者、环境创造者的身份进入拓展型课堂中。

（2）以"更优化"为手段，整合课程资源配置

学校挖掘校内外课程资源，包括课程内容资源、师资资源和场地资源。课程内容资源方面，引进区少体校的"剑道""艺术形体""篮球基础""外教篮球""国际象棋"和科技中心的"乐高"等众多课程，并通过"快乐活动日"课程和兴趣小组课程开展。师资资源方面，邀请少体校、舞蹈中心和科技中心专职教练与教师进入活动课程和兴趣小组中进行专业授课。场地资源方面，充分利用中福会少年宫、区青少年科技活动中心、民防大厦、周公馆、复兴公园、银行、超市等学校周边和社区教育活动基地，开展班队活动、专题教育和访学活动。

表 2-11　学校课程内容资源

课程类别	课程名称	课程资源
运动智能类	剑　道	黄浦区少体校课程及教练
	艺术形体	黄浦区少体校课程及教练
	篮球基础	黄浦区少体校课程及教练
	男子篮球	黄浦区少体校课程及教练
	女子篮球	黄浦区少体校课程及教练
	外教篮球	黄浦区少体校课程及教练
	国际象棋	黄浦区少体校课程及教练
	围　棋	吉盛围棋学校课程及教练
音乐智能类	大提琴	上海音乐学院师资
	小提琴	上海音乐学院师资
	弦乐队	上海音乐学院师资
	舞蹈队	中福会少年宫、黄浦区青少年艺术中心师资
	爵士鼓	黄浦区青少年艺术中心师资
	歌舞剧	观美艺术中心课程与师资
视觉创想类	乐　高	上海助飞信息技术服务有限公司课程与师资
	3D 打印	上海时尚之都教育培训有限公司课程与师资
语言智能类	外教英语 戏剧英语	上海 Do-Re-Mi 英语戏剧中心课程与师资

（3）以"更儿童"为追问，开展课程研修与分享

拓展型课程实施是为了更好地满足学生个性化学习需求，要让课程内容更吸引学生，就必须从儿童视角来审视课程内容和授课方式。教师主要采取集中和分散相结合的研修形式，集中研修指每学期初、期中和期末就课程共性问题进行集体研修。分散研修指同一领域课程教师每学期进行2～3次联合研修，就这一领域课程特性和专业性如何匹配学生认知经验做深入研究。如语言类课程可以共同研修儿童语言习得的规律和符合儿童心理认知的语言教学活动形式等。通过同一领域不同课程之间交流、分享与互助研修，共同解决课程实施中的问题，实现各门课程的优化。

3. 探究型课程实施

（1）以主题探究为形式，感受探究性学习形态。

探究型课程以探究学习包为主要课程资源，以主题探究为主要实施方式，采取集中学习，以班级或小组为单位进行指导，帮助学生掌握有关探究型课程基本形式、基本要求、学习方法等。

（2）以项目学习为抓手，提升探究性学习能力。

以项目化学习方式开展学科长周期作业探究活动，学生自主形成探究主题，初步设计探究活动方案及实施方案，生成活动成果并进行展示，探究活动中再融入适切评价促进学生学习。

4. 综合实践活动课程实施

根据综合实践活动课程目标与课程理念，对学校原有的拓展型课程、探究型课程、各学科长周期探究作业、"二中心30事"等各类主题活动进行内容梳理和整合，以"绿梦树乐园"的学习方式对主题内容进行了项目化的设计再构。

"二中心绿梦树乐园"综合实践活动课程内容主要划分为"乐园里面朋友多""小小树儿秘密多""小树的梦想之旅""小树的智慧之旅""小树的成长之旅"五大板块，每个板块设置了"我的淘淘丫丫好朋友""博物馆奇妙日""淘丫社区服务站""我和世界约定"等主题，针对低龄学生对应设计了28个综合实践活动内容。让每个低年级学生通过"笑一笑　交朋友""找一找　探秘密""走一走　看世界""动一动　长智慧""美一美　增气质"的活动方式，参与完成低中高三阶、成系列的综合实践活动任务，更充分地了解我们居住的自然环境、更深刻地发现自我、更和谐地与他人相处和更全面地发展自我。

图 2-9　卢湾第二中心小学"绿梦树乐园"综合实践活动课程

三、特色经验与实践成效

（一）课程规划具有前瞻性、长期性

学校成立课程领导实验室,整体规划、组织、管理、落实课程改革工作。十几年来,连续六轮市级龙头课题引领学校课程建设和学校内涵发展。把课程建设和学校办学理念的融合作为一项长期而系统的工程,进行研究探索,一以贯之,形成务实的课程建设策略。

第一轮:2001 年,学校通过上海市规划课题"小学综合探究活动的设置与实践研究"的探索实践,率先研究探究型学习方式,走在当时新一轮课程改革的最前沿。以项目化学习方式开展主题探究,让学生习得关键的探究技能,探索激发学生兴趣、培养创新精神为目的的方法,丰富学生学习活动经历,以提高学生综合探究和创新能力。

第二轮:2005 年,学校区级重点课题"构建智慧型学校"正式提出"务本尚智"的办学理念,为学校设计 20～30 年的中长期奋斗目标,以完善学校哲学和学校精神。

第三轮:2007 年,学校课题"小学阶梯式智慧型课程的设置与实施研究"在上海市立项成功并建立子课题群,研究成果"走上智慧成长的阶梯"获上海市课程方案设计一等奖,通过整体课程架构逐步形成智慧型学校文化。2010年,历时四年多学术探索、尝试变革、思想碰撞、合作体验,正式出版课题智慧结晶——《阶梯式课程:设计与实施》。

第四轮:2010年,学校在此基础上研究课题"走上智慧成长的阶梯——优化阶梯式课程的实施研究",这一项目成为上海市中小学课程领导力的签约项目,被评为中国创造学会首届创造教育研究成果一等奖。学校以此为契机,加强对课程建设的研究,统领全校教师对学校课程建设进行二次规划与调整,并撰写出版《"更儿童"的课程:阶梯式课程的深度实施》。

第五轮:学校认识到课程实施的实际效果如何,必须有评价介入。因此,2013年又进行了对学校课程设置与实施的评价研究,市级重点课题"'L—ADDER'课程评估工具的开发及其使用研究"勇于突破难点和重点,并出版了《聚焦学习的课程评估:L—ADDER课程评估工具与应用》,涉及六大维度评估学校教育的课程管理,以提升办学成效和培养功能。

第六轮:2019年,学校新立项的市级研究课题"基于教师专业视角的'课程坐标'及其应用研究",主要针对教师聚焦核心素养在学科课程、活动课程中的"布点"进行序列化研究,建立"课程坐标",让教师精准设计、实施、反思课程理念与内容、课程目标与实施的匹配性,开展基于学生核心素养培育的学校课程框架图的设计研究、课程实施聚焦"课程矩阵图"的"坐标区域"的定位研究,以有效提升教师课程执行力,形成学校课程领导力的"靶向定位"。

(二)课程设计实施具有科学性

1.基础型课程全力打造高效睿智课堂

(1)形成二中心睿智课堂总策略。

学校重视教学五环节,在秉承传统教学研究基础上,赋予"启发式 少而精"以新时代内涵,提出了"课堂教学启发式、课后练习少而精"的主要策略,即:

精心设计备课——破除全盘授予,体现提纲挈领;

优化课堂教学——破除滔滔讲解,体现精讲启智,破除默默聆听,体现自主探索;

改革课堂评价——破除初浅评价,体现即时反馈;

减负练习设计——破除题海战术,体现少而经典。

旨在以优化课堂教学为抓手,以绿色"减负"为突破口,全面提升教学质量,在

"高效教学"和"精典练习"中不断实现原有教学经验在新时代的发展,打造具有二中心"务本尚智"特色的睿智课堂,凸显基础型课程校本化实施特色。

（2）打造二中心睿智课堂的学科策略。

"启发式　少而精"的教学策略对学校整体教学具有普适意义,各学科在其中都能找到适合本学科教学要求的基本准则。但学科之间存在差异,学校要求各学科教师在基本策略操作实践中必须遵循本学科教学特点与规律,寻求与本学科教学内容最为适切的教学途径,使"启发式　少而精"的理念真正落实到具体学科教学中,体现这一理念的真正价值。

2. 拓展型课程着重设计优化校本课程

学校的"智慧园课程"是学校自主开发的拓展型校本课程。加德纳的"多元智能"理论,为设计智慧园课程提供了科学理论支持。在此基础上,根据小学生智能发展需要,设计开发了八大系列、52项校本智慧园课程,以快乐活动日形式,面向全校学生开放,形成常态化运作,创建了从"务本"到"尚智"的学校品牌文化发展;实现了从"课"到"课程"的课程发展,既做到多种智能发展的"横向综合协同",又符合学生年龄特点的"纵向循序连贯";促进了从"知识"到"智能"的学生发展;也推动了从"执行者"到"领导者"的教师发展。

阶梯＼领域	语言	视觉	数理	音乐	运动	人际	自然	自我
高阶	口语交际（五）口才与演讲 外教英语（五）英语拼词俱乐部	摄影小记者 电脑动画（二）编织	金贝贝学经济2 思维训练（五）围棋(高)棋类游戏	快乐Do-Re-Mi 小提琴（高）大提琴（高）歌舞剧	小精灵舞蹈（高）篮球（俱乐部）	新闻小记者 环游世界	3D打印	头脑风暴（二）历史长廊 智慧小当家
中阶	口语交际（三四）金话筒星 当家 沪语童谣 外教英语（四）	黑白画 电脑动画（一）	金贝贝学经济1 思维训练（三四）围棋(中)棋类游戏	快乐Do-Re-Mi 小提琴（中）大提琴（中）爵士鼓 歌舞剧	小精灵舞蹈（中）篮球（俱乐部）	环游中国	科学实验 DIY 机器人	六朝清谈
低阶	口语交际（一二）童话王国 卡通故事会 英语绘本阅读	奇妙的想象	思维训练（一二）围棋(初)	百灵鸟歌唱 小提琴（初）大提琴（初）	小精灵舞蹈（初）篮球（初）艺术体操	环游上海	生物万象 乐高	头脑风暴（一）

图2-10　卢湾第二中心小学"L—ADDER"课程评估示意图

（三）多元评价具有适切性

1. 课程评价以学生为中心

学校以课程评价为切入口，通过课题研究，自主开发了以学生学习为主的"L—ADDER"课程评估工具，增强课程建设适切性，提升学校课程领导力。

2. 课程评价关注经历获得

为了让学生自主、全面、幸福地成长，学校课程评价十分关注学生在成长历程中的满足感和成就感，注重学生在学习经历中的体验与积累，力求使评价在评价意图、评价内容、评价方式等方面，更具体、更明确、更生动、更完整、更易操作、更凸显学科特点。

基础型课程教师把握不同评价方式特点，充分考虑学生年龄、认知水平和心理特征，根据具体评价内容，做出恰当选择，以准确评价学生学习情况。

拓展型课程教师在实践中，积极探索各种特色评价，采用成果展示与交流的评价方式，既能让学生提升自我、互相取长补短，又起到激励作用；把学生在教育过程中的点滴放到评价资料中，使评价更加多元和生动；针对不同年级学生在同一课程中的不同领域制定评价细则，让评价更科学、更细致。

探究型课程教师则使用评价表这一简单易行、灵活又有弹性的评价工具。结合课程实际情况，对已有评价表从形式、标准、内容和功能等各方面进行调整与优化，使评价标准更明确，操作更容易；评价主体更多元，注重学生互评、师评与家长评相结合；更注重评价与教育活动的整合。

可以说，学校"务本尚智"课程图谱的建设，拨动了教育基本琴弦，触及了教学敏感神经；既是为促进学生可持续发展，又是为提升学校全方位育人功能。提供给学生成长的更大选择空间，让他们学会自主学习，从而规划人生；提供多样性和多层面的课程资源，从而让学生成为社会所需要的建设者和接班人。

四、后续思考与未来展望

学校在追求"务本尚智"的办学理念过程中，越来越清晰地认识到只有挖掘更多契合学生年龄特点的课程生长点，不断优化课程实施，办学特色和育人目标才能真正达成；基于学校实际，从课程改革的视野，对学校"务本尚智"课程体系建设、内容设计、推进措施等进行整体精准谋划，是未来课程改革的重要途径；教师的课程领导力、执行力需站在更高思考层次加强指导与监控;拓展型课程的评价体系建设在评价维度、评价内容和评价方式更多元化方面需进行探索与完善。

任务愈艰巨,前景愈美好。在后续发展中,卢湾二中心小学将努力做到:坚持办学宗旨,在科学规划、有效实施的基础上,立足学生终身发展,开启学生智慧人生,通过"务本尚智"课程的建构,到达学生向往的星空,打造学校独具特色的课程文化和育人哲学,让教育真正走进孩子们的心灵。

(上海市黄浦区卢湾二中心小学 陈 瑾、严 慧、王嘉颖)

第五节 让每一棵小草生长的"百草园"课程

中华路第三小学(下简称"中三小")创办于 20 世纪初,坐落于上海的老城厢。自元代至民国,这里始终是上海的政治、经济和文化中心,形成了豫园、老城隍庙、大境阁、小桃园清真寺以及各种名园、名人故居等文化资源,宛如一个"百草园"。丰富的文化资源使学校拥有了取之不尽的课程资源,于是,"中三小"——"百草园"开启了一段同生共长的发展之路。

一、实践背景与问题提出

自 2007 年起,学校从自身独特的地理位置和文化出发,通过"在地文化"的挖掘,开发了学校十大课程,并通过课程的实施,传播"在地文化",实现了"学校课程"与"在地文化"的双向互动。学校以"用眼睛去发现老城的历史,用双脚去追寻昔日的文明,用笔墨去书写流逝的岁月,用热情去畅想美好的明天"课程理念为起步,架构与创生了学校独特的课程——"百草园"课程,并将学校喻为"百草园",将师生自喻为"小草",逐渐形成了有利于"百草"成长的、承载着"在地文化"的"百草园"课程模式。

近几年,随着教育改革的不断深入,学校一直在思考并探寻发展的增长点。"'百草园'课程模式及其实现路径研究""'百草园'课程理念下的学科教学有效性研究""'百草园'课程纵深推进的行动研究"等市区级课题或项目的立项,不断促使我们去思考"百草园"课程发展的走向。

我们认为，学校"百草园"课程的增长点，应该考虑以下一些视角：

"百草园"课程不应是一门一门单独的课程，而应该围绕"百草园"办学理念、课程理念、育人目标，从构建"百草园"课程体系角度，去丰富课程的内容与内涵，让丰富的课程满足学生多样化、个性化发展的需求。

开门办学，借助社会、社区、家长等多方合力，为"百草园"课程不断拓宽"在地文化"资源，实现有效的统整与融合。

完善课程质量保障体系，从"管理机制、组织形式、教学策略、评价方式"等多维度思考，有效提升"百草园"课程的实施质量，以促进"百草园"中的每一个师生共同发展。

二、推进过程与实施举措

（一）定位图谱——融合核心内涵，彰显课程理念

在"百草园"文化背景下，"百草园"课程成了学校特有的课程模式。再度审视学校发展规划、重新梳理了近十几年学校课程发展之路后，学校确定了"百草园"文化的核心——"百"：丰富的地域传统文化和先进的科学文化，与学校教育资源相生相促，形成优质的教育教学资源；"草"：如小草般坚韧，扎根深植，主动汲取多种养分，自信向上，是学校不断进步、可持续发展的力量；"园"：把学校办成师生健康成长的校园、家园、乐园，是每一个"中三"人的共同愿景。通过反复学习与讨论，每一个教师都认同"百草园"文化应该具备以下的特性：更多的包容性、选择性；更强的主动性、发展性；更优质的持续性、创新性。"百草园"文化核心内涵的确立，使"百草园"课程有了自身独特的课程情境，也能更好地彰显"百草园"的课程理念。

（二）形成图谱——再构课程体系，实现育人目标

课程是学校教育的核心，是实现学校育人目标的平台。根据"基于课程标准的教学与等第制评价""小学学业质量绿色指标"等课改新要求，在总结"百草园"课程实践经验与课程改革发展需求的基础上，依据基础型、拓展型、探究型三类课程的不同学习内容，学校将这些课程分别对应语言与交流、思维与逻辑、科学与探索、运动与健身、艺术与审美、社会与交往六大课程领域，形成了"百草园"课程整体框架。

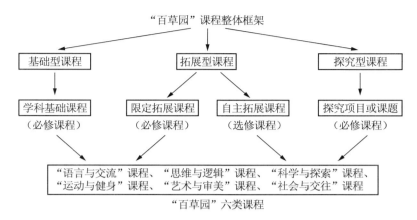

图 2-11　"百草园"课程整体框架

十几年的课程改革,"让每一棵小草开出自己最美的花"办学理念不断凸显。我们认为,这朵"花"的开放,应该是以课程为基石的。因此,"百草园"课程图谱就是以"花"为基本图形,"花瓣"由基础型、拓展型、探究型课程构成,"花蕊"(核心)是学校的育人目标。"百草园"课程图谱呈现红、绿、蓝三色。这"三色"就是"百草园"课程实施的教学策略。(见图 2-12)

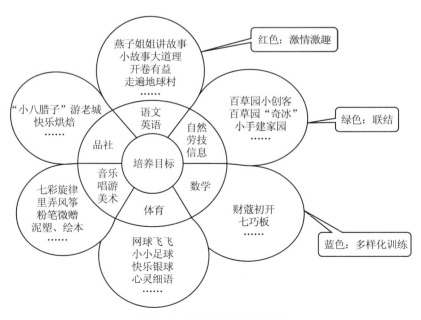

图 2-12　"百草园"课程图谱

（三）用好图谱——加强课程监管，提高课程实施质量

每学年，学校都根据市教委的课程说明，制订出相应的课程计划，确保课程规范、有效实施。围绕"百草园"课程理念，规范、有效实施教学"五环节"流程管理，使各课程的教学能最大限度地提高每一个学生的学业质量。除了基础型课程外，其他自行开发的拓展型课程、探究型课程必须提交申报方案。课程领导小组制定了校本课程（特色课程）开发、审议和评价的管理制度，审核不仅要平衡六大领域课程的结构、科目数量，更重要的是审核申报课程是否符合学校的办学理念、课程理念，能否通过课程实施促进学生的综合能力发展，实现育人目标。只有经过课程领导小组审核通过后的课程，方可实施。对课程方案设计不够成熟的课程，领导小组会给予一定的建议，经修改、完善后方可实施。在实施中，每一个课程必须按照既定的课程计划开展课程教学工作。学期课程结束时，各课程的教师需要递交各类课程学习过程性资料，经领导小组评审后，评定"优秀、良好、合格"等第。对学生参与度不够、未能达到预设的课程目标或者学生综合能力发展效能不佳的课程，学校实行淘汰制，并及时在对应的课程领域中补充新的课程，以保持六大领域课程的平衡性。

在课程评价中，学校采取了四维评价方式，对学生课程学习的评价内容进行了系统设计，制定出符合"百草园"学生个性发展的评价方案，是对学生学习兴趣、学习过程、学习能力、学习结果的综合性评价。

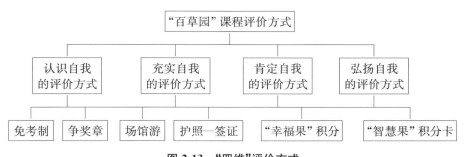

图 2-13 "四维"评价方式

（四）理解图谱——加强教师培训，打造"百草园"课堂

"百草园"课程一直是学校发展、持续前行的核心，课堂一直是"百草园"课程实施的重要载体。为此，学校修改、完善了《"百草园"课程教学指南》。此《指南》以红、绿、蓝三色为教学策略，把握了课程质量保障的关键元素——教师，从核心元

素——课程、课堂入手,努力打造"百草园"课堂,体现了"百草园"课程的理念,能较好地落实了"百草园"培养目标,凸显了"百草园"办学理念。

1. 为提升教师理念,学校开展内容丰富、形式多样的校本培训

"我的人生我的课"微视频、"学生的压力"读书心得分享会、"学科核心素养之我见"课例回放、"基于课程标准的教学与评价"课堂实录评析、"百草园理念下,学生高层次思维品质的培养"等多形式、多内容的校本培训,不仅提升了教师对"百草园"课堂的理解,也提高了教师课堂的执行能力。

2. 为提升教师的实践能力,学校以项目引领,倾力打造"百草园"课堂

学校成立了"基于课程标准解读基础上的小学高年级学生核心素养提炼的实践研究""日常·全体·兴趣·习惯·激励——关注评价策略,回归教育原点"等项目研究组,为打造"百草园"课堂提供了平台。教师们立足课堂,在"实"字上下功夫,在"研"字上求发展,通过"课堂实录课"等形式,以"微评课"方法对实录课中的每个细节进行诊断,肯定课堂的可圈可点之处,也实事求是地寻找不足或者增长点,在"发现问题→寻找策略→探索实践→生成问题→反思提升→再找策略"循环往复的过程中,充分体现并尽心尽力打造红、绿、蓝的"百草园"课堂。

3. 为促进不同群体教师发展,学校关注需求,提供个性化的管理服务

"百草园"课堂的打造,就是要尽可能地为每一个教师提供成长与发展的空间。每一学年学校的"五四"教学比赛,就是一次历练的平台。2016 年度的"五四"教学比赛,以"学习'百草园'课程为核心理念,以遵循'红、绿、蓝'教学策略"为指导思想,确立了"基于课程标准下激情激趣的课堂教学""基于课程标准下与学生生活相联结的课堂教学""基于课程标准下学生个性发展的课堂教学"的研究主题,让不同年龄的教师通过上课、说课、案例的实践与研究,以落实"百草园"理念下的"百草园"课堂。之后,学校将一等奖的教案、说课稿、案例编写成《"红、绿、蓝"的智慧分享——2016 学年学校"五四"教学评比集锦》,充分展现了、分享了不同年龄、不同教学经历的教师教学风采。

"红、绿、蓝"三色教学是"百草园"课程独特的教学策略,有助于每一个教师掌握正确的教学策略,营造良好的课堂教学氛围,营造良好的育人环境,为促进"百草园"每一个学生的发展奠定了坚实的基础。

三、特色经验与实践成效

（一）摄入"在地文化"，保持"百草园"课程独特性

学校位于上海的老城厢，地区"在地文化"资源丰富。"百草园"课程将"在地文化"摄入到课程目标、课程内容之中，赋予课程思想与文化，让每一门课程成为"在地文化"的承载者和传播者，让学生通过课程能感受其背后的文化。

"'小八腊子'游老城"就是"百草园"课程中最闪亮的、最能凸显"在地文化"的品牌课程。此课程成熟运行了十几年，但随着城市改革的不断推进，老城厢也发生了许多变化：历史记忆逐渐远去，董家渡逐渐消失，市井画面渐行渐远……我们认为，只有深度挖掘老城厢的文化，寻源寻根，合理利用，在寻源寻根中，感悟中华民族的文化精髓，感悟中华儿女的责任，这既是对在地文化的最好诠释，更是对在地文化最好的传承。因此，学校以年级为单位，把基础型学科融入各年级中，重新发现、把握、利用"在地文化"资源，设计了"游走乔家路 探寻古城庙""老城厢寻宝""小眼睛看老城厢"等五个主题实践活动。在实践活动设计时，教师聚焦多学科整合、聚焦多元学习方式，聚焦多元评价方式，并形成了"'小八腊子'游老城"的校本课程和学生的学习资料包，供师生使用。

学校围绕"百草园""红、绿、蓝"教学策略，将丰富的在地资源设计为吸引学生的学习情境，通过课堂、校园、社会公共场所等不同教学环境，采取视频、网络、实地调查等多种途径，在解决真实问题中熟练掌握所学知识，增长解决问题的综合能力。

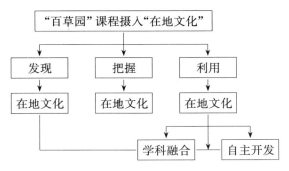

图 2-14　学校课程摄入"在地文化"的开发、设计、实施

"男孩课程""快乐泥巴""红色'119'"等原课程有调整、能发展;"'小八腊子'玩转世博会博物馆"新开发、能创新。这些课程让"百草园"的每一个学生在快乐嬉戏中汲取知识的养分,获得自身能力的最大提升。

随着"百草园"课程的不断丰富,学校不断开发在地资源,从自然资源拓宽到人力资源,与小东门街道金坛居委、皓古博物馆、瑞可碧青少年俱乐部、气象局等都有了广泛的合作,开发了思维导图、"玩"转魔方、篮球、里弄风筝等课程。学生在"百草园"课程中快乐嬉戏,并汲取着知识的养分,培养了综合能力。

学校的这些特色课程、品牌课程,因与"在地文化"摄入紧密联系,能时时保持课程的新鲜度,保持着课程的独特性。这些课程不仅获得了本校学生的最喜欢课程,而且也成了区域共享课程,得到更广泛的传播。

(二)制定"能力目标序",推进"百草园"课程实施的有效性

"百草园"规划得再好,图谱设计得再好,关键还得看课程的实施效能。为切实提高课程实施的质量,学校成立了"'百草园'共享课程的再构与实践的初探研究"项目组,着手开展相关研究。

项目组围绕学校的办学理念、课程理念、育人目标,对学校原有的、现有的课程经验进行整理、分析,结合课程改革和教育发展的新要求,制定了能促进课程有效实施的核心指标和能力目标的达成度,为教师在设计课程、开展教学活动时提供了实施依据。

表 2-12 "百草园"课程能力培养目标

一级指标	二级指标	三级指标		
		低阶水平	中阶水平	高阶水平
探究兴趣	好奇心	对生活中、学习中的现象有一定的认识,并引起思考	对生活中的现象常常提出一些问题,并保持持久的关注	/
	求知欲	/	对于不懂的问题,能主动地向他人询问,寻求帮助	能解决的问题,自己先想办法解决;不能解决的问题,再寻求他人的帮助
	质疑力	能对探究的主题,提出一两个研究的问题	能对探究的主题,多问几个"为什么",能想一想如何去解决	能提问、能追问,不轻易相信答案或结论,能主动修正所提的问题

一级指标	二级指标	三级指标		
		低阶水平	中阶水平	高阶水平
探究方法	观察记录	能知道"看什么""怎么看",观察有一定的顺序,能在他人的指导下,学会记录观察数据等信息	明确观察前、观察中、观察后的要求,能有顺序、有目标、较为精准地去观察,适当记录观察的数据等信息	/
	调查分析	/	能根据研究问题,知道调查目的,合理选择并使用问卷。在开展相应的调查活动时,能注意与人沟通态度、说话语气等	能明确调查目的,在他人帮助下,自主设计一些与探究主题相关的问卷,选取相应的问卷对象,完成问卷,并作一定的分析
	科学实验	在他人的指导下,能根据提供的实验器材,完成模仿实验,并能尝试记录简单的实验数据	在他人的指导下,能与合作伙伴共同寻找或自己主动寻找适合的实验材料,用于实验,并能记载主要的实验数据	能与他人共同寻找或自己主动寻找适合的试验材料,用于实验。在实验中,能主动排除实验干扰因素,并能遵从实验数据
	实践体验	能在他人的带领下,带着问题走进自然,走进社会,进一步掌握相关知识	能带着问题,在他人的带领下,走进自然、走进社会,增长知识,开阔眼界	能带着任务,主动走进自然,走进社会,有目的地参与一些社会实践活动或综合活动
	信息整理	能阅读他人提供的相关信息,拓宽知识	能在他人的帮助下,通过网络等途径,收集相关问题的资料	能通过网络、报刊等途径,收集与研究主题相关的资料,并适当筛选,进行信息分析,归类、归档整理
探究成果	产生结论	能用一两句话,说明相关的研究问题	学会归类总结的方法,对探究的主题能产生比较正确的结论,有自己简单的看法	形成分析、归纳、推理的能力,有自己个人见解,独到且比较正确
	表现形式	能用照片、图片等简单方法,呈现探究过程	能通过小报、日记、简单统计图表等方法,呈现探究过程	能采取小论文、小报告、模型、多媒体等方法,创意表现探究过程,有一定的吸引力

续表

一级指标	二级指标	三级指标		
		低阶水平	中阶水平	高阶水平
探究品质	科学态度	认真参加各项探究活动,碰到问题能在他人的帮助下予以解决	积极参加各项探究活动,碰到问题不放弃,有一定的钻研精神	能标新立异,从"有疑—无疑—有新疑",不断去获取与探究主题相关的知识与技能
	组织协调	能愉快地接受团队安排的任务,不以自我为中心,遇到困难不放弃,能积极听取他人的意见	能尊重、包容、评价他人,能根据个人特点选择团队活动的任务,能负责完成个人承担的任务;团队成员有困难,能主动地去帮助	能明辨是非,正确对待探究过程中遇到的问题,有一定的心理承受能力;能合理分配,主动听取他人意见,学会自主管理

　　经过近三年的研究,项目组对学校有效开展课程教学与学习,初步形成了"坐标式"的课程校内共享格局,即横向共享的是校本课程的一系列的制度、课程纲要、目标能力序、上课模式(凸显"红、绿、蓝"教学策略)、评价方式、课程资源的共享(这是基础共享,是学校校本课程之根本);纵向共享的是课程教师自我设计或调整的课程内容、课程的文化内涵、课程的实施原则、课程途径等。"坐标式"课程共享格局便于教师观察点与点之间的关系,有利于对课程的实施进展、课程共享的价值做分析,而且也便于教师根据自我的需求找到适合自己课程的发展点。项目组还设计了分享卡,提供给课程开发、实施的教师,可以给他们在开展课程教学时学习和使用。

　　(三)单一课程走向系列课程,促进"百草园"课程的整体性

　　"'小八腊子'游老城""七彩旋律""漫步老城厢　走遍地球村""小手建家园""开卷有益"等课程都是"百草园"课程中的特色课程。如何将这一门一门的课程,形成一个相互关联、相互补充的系列课程? 如,学校根据"百草园"课程的六大领域,通过对课程目标、课程内容、学习方式的整理,逐渐形成了"小八腊子"系列课程:"小八腊子"学礼仪课程、"小八腊子"仪式课程(1~5年级课程)、"小八腊子"游场馆(1~5年级课程)。打造系列课程,有助于"百草园"的每一个学生成长。

　　1. 整体规划学生的学习路径

　　小学阶段是一个人成长的最基础阶段,也是很关键的阶段,习惯的养成、知识

的积淀、能力的培养都能为今后顺利学习奠定基础。"小八腊子"系列课程,就是这样去整体规划学生的学习路径。以"'小八腊子'游老城"课程的学习路径为例:一年级学生能走进生活的社区,发现老城厢的变化;二年级学生漫步老城厢,寻找老城之"宝";三年级学生走"进"乔家路,探寻古城庙;四年级学生走进豫园,寻找老城厢文化;五年级学生走进老城厢名店,探访名店的发展,并与国外游客互动,介绍名店。我们可以从中发现,学生随着年级的增长,活动半径大了,从身边到社会;学习内容多了,从看看、走走、找找到调查、走访、介绍;接触的视野更宽了,从身边的人、事,拓展到与国际人士的沟通交流,从学生的视角宣传在地文化,并对在地文化有个再次认识的过程。

2. 整体规划学生的成长路径

课程应该满足学生自身不断发展的需要,满足学生实践与体验需求。"百草园"课程就是设想通过系列课程的打造,以适应学生成长的递进需求。

"小八腊子"仪式课程就是基于上述想法而设计的。一、二年级入团、入队的仪式,是让学生对自我有个初步认识,与少先队的争章活动相结合;三、四年级十岁集体生日、走进烈士陵园的感恩教育,是对他人认识的过程,学生通过了解生命的诞生、父母的工作、对创造我们今天幸福生活的烈士的了解,学会感恩,懂得付出;五年级的毕业季活动,通过写信、队活动、毕业典礼等多种形式,让学生正确认识五年成长中的优势与不足,明确今后的学习目标,为顺利进入初中阶段的学习做好充分的准备。

"小八腊子"系列课程的整体设计,能够帮助学生建立从"满足需求—满足个性需求—满足持续学习需求"的成长路径,以实现让每一棵"小草"在"百草园"开出自己最美的花。

四、问题思考与未来展望

十几年来,学校以"百草园"课程的架构与创生作为学校发展的突破,引领着学校始终走在了教育改革的发展路上,也因为"百草园"课程,2011 年学校成为上海市第一批新优质学校。

优质的学校,一定有着优质的课程。我们认为,优质的课程不应该是一成不变的、始终循环重复实施的课程,优质的课程一定是与时俱进、始终受到不同时代学生喜欢的课程。展望未来"百草园"课程的发展,我们不仅要着眼于课程的丰富性,而且要更注重课程内涵的发展。

（一）给"百草园"课程注入核心素养的思想

"百草园"课程应该是促进每一棵"小草"成长的课程。习近平总书记提出教育"三问"——为谁培养人？培养什么人？怎样培养人？这就对"百草园"课程的发展提出了新的发展标准。2016年9月,中国学生发展核心素养研究成果发布,明确了学生应具备的必备品格和关键能力,不仅回应了习近平总书记的"三问",也为学校教育提供了方向性的指引。我们感到,学校育人的核心载体就是课程,结合当前教育发展趋势,在"百草园"课程建设中注入核心素养的思想,培养学生学习能力,培养学生把知识加以综合化的能力,让"百草园"中的每一个学生能够基于自身的知识与能力,获得最大程度的发展。

（二）给"百草园"课程插上创新的翅膀

创新,是保持课程新鲜的生命力、可持续的发展的原动力。黄浦区在"推进创新教育三年行动计划"中对创新教育的探索提出了明确的要求:实现创新教育全覆盖,让学生敢创新、有创意、能创造。给"百草园"课程插上创新翅膀,就是要敢于突破自我,对学校传统的课程建设经验进行改造,不断融入新课改、教育发展新内涵的元素;要对已有的课程不断深化、不断调整,在激发学生好奇心、想象力上下功夫,常"教"常"新";要通过课程改变学生的学习方式,调整评价方式,搭建"奇思妙想""创意秀"等创新学习场,开展创造性学习,培养学生创新性思维。

（上海市黄浦区中华路第三小学　孙鸣军）

第三章

满足学生成长需求的课程开发

　　学校教育的最终旨归是促进学生的成长,学校要为学生的成长提供适合的教育。课程是学校教育的载体,是学校最重要的产品,是学校教育的核心,其建设必须以满足学生成长需求为首要原则。因此,学校课程建设要始终以学生发展为本,应从学生成长出发,既关注知识结构,也关注能力架构;既与时代要求相吻合,也服务于学生未来发展;既满足学生共性的学习需求,也满足学生个性成长需求。

　　上海市大同初级中学以让每一个学生拥有"健康、灵动、智润、博雅、尚行"的人生为目标,在全面提高学生综合素质的基础上着力提升学生的科学素养,建构了以PIE(实践、体验、创新)的课程理念为核心的学校课程体系,彰显了学校的科技教育特色;上海市黄浦区蓬莱路第二小学从"蓬莱小镇"特色课程出发,跳出既有班级授课制的方式,进而构建一个全新的、能够支持学生实现个性化学习的课程体系,以期最大限度地实现"将每一位学生的成就置于教育中心";上海市黄浦区教育学院附属中山学校立足科技类课程,以实验作为主要的衔接点,发挥"合分一体"的中小学科学课程的整体优势,统整校内外课程资源,建立了一个有利于培养学生科学素养的九年一贯科技类课程群;上海市实验小学聚焦国家教育战略,思考"培养什么样的人""为谁培养人"的问题,通过梳理学校一脉相承的德育课程基础,针对小学生核心价值观的八个要素,探寻新形势下德育课程的发展之路。通过几所学校的案例我们可以看到,这些学校都能站在"尊重和满足学生的成长需求"的立场上,致力于课程建设,并不断提升课程质量,使课程与学生成长相匹配,服务于学生成长需求。

第一节　需求导向的 PIE 课程整体设计与推进

　　课程是促进学生发展最重要的载体,也是决定人才培养教育质量和教育水平的最基本的要素,它体现了学校的办学理念,指向育人目标,是教育品质的一个集中体现。让每一位学生从课程中汲取未来发展的人生智慧,让课程留给每一位学生终身学习的温暖记忆,这是我们大同初级中学践行 PIE"实践、体验、创新"课程理念的美好愿景。

　　在教育改革不断向纵深发展的今天,中考改革的导向是育人为本,直指学生综合素养的培育。作为上海市第二轮、第三轮提升中小学(幼儿园)课程领导力行动研究项目学校,学校在"为学生未来发展奠基"的办学理念指导下,以 PIE 课程的"实践、体验、创新"理念来统整学校的课程建设,以"育人为根本、科创为主导、艺体为双翼、人文为底蕴"来打造"人文涵养、科学育养、生命滋养"三大类课程群。学校在课程建设方面顺应中考改革的需要,发扬学校的传统优势,在人文、科技、艺术、体育等领域着力,在培养学生核心素养和综合素质的基础上,为学生的个性发展提供更多更好的课程选择,努力提升学生的学习能力、实践能力和创新能力。

一、PIE 课程:缘起与内涵

（一）"PIE 课程"缘起

1. 基于 PIE 特色课程理念向学校整体课程拓展延伸的需要

　　在学校整体课程的架构与实施中,我们体会到特色课程取得的成效,可以向学校整体课程辐射。在 2012 年学校对预备至初二年级 574 名学生开展了拓展课、探究课满意度问卷调查。问卷结果显示,在近 50 门拓展课、探究课中,高居榜前 5 名的是西点制作、日系动漫、日语、船模、游泳等实践、创新类的课程。对"希望学校开设哪些类型的拓展课"问题的回答中,71.1%的学生选择"动手实践类"。调查结果为我们要开设体现"实践、体验、创新"理念为主的特色课程提供了有效的证据支撑。2013年,在十多年课程建设积淀的基础上,学校正式开始PIE特色课程建设。PIE特色课程强化了原先碎片化存在于学校课程中的"实践、体验、创新"的理念,深受学生的喜爱。

随着学校课程领导力研究的不断深入,PIE特色课程理念逐渐被更多的师生认同,学校联合黄浦区青少年中心、市科协等机构开发了一系列的PIE课程,为学生提供多样化的课程菜单。但是一些问题也逐渐显现出来:(1)学校已经开发的PIE课程,丰富了学生的学习经历,但是还没有建立起具有学校特色的完善的课程体系;(2)PIE理念在拓展型、探究型两类课程中得到了较好落实,但是在基础型课程中,从教学内容、教学方式到评价方式都没有得到有效落实。基于以上两点认识,我们认为,需要将PIE特色课程理念延伸拓展到学校的整体课程,形成基于PIE理念的大同初级中学的完整课程体系。

2. 基于学校课程体系优化与完善的需要

目前学校的课程建设体系主要以基础型课程、拓展型课程、研究型课程三类课程为主线。在新课改理念的引领下,我们深切地感受到学生的主题教育、社会实践、节庆活动、社团活动等也应纳入学校的整体课程体系建设中。这些活动类课程同样需要整体设计、系统规划。

学校拓展型、探究型课程总量丰富,但在实践中,对于学生的年龄、兴趣爱好、个性需求和心理特点关注不够。经过调研与反思,发现源于以下因素:(1)有些课程的开设源于教师个人的能力或爱好,而没有考虑到学生的需要;(2)有些课程内容在拓展课、基础课中有重复,没有考虑到学生的多元需要;(3)有些课程在不同的年级都会开设,但在课程目标、课程内容的设置上缺少螺旋式上升,没有考虑学生的年级因素和年龄因素。因此在学校整体课程的架构与实施中,我们需要优化与完善课程结构与课程内容,以学生身心健康成长作为课程的出发点和归宿。

3. 基于学校课程服务于学校办学理念和培养目标的需要

2006年学校更名的时候,老校名"求是"以"崇真、求是、创新"的学校精神的形式被继承和发扬,科技教育特色的优良传统也需要我们通过系统而丰富的课程让学生去传承。

学校在实践中凝练了"为学生未来发展奠基"的办学理念,形成"建设一所以人为本、关爱生命、课程精致、自主发展、具有科技特色的上海市优质初中品牌学校"的办学目标;"培养学生成为爱生命、乐学习、健身心、会审美、崇人文、尚科学的全面发展的初中毕业生"的培养目标。同时,逐步调整课程体系的建设,使其在整体设计、系统思考和可持续性发展上,更加明确体现学校课程价值,指向于我们学校的培养目标。

(二)PIE 课程内涵

PIE 是学校特色课程理念实践(Practice)、体验(Experience)、创新(Innovation)三个词的英语首字母的整合。谐音"派",意为西式馅饼,是孩子们喜爱的一款西点,寓意学校通过开设让学生实践、体验的课程以及带有明显的"实践、体验"特征的课堂教学活动,让学生在快乐中学习,培养敢于创新、与时俱进的探索精神。在学校整体课程的架构与实施中,PIE 课程的内涵也在实践中发展变化。结合课程改革实践与有关专家的建议,对"实践、体验、创新"(PIE)理念的基本内涵,目前做了如下界定:

"实践、体验、创新"是以学生为中心的全面发展学生潜力的课程理念,关注学生认知情感和心理参与学习的经历,关注学生健全人格的培养。我们的目标是学生通过实践体验能激发学习热情和创新兴趣。

实践:让学生在动手"做"中学,习得知识与技能。对教师而言,通过创设丰富的教学情境为学生提供实践的机会。

体验:让学生在"体验式学习"中体验到真实的感受,并通过反思提升为理性感悟,培养善于求真的学习态度。

创新:让学生突破固有的思维模式,提出有别于常规思路的见解,培养探索精神。创新就是有好奇心,有质疑,有主见,就是引领师生具备创新意识、创新思维和创新精神。

"实践、体验、创新"三者之间的关系:实践是学生获得直接经验,即体验的有效途径;实践、体验是培养学生创新思维的方法与途径;创新思维的培养是实践、体验所要达到的最终目标和结果,实践中有体验,体验中有创新,创新无疑又是更高层次的实践,这三者你中有我、我中有你,在相互交织中不断螺旋上升。我们力求让每一个学生在实践活动中体验、在体验感悟中创新,从而让每一个学生能更好地有个性地发展。

二、PIE 课程：目标与体系

学校课程建设注重传承与创新，既要发扬学校办学的优良传统，又要结合时代特点和教育改革发展新的要求，充分发挥教师的教育智慧，利用一切可用的资源，着眼学生未来有个性地全面发展，为每一个学生的自我实现奠基。

（一）PIE 课程的培养目标

把学生培养成为爱生命、乐学习、健身心、会审美、崇人文、尚科学的全面发展的初中毕业生。

表 3-1　"PIE 课程"的培养目标

培养目标	预初年级	七年级	八年级	九年级
爱生命	集体归属 自我认同	学会感恩 积极乐观	诚信自律 学会负责	树立目标 生涯规划
乐学习	学会适应 培养兴趣	学习态度 正确方法	学会学习 自我加压	逐梦立志 自主学习
健身心	欣赏接纳 同伴合作	情绪控制 集体归属	青春交响 积极向上	积极乐观 合理期望
会审美	专项训练 一技之长	普及提高 礼仪规范	懂得审美 艺术欣赏	审美情趣 高雅艺术
崇人文	热爱阅读 敢于交流	读书明理 善于表达	综合实践 关心社会	人文素养 家国情怀
尚科学	了解科学 热爱科学	科学探索 合作拼搏	动手动脑 科学思维	科学方法 问题解决

（二）"PIE 课程"的框架结构

我校建构了以 PIE（实践、体验、创新）的课程理念为核心的学校课程体系。分为以下三类：

学科类拓展课程，指基础型课程科目知识、技能、过程、方法、情感态度价值观拓展。

人文、艺术、科技、体育类特色课程，指学习领域素养的拓展课程，供学生自主选修，包括以学期为周期的长课程，也包括讲座式的短课程。

德育类拓展课程,包括学校各类教师主导、学生主体参与的主题教育活动、学生社团活动及学生社会实践活动等。

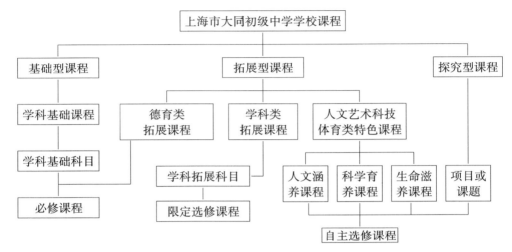

图 3-1 上海市大同初级中学学校课程体系

我校 PIE 课程是指带有明显的实践、体验特征的,培养学生创新能力的课程。在人文、艺术、科技、体育等方面较有特色,形成"人文涵养课程群、科学育养课程群、生命滋养课程群"三大板块,旨在让每一个学生拥有"健康、灵动、智润、博雅、尚行"的人生,在全面提高学生综合素质的基础上着力提升学生的科学素养,彰显学校的科技教育特色。

表 3-2 上海市大同初级中学拓展自主选修课程

课程群	课程举例	素养目标
人文涵养课程群	演讲与口才、天马小屋、戏剧表演、法语、日语、德语、朗诵、工艺美术、泥(面)塑、手工编织、白相弄堂等	启迪智慧、高尚情操、人文修养
科学育养课程群	头脑奥林匹克、科普英语、航空绘画、程序设计、无线电通信、机器人、车船模、现代数码摄影、创意达人、生物环保、黑处有什么、围棋、STEM 课程、博物馆移动课堂等	科学精神、合作精神、创新意识
生命滋养课程群	西点制作、茶艺、音乐欣赏、趣味乐理、舞蹈、快乐合奏、合唱、口琴、国画、书法、水彩、日系动漫、跆拳道、武术、桥牌、足球、篮球、乒乓、排球、花样跳绳、守护生命等	健康体魄、阳光心态、高雅情趣

表 3-3　上海市大同初级中学基础型课程和学科拓展课程

类　　别	基础型课程	学科拓展课程	要　　求
语言文学学习领域	语　　文	悦读乐写	掌握各项基本知识,培养学生的学习兴趣和自主学习能力,帮助学生形成正确的"三观",为学生未来发展奠基
	英　　语	英语口语	
数学学习领域	数　　学	思维训练	
自然科学学习领域	物理、化学、生物、地理	实验课程、生活的化学	
社会科学学习领域	思想品德、历史	场馆课程	
技术学习领域	劳动技术、信息技术	生活技能比拼	
艺术学习领域	艺　　术	"三队一团"	
体育与健身学习领域	体育与健身	体育多样化课程	
综合实践学习领域	生命教育(限定拓展)、心理健康教育(限定拓展)、享趣社会、军训、仪式教育等		

总之,基础型课程我们要求重基础,它是学校赖以生存的支柱,基础型课程的质量是学校的生命线;拓展型课程育特长,拓展学生的学习时空,培养学生的一技之长,并且努力形成学校的办学特色;探究型课程重体验,自由选题,自主探究,自由创造。课程注重动手与动脑相结合,科学与艺术相结合,科学精神与人文精神相结合。

三、PIE 课程:实施与评价

(一) PIE 课程的实施

丰富的课程是学校发展水平的一个重要指标,如果说 PIE 课程是我们学校的一张特色名片,那么基础型学科教学有效性的彰显无疑是学校内涵发展、赢得社会声誉的一针助推剂。"实践、体验、创新"是 PIE 课程的灵魂,在基础型课程中践行必将带来教师的教学方式和学生的学习方式的深刻变革。

1. 开展以"实践、体验、创新"为主要特征的课堂教学研究,推进基础型课程实施

(1)打磨课堂,转变观念,凝练教学主张

课程实施的基本途径是课堂教学,传统的课堂中教师们总觉得自己只是教材

的实施者,较多关注如何把知识传授给学生,至于学生在学习中的体验和方法指导则较为忽略,教学方式和手段比较单一。而今天,我们希望教师们能站在课程的层面,做一个领导者。对教材、对学生、对课堂有一个整体的把握,既为学生发展奠定共同的基础,又要关注学生的差异,并掌握创新、实践要求下的学习方法指导。

为此,我们以青年教师队伍为生力军,率先进行课堂教学改革的实践,共同探寻 PIE 理念下的课堂教学模式。2016 年,以"实践、体验、创新"理念引领的课堂教学实践活动在校内如火如荼地开展,26 名青年教师先后进行组内开课,教研组、备课组共同听课研讨,并在此基础上推荐出 6 位青年教师代表各自的教研组进行校级公开展示,呈现各教研组集体智慧理解下的能够体现"实践、体验、创新"特征的课堂。在"基于实践、体验、创新理念的我的教学反思"青年教师教学论坛中,教师们分享了成长中的思考和感悟,进一步凝练教学主张,论坛最终取得了良好的效果。经过一次次的课堂实践,教师们的教学方式正在悄悄发生着变化,对"PIE 理念"的知晓度和认同感不断扩大和加深。

(2) 编写校本化的体现 PIE 理念的课堂教学评价表

课堂教学评价的目的不仅仅是对教师的课堂教学进行评价,更是激励教师有目的性、有针对性地不断学习、改进、提高教学效果的过程。符合学校课程理念的课堂教学评价体系的建立和实施,可以充分发挥评价的导向作用,促进教师尽快转变教育思想,在课堂教学中更好地发挥教师的教育创新意识,达到改进课堂教学的目的。在前期课堂实践和教学研讨的基础上,学校编制了新的"课堂教学评价表",并组织全体教师在教研组活动中进行讨论和修改,力求教师在教学设计、教学实施的过程中能注重学生的实践与体验,并最终指向创新意识和能力的培养。经过自上而下又自下而上的几轮修改,我们将"教学情境与过程设计有利于激发学生学习兴趣,有利于学生实践、体验、创新;教学活动注重启发、引导,给学生充分表现机会;教学面向全体学生,有利于学生创新思维的培养"等三条凸显 PIE 理念的要求纳入课堂教学评价表。新的课堂教学评价表的启用,要求教师更加注重评价所侧重的与"实践、体验、创新"相关的各种因素,并将其作为课堂教学中展示和发挥的重点,发挥评价的导向功能。

(3) 教研组建设以项目推进为抓手,重点关注课堂教学实践

2017 年,学校围绕"各学科教学活动如何落实 PIE 理念",要求各教研组结合学科特点申报校级课题,进一步落实"实践、体验、创新"课程理念。校总课题组和

各教研组组长一起研讨,课题组成员深入各个教研组和老师们一起研讨,确立各教研组的研究方向。

表 3-4 各教研组的课题内容

教研组	主要研究方向
语 文	"悦读乐写"语文系列活动中落实"实践、体验、创新"理念
数 学	基于大数据分析下的个性化训练体系的编制
英 语	魅力英语,多彩生活
物化生	赛先生的实验室
政史地	"享趣社会"实践活动系列课程
音体美	艺术、体育课程体系建设
德育室	德育活动课程化

2. 完善课程管理,转变学习方式,推进特色课程实施

(1)平台管理,让课程实施更科学高效。

随着学校课程的不断丰富和发展,传统的线下报名效率低下的矛盾日益凸显,亟须我们在课程实施、管理和评价方面能有效利用新技术,带来新突破。2017 年,学校建设了全新的校园数字化管理平台,学校的 PIE 特色课程网上选课系统全面启用。在此系统中开辟了课程简介,学生可以通过线上登录,全面了解学校 40 多门 PIE 课程的科目名称、课程内容、招生对象、上课地点、授课教师等信息,便于根据自己的兴趣在学校统一规定的时间段进行抢课。网上选课开通后,学生以及家长对学校课程的关注度有了很大的提升,学生参与抢课的热情也被激发,每周二下午,同学们根据自己所选的课程,走班进入不同的教室,进行学习。网络平台的启用,使学校 PIE 课程的实施和管理更为科学和高效。

(2)开展 PBL 学习,培养学生创新实践能力。

学校的 PIE 课程的提出,就是要让学生在实践中体验、在体验感悟中创新,在创新中快乐成长。这就要求我们 PIE 课程的教师探寻这样的一种教学方法:能将课堂还给学生,让他们探索并享受学习的过程,进而获得知识与成长。PBL(Project-Based Learning)教学法,也叫"项目式教学法",无疑是值得推崇的一种教学方式。在教学中,学生通过规划和完成一系列任务,最终实现某个目标或者解决某个问题,这就是项目。学生为了成功完成项目,必须整合自己的各个学科的知识

和生活经验,促进团队协作,最终对自己或他人的表现做出评价,就是 PBL 教学法的精髓。我校的"科技奇妙日""黑处有什么"等课程在实施的过程中,都力求运用 PBL 教学法,更侧重培养学生自己探索与获取知识的能力。比如"科技奇妙日"课程的学习中,学生通过"葡萄酒的酿制""DNA 项链""风暴怪兽""意面搭建"等专题,分项目进行探索,学生作为项目研究的主体,在教师的引导下,主动探究,合作分工,协作完成个体或团队任务,主体意识得到充分体现,实践、创新能力得到进一步提升。

（二）PIE 课程的评价

我们将 PIE 课程的评价和课程目标相结合,按不同课程分目标进行评价。对学生的评价除了基于其基本学力提高与否外,更注重其在探究过程中的态度、良好心理品质和各种综合能力的培养。我们还将探究课程本身的价值,活动过程所采用的方法、形式,其他课程学习中是否初步形成研究性学习的态度等指标纳入我们的评价体系中。

PIE 课程评价关注的是学生的全面发展,不仅仅关注学生的知识和技能的获得情况,更关注学生学习的过程、方法以及相应的情感、态度和价值观等方面的发展。

学习表现方面:教师根据日常考勤、学生学习兴趣和投入程度、参与团队合作以及作用发挥等情况对学生进行评价和管理。

学习能力方面:教师根据学生课堂思考、质疑、表达、交流、合作情况以及学生开展自主学习完成作业（品）情况等对学生进行评价。

学习结果方面:基础型课程可采用书面考查方式,拓展（研究）型课程可以采用活动表现、作品呈现、展示表演、课题报告等多种方式灵活评价,一般按照"考核＋考勤"的办法来评价。教师根据学生完成科目要求的考核情况对学生进行评价,比如对学生作业、实践作品、测试等进行评价。

四、PIE 课程:成效与反思

（一）学校 PIE 课程实施取得的成效

实践证明,PIE 课程的开设在促进学生发展、推动教师队伍建设、深化课程改革以及形成学校办学特色等方面已取得阶段性成果。

"调结构"，使学校课程计划的总体设计趋于完善。从课程设计的背景、目标、结构、内容、实施、管理到评价等方面都有了详细的规定，可以使学校的教学工作有章可循。课程计划的总体设计还反向促进了学校办学目标、培养目标的改进与完善。

"提能力"，提升了教师的课程领导力和科研的意识与能力。一批有志于课程教学改革的教师脱颖而出他们荣获了市教学竞赛一等奖、市实验教学能手、市英语作业设计二等奖，以及市级课题二等奖、区第十二届教科研先进集体等荣誉。教师驾驭课程的能力得到了提高，对课程领导力的认识得到了加强，对课改内涵的理解得到深化。

"转方式"，引领教师的教学观念、教学方式的转变。在课题的引领下，教师自己成了"海绵"，每天如饥似渴地主动学习有关知识。教师努力创设学习情境，帮助学生完成自主式学习、体验式学习、情境式学习。以学生为本的教学成为教师们的追求。

"促成果"，初步形成了一些研究成果。在课程计划编制，综合社会实践活动德育课程、STEM课程、体育多样化课程、语文周和英语周活动课程建设等方面形成了一些好案例，都可以用来借鉴和推广，落实了综合实践活动课程化、规范化。

（二）进一步优化与完善 PIE 课程的反思

课程是一段教育进程，PIE 课程不仅仅只是课程研制的产品、课程体系和课程资源，还是一种研究过程。PIE 课程开设以来，我们虽然取得了一定的成效，但是在实践的过程中也引发了我们的思考。

1. 课程开发：让课程更好地为学生发展奠基

当今社会发展的趋势、核心素养的提出、上海市中考改革等，都对学校课程建设提出了更高的迫切要求。新一轮改革的实质就是要实现学生在共同基础上有个性的发展，变"课堂教人"为"课程育人"，关注学生综合素质，改变长期以来的"一考定终身"的现象。这就需要学校在课程建设过程中，尽可能使开发的课程体现初中特点、学生特长和学校特色。

2. 课程实施：不断优化与完善教与学的方式

PIE 课程是一种个性化课程，课程的开设弥补了基础型课型的不足，激活和拓展了学生的兴趣与视野，彰显课程的灵性，凸显了"以人为本的教育"。在 PIE 课程实施的过程中，问题式学习、探究式学习和项目式学习（PBL）等方式都有效提升了

PIE 课程实施的效果,这些学习方式是需要我们在实践中不断完善的。

3. 课程评价:提升课程实施效果与课程品质

评价是听诊器,可帮助我们发现现存的课程问题,提升学校课程管理者的领导力。我们希望通过评价使学校课程设置更科学,课程项目的设计与实施更优质、更高效。我们想借鉴 PBA(Performance-Based Assessment)等课程评估工具来完善与优化课程的设置与实施,提升教师的课程执行力。通过对现有的课程评估工具进行修订,不断提升学校课程品质,推进学校课程变革,加快学校课程建设。

4. 课程资源:让真实世界成为学校课程

课程资源包括校内的课程资源、校外的课程资源和信息化课程资源等,我们要充分挖掘各种资源的潜力和深层次价值,提高课程资源的利用率。让无序的课程资源与 PIE 课程内容统整。我们希望学生能够成为学习的主人,学会主动地利用一切可用资源,为自身的学习、实践服务。我们也希望教师能够成为学生利用课程资源的引导者,围绕学生的学习,引导帮助学生走出教科书,走出课堂和学校,充分利用校外各种资源,在社会的大环境里学习和探索。

总之,学校切实保证基础性课程质量,全面完成拓展型课程设置,努力搞好研究型课程的开发,力争总结出 PIE 拓展型课程的建设经验,并打造一批有影响的拓展型课程,形成国家、地方、学校三位一体,富有大同初中特色,奠基学生终身发展的课程体系。为了让学生们看得见自己的成长,让教师们感受到专业的自信,大同初级中学正在向高远处奋力前行。

(上海市大同初级中学　张雷鸣、章国芳、程玉琳)

第二节　追寻着孩子们需求脚步的课程

蓬莱路第二小学是一所历史文化底蕴优厚的百年老校。在多年的教育实践中,一切从学生发展的需要出发,尊重学生个性成长的自然规律,努力创设学生人生成长的教育环境。依据"在这里,我们发现未来"的办学理念,努力培养出既有个性、又守规则的学生。近几年,学校不断开发基于学生个性化发展的课程,满足学生成长需求,提升了学生的实践与创新能力。

一、我们的初衷:探寻学生需要,丰富课程建设

面对基础教育课程改革的新导向,目前学校中主要按照年龄编成的固定班级的授课模式显然已无法满足教育个体日益活跃的个性化学习需求。这就需要我们跳出既有班级授课制的方式,进而构建一个全新的、能够支持学生实现个性化学习的课程体系。我校的这些课程,主要由学生最喜爱的"蓬莱小镇"特色课程发展而来,具有良好的基础,它能够根据学生不同的兴趣提供学习资源,围绕学生不同的学习方式来塑造教学以及发现、关注每一位学生独特的天资,发展个体潜能,尊重个人选择,鼓励个性发展,提升学生学习主动性和主体意识,养成主动探索的良好习惯和优化知识的重要能力,以期最大限度地实现"将每一位学生的成就置于教育中心的目标"。

目前,开发学生个性化发展的课程,瓶颈在于不能够完全满足学校每一位学生个性化学习的需求。存在的主要问题有:未能准确定位学生个性化学习倾向,未能提供与学生个性化学习需求相匹配的资源与要素等。这也促使我们继续探索了解学生个性化学习倾向的途径和方法,从学生的需要与兴趣出发开设学生个性化发展的课程。

基于这些认识,学校积极探寻学生的需要。创设自由探究的学习环境、营造平等和谐的学习生态、提供个性发展的无限空间;为学生发展整合优质多元的学习资源、支持全校每个学生在学习过程中从兴趣出发,根据自己的个性需求和发展潜能选择学习内容,还可自己决定学习方式、进度、时间和地点等;学校开设的课程与实施,力图"以学生为中心",让学生以自己的方式主动建构知识,不断拓展与深入地学习;在个性化的学习中不断丰富自身健全人格的内涵,获得充分、自由、和谐的发展,寄托学校致力于最大限度激发学生各种潜能,培养未来人的价值追求。

二、我们的贡献:关注个性发展,呈现多彩课程

学校基于"在这里,我们发现未来"的办学理念以及"培养'守规则、懂礼仪,展个性、乐创新'的未来社会人"的育人目标,结合对课程的理解,我们提出了"遇见未来　预见未来"的课程理念。课程要为儿童适应未来发展所需要的必备品格和关键能力提供支持。"遇见未来　预见未来"课程理念,即课程应立足于未来社会人的培养,在学校模拟的微型社会以及真实生活情境中帮助学生认识和发现自己,展

望和创造未来,拥有适应未来社会发展的综合素养。

(一)源于个体发展需要,创建"蓬莱小镇"课程

我校"蓬莱小镇"课程,源于学生个体发展的需要,课程目标定位为通过小镇情境的营造,小小社会人角色的体验,使学生了解和发现自己,认识和探究社会,展望和创造未来。几年来,学校已经形成了课程建设的三步跨越发展,即1.0、2.0和3.0版课程。

1. 基于学生需求,开发"蓬莱小镇"课程(1.0 版)

2013 年起,学校从学生的成长与发展需要出发,在个性教育研究的基础上创建了"蓬莱小镇"校本特色课程。"蓬莱小镇"课程基于"学校即社会、教育即生活"的理念,把象征微型社会的"小镇"概念搬进校园。每周五下午,学校会变成一个欢乐的小镇。以年级为单位,将五个年级和小镇课程中的五大社区一一对应,所有教室会变成医院、邮局、银行、超市等 40 个社会活动场所,所有的学生都会变身为小镇民,每个人都拥有小镇的护照、货币、存折和银行卡。学生在这样一个小社会的情境中选修课程,在体验和探究中发现未来。

"蓬莱小镇"课程分为"我和自己""我和社会"和"我和未来"三大板块,每门课程都有自己的专属制服或配置,如星星邮电局的小邮包、红星警察局的小头盔等。在这样的学习环境中,教师也变身为大镇民,带领小镇民们一起从事职业角色的活动。每门课程由老师自愿报名承担,自由选择合作伙伴,活动手册由任课老师自主编写。教师根据该社区即年级学生的认知水平与生活经验,搜寻资料,编撰成图文并茂、易读易懂的活动手册。

表 3-5 "蓬莱小镇"课程基本框架

板 块	第一社区	第二社区	第三社区	第四社区	第五社区
我和自己	牙齿防治所	五官科医院	小镇美发厅	印染小作坊	魔方体验店
	彩泥俱乐部	沪语小学堂	快乐小舞台	服装设计室	咔嚓照相馆
我和社会	星星邮电局	小算盘银行	便利小超市	正义小法庭	茶艺工作坊
	每日鲜菜场	美味中餐厅	镇健身中心	趣味棋牌室	远游旅行社
	红色消防局	红星警察局	民族戏剧团	星光广播台	创意发饰店
	游戏小弄堂	小园艺中心	五星西餐馆	建筑设计院	历史博物馆
我和未来	魔法小书店	镇环保中心	天文气象台	阿拉丁剧场	LEAD 创意空间
	恐龙博物馆	镇公交公司	镇航空公司	机器人工厂	超级电影院

2014 年起,学校找到相应的校社互动、共同培育学生公民素养的有效载体,小镇课程首次打破校社壁垒。"创意发饰店""红色消防局"等课程走上南京路为市民公益服务。2016 年起,学校开发了 14 家"蓬莱小镇"小镇民实习基地,包括上海电视台、市城建院、和平眼科医院、老西门派出所等。选修这些课程的小镇民们每学期都会有一次"出差"的机会,走进真实社会检验学到的本领。

2. 拓展发展空间,增设自选模块——自由社区课程(2.0 版)

"自选模块——自由社区课程"的建设有两方面因素,一方面,基于学生发展的需要,学生的学习需要不断发展,所以我们在 1.0 版本的确定的课程的基础上,力争给学生自由发展创造良好的教育条件,提供个性化、自由化程度更高的课程;另一方面,学校的课程建设永不止步,基于学校发展的目标,需要在已经建成的课程基础上,发展出新的课程。

因此,我们依据学生发展需求和学生身心发展规律,梳理综合学校原有课程框架,进一步完善学校的课程设置。2016 年,在保留原有课程框架的基础上,学校第一次打破课程的年级壁垒,增设"自选模块"——自由社区。学生不分年级,自由选择,实行混龄教学。第一次增加"电子实验室"和"超能维修站"两门课程,受到全校学生的欢迎。在 2017 年 9 月再次新增两大课程"WOW 实验室""TIA 情报局",如今自由社区拥有七大课程。

表 3-6 "蓬莱小镇"拓展型校本课程基本框架

板块	第一社区	第二社区	第三社区	第四社区	第五社区	自由社区
我和自己	牙病防治所	五官科医院	小镇美发厅	印染小作坊	魔方体验店	小算盘银行 布艺玩具店
	彩泥俱乐部	ABC 广播台	快乐小舞台	服装设计室	咔嚓照相馆	
	沪语小学堂					
我和社会	星星邮电局	超人魔术团	便利小超市	正义小法庭	茶艺工作坊	超能维修站 TIA 情报局 化妆品公司
	每日鲜菜场	美味中餐厅	镇健身中心	趣味棋牌室	远游旅行社	
	红色消防局	红星警察局	民族戏剧团	星光电视台	创意发饰店	
	游戏小弄堂	小园艺中心	五星西餐馆	建筑设计院	历史博物馆	
我和未来	魔法小书店	镇环保中心	小镇气象台	阿拉丁剧院	LEAD 创意空间	电子实验室 WOW 实验室
	恐龙博物馆	镇公交公司	镇航空公司	机器人工厂	超级电影院	

"自由社区"课程的建立,为学生个性化学习创造了良好的条件,没有年级的限制,任凭学生的兴趣、特长进行课程选修、课程学习,为师生、生生之间创设了开放、灵活的活动空间,为学生个性化发展提供了新的学习领域与途径,激发学生的探究欲望,培养创造性思维与行动能力。

3. 满足学生个性发展,创建专题化课程(3.0 版)

学校的课程建设是一个连续不断发展的过程,而随着学校的"蓬莱小镇"课程的深入推进,小镇民们对小镇的社会学习活动需求更多了,因此希望建设小镇、发展小镇,拓宽小镇的资源,彰显社区化的功能,打造文化小镇。

这些也要求我们应该不断追寻学生成长的需要。我们在根据已经建设并且实施的 1.0 和 2.0 版课程基础上,进一步开发出 3.0 版的课程。3.0 版课程核心价值在于满足学生发展的较高需要,更加个性化。因此,我们定位于"专题化"。由此,逐步建立完善了学校的专题化课程,主要包括 5 个方面的课程。

(1)"小镇作家沙龙"课程

2018 年 9 月起,我校针对二至五年级学生开设了"小镇作家沙龙"社团课程,招募正在写书以及想要写书的学生,协助他们更好地创作。通过教师辅导,学生学习创作素材的获取、资料查询的方法,构思创作思路,了解创作方法并选择自己作品的创作方法,规划创作日程,锤炼作品语言,使作品写得更加丰满、生动、有趣。同时,让学生通过研究其他学生的书号申请和小样,修改其他学生作品的稿件,加深对手写手绘书的理解,学习他人文字创作之优。"小镇作家沙龙"课程的开设,增强了小作家的阅读表达能力与语言素养,激励他们更好地创作。

在蓬莱小镇里,有一个极具魔力的书店——"魔法小书店",它是"小镇作家沙龙"课程的好搭档,也是学生喜爱的场所。"魔法小书店"为有梦想、爱写作的学生提供自主创编手写手绘书的机会与平台,它建有一套完整的手写手绘书"申请—评审—创作—出版"流程及具体要求,为小镇民出版并"销售"系列丛书。以正式出版图书、开展新书发布会、举办校内外书展、组织校外新书义卖、签售等活动,传递"爱阅读,乐表达"的美好理念,鼓励更多学生参与个性化写作。

(2)"小镇月报"课程

2016 年 10 月,在蓬莱小镇工作委员会换届选举中,小镇民提出创建蓬莱小镇报馆,发行小镇报刊。2018 年 3 月 16 日,第一份《蓬莱小镇月报》正式发行。这是一份由学生担任文编、美编的纯手写手绘报纸。"小镇月报"课程有版面的设计、信息的处理、操作的规程、发行的时间、报馆人员的分工与职责等丰富的学习内容。小镇民可以通过自荐、他人引荐等方式报名竞争月报社岗位,通过合作的方式,共同完成报纸的创编工作。月报社主编老师负责保证月报工作的有序推进,及时与学生沟通并进行指导。

《蓬莱小镇月报》定为一月一期,每期四个版面,一学期出版四期报纸,每月按照严格的时间安排表推进。其出版流程规划是:第一周完成新一期月报内容的规划设计、稿件的征集;第二周美编完成版面设计的初稿,文编完成内容的初步拟写;第三周文编完成文字的审稿与确认誊写,同时美编完成画面设计的勾线与上色;第四周也就是最后一周要完成月报终稿的审核、交付印刷厂、后期报纸的分类,最终在发行日的周五中午完成报纸的分发。可以说每一环都紧紧相扣,必须严格遵照时间的安排有序推进。

(3)"WPT 节目"课程

2017 年 9 月,"蓬莱小镇电视台"正式成立,双语节目 *Wow！Penglai Town！*开播。这个节目的制作是一门极富创意的课程学习,后被称为"WPT 节目"课程。每周制作一期节目,"WPT 节目"共分四个板块,时常为 20 分钟左右,周三上午晨会课向全校进行播放,次日再由校公众号进行转播。

"WPT 节目"的四个板块,全部由校内学生自主报名参与开发、拍摄和制作。通过"报名—学习—思考—撰写—排练—拍摄—反思—改进"这一流程设计,运用合作的方式,让参与者在快乐中更加自然地掌握编辑和主持的门道,让他们在每一集精心设计的节目中发挥自己的天性、激发出创造力、提升语感和表现力。首先,通过写自荐信或者公众号的方式招募小主持人和编辑;其次,学生编辑和指导教师共同商定主题、学习相关材料、设计方案、撰写节目稿;再次,学生编辑和指导教师根据实际情况,修改计划和方案;然后,师生共同拍摄;最后,通过校电视台进行转播,了解观众的反响。从一开始的板块有 *Hi！Hi！Star News！*、*Hey！Hey！ Star Interview！*、*Phoebe Time* 和 *Ta-da！Star Show！*,后来 *Ta-da！Star Show！*又与两个新开发的板块 *Yo！Yo！Puppet World！* 以及 *Viva！Super China！* 交替播放。节目每年都有创新突破。目前,蓬莱小镇媒体中心既是蓬莱小镇宣传的窗口,更是小镇民锻炼和成长的舞台。

(4)蓬莱"小镇研究院"课程。

2018 年 12 月,我校蓬莱小镇研究院正式成立。同时创建的"蓬莱小镇研究院"课程,旨在鼓励学生自主探索研究、小组合作研究,逐步培养学生发现问题、提出问题、解决问题的能力、创新的意识和刻苦钻研的精神。这是一个支持小镇民根据自己的兴趣爱好自由申报科学研究小课题、展开研究的地方。每一个有科学梦的孩子,都可以在每学期初向蓬莱小镇研究院以课题申报的方式提出研究申请。小镇研究院的导师志愿者团队将审核他们的申请,如果项目被成功立项,就会有一位甚至几位志愿者导师带领小研究员一起开展过程研究直到结题。魔法小书店也欢迎小研究员用手写书的方式呈现自己的研究报告。小镇研究院目前已有"垃圾分类里的经济学""本市小学生感冒用药情况调查与分析"等八个课题立项研究,11位学生成为课题研究者。小镇研究院课程的成立,标志着小镇为热爱科学研究的小镇民提供了更多个性化的支持。

表 3-7 小镇研究院课题内容

课题编号	课题名称	申请人	导 师
2019001	垃圾分类里的经济学	卢同学 戴同学 顾同学	倪 欢
2019002	为什么植物的叶子会变色?	童同学	戴瀚闻
2019003	纸飞机能飞多远?	林同学	瞿明珠
2019004	公园内与马路边瓜子黄杨气孔指数的比较研究	孙同学	孙 琳
2019005	本市小学生感冒用药情况调查与分析	胡同学	张 欢
2019006	上海建筑文化——石库门的历史变迁	周同学	胡 莹
2019007	"小冰箱储藏大学问"——家用冰箱储藏问题的探究	赵同学 邬同学	范 瑛
2019008	从"沪商文化"看"一带一路"	范同学	周冰倩

(5)"小镇大讲堂"课程。

学生喜爱的"小镇大讲堂"课程,先以家长为主讲的"家长大讲堂"课程,升级为家长主讲、学生助教,到 2015 年再次升级为学生主讲、家长助教的"小镇大讲堂"课程。在具体实施过程中,由学生自愿申报各类课程主题,小镇委员会成员进行课程遴选排课,学生以班级为单位进行选课,小讲师在家长的协助下每周三中午在专用教室进行讲课,至今已坚持九年,共开设课程 531 门,参与讲课的学生有达 307 人。如今,"小镇大讲堂"再次升级和"小镇研究院"整合,学生对自己讲课的主题内容进行探究申请微课题。目前,已有"对积木构建儿童思维想象力的探索"等 39 个微课题立项。

基于学生个性发展的课程相继诞生,能更好地满足学生个性化学习发展的需求,有效地提升学生的实践与创新能力。

（二）尊重个体成长需要,完善小镇课程评价

1. 评价指标内容依托育人目标

小镇课程具有很强的综合性、社会性和实践性。因此,课程评价也必须从培养学生能力的角度出发,切合学生的实际,使评价更有利于小学生综合素养的提高。为此,我校力求打破传统的评价观念,构建与之相适应的评价指标与内容。小镇课程的评价指标和内容是多维度的,有关注学生课程学习情意、课程学习能力、课程学习态度等多个视角。由此,每个课程的评价方案各不相同,但是从内容来看,基本涵盖了语言表达、人际交往、空间想象、规则意识、创造能力等方面。

2. 评价主体与方法切合育人目标

小镇课程的评价主体是多元的、方法是多样的,它既涵盖了学生自我评价、教师对学生的评价,也包含了学校和学生对教师和课程的评价。课程形成了关注学生学习过程的评价指标,开发了相关的智能即时评价系统 App。同时,采用小镇情境中奖励小镇货币和增加银行卡积点的方式对学生学习过程的评价,供教师根据评价大数据调整教育教学方式,供学生自我评价和发展,便于评价数据对家长的及时反馈。

三、我们的收获与思考

（一）实践与成效

1. 学生社会体验丰富,兴趣与个性得到发展

在推动"蓬莱小镇"课程的实施、发展与建设中,学校始终围绕自己的办学理念和培养目标,坚持以学生发展为本,关注学生个性发展的需求,创设学生自主学习、体验、探究社会的环境,让学生在真实的生活中锻炼问题解决的能力。

课程为蓬莱路第二小学的学生提供了创新的学习方式,很大程度上满足了学生个性化发展的需求。通过创造社会职业角色扮演的真实情境,增进和丰富了学生的社会体验,提升了学生对社会认识能力以及发现问题、研究问题、解决问题的能力;小镇课程尊重学生的需要、兴趣和才能,让学生在自己喜爱的课程活动中感

受到学习探究的乐趣;为学生创设成功的机会,让学生从成功的喜悦中发现自我、肯定自我、悦纳自我,增强自信心,在问题探究中焕发出学习热情和创新意识创新能力,在自主完成课程任务中实现自我价值。

2. 教师专业素养提升,学校内涵发展加快

全校师生积极投入创建蓬莱小镇、开发拓展小镇课程,实施小镇课程,课程理念逐渐渗透到学校的教育教学中,不仅提升了课程的品质、师生的文化素养和学养,增强了人的社会责任性与个性发展自律性,同时也彰显了学校的办学特色,为学校的内涵发展和可持续发展积淀了丰厚的文化底蕴。

几年来,我校教师逐渐从课程实践的层面上升到理性的课程实践思考,教育教学的实证研究已成为教师专业提升的自觉追求。如今,学校"蓬莱小镇"课程项目已成为促进教师专业成长,推动学校的内涵发展的良好动力。

(二)经验与感悟

1. 课程拓展延伸与资源整合

"蓬莱小镇"课程基于学生个性发展逐渐发展与增设,都是在对课程实施的调研,听取小镇民(学生)的建议、提议中产生的;都是在反观与总结原有课程的基础上拓展延伸而成;在有序探寻前行中,以优选的资源整合开发的课程,既有根基又有学生的愿望,显然适合学生的个性发展与主体地位。

2. 课程持续开发与教师创新行动

小镇课程充满活力持续开发,越来越受学生的喜爱,这与教师的专业素养与辛勤耕耘是分不开的。教师们主动申报课程,积极寻找课程资源,编写教材,不厌其烦地几易其稿;创造性地设计教学,不断根据学生状况改进教学,让每一位走进课堂的学生快乐体验探究,在体验中开放潜能,预见未来,培养学生未来社会人的核心素养。

(上海市黄浦区蓬莱路第二小学　余　祯、王　瑾)

第三节　指向科学素养的科学类课程群建设

上海市黄浦区教育学院附属中山学校位于黄浦区西南滨江风貌区,是区域中规模较大、设施一流的九年一贯制学校。学校以"自主实践、和谐发展"作为办学理

念,将实践教育作为学校的特色追求,学校以把学生培养成德行修养笃实、知识技能扎实、身心发展健实,具有创新精神和实践能力的适应现代社会发展的毕业生为培养目标,努力办人民满意的教育,办学生喜欢的学校。

一、实践背景与问题提出

（一）实践背景

1. 社会背景

科学素养已经成为新世纪人才的重要素质之一。在新中考改革的背景下,学生实验能力培养的重要性日益凸显,这也反映出目前我国基础教育阶段科学类课程实施中存在的弱势与不足,即关注知识传授更重于能力培养。这正是学校加强科学类课程建设过程中必须关注与亟待解决的问题。

2. 学校背景

2014 年,学校开展了一次学生发展应具备的核心素养的调研。经分析梳理出了我校学生、家长、教师认同的学生发展应具备的核心素养一共有六项,其中"科学素养"占据一席之地。那么我校学生的科学素养现状究竟如何呢?

学校继而开展了学生问卷调查,学校 3～9 年级共计 631 位学生参与了此次调查。问卷的内容包含了对学生掌握科学方法、能力程度,以及学生所持的科学态度两方面情况的调查。根据对调查数据的统计分析,反映出以下问题:从整体上看,学生对基本科学知识掌握水平不够高,并且高年级较低年级没有明显的提高;学生对身边的自然现象有一定的好奇,但缺乏一定的科学方法和能力让自己在实践中以正确的科学态度去探索;学生对师长及他人的依赖性较强,缺乏自主探索意识和自主判断力;缺乏一定的行动力和解决问题的智慧。调查结果让我们感到我校科学类课程的实施效果并不佳。

学校随即对科学类基础型课程(即小学自然,初中物理、化学、科学、生命科学等学科)的教师进行了访谈调研。在访谈相关任课教师时听到如下声音:

困惑之一:学段及学科的分隔,使得各学科教师对其他学科的要求"不清楚"——课程体系问题。

　　自然老师说,如果我对初中的物理、化学等学科的要求有所了解,我想我能够上得更好……

困惑之二：学科背景单一，在讲其他专业的科学知识时有点"不确定"——教师问题。

科学老师说，我是学生物的，而科学学科中涵盖了物理、化学、生物三个学科，所以在教学中遇到物理和化学中比较专业的问题会不太确定是否讲得正确……

困惑之三：科学概念表述不一，有点"接不上"——教材问题。

化学老师说，科学实验中在对锌粒和盐酸产生的气体进行验纯时，没有将产生的氢气先进行收集再验纯，而是直接在试管口进行验纯，极可能导致气体爆炸……

科学类课程是学校科学教育的主渠道，以上声音让我们感到"合分一体"的中小学科学课程的衔接并非"无缝"，整体课程优势并没有得到显现，反而由于年段的不同、学科的不同使得在课程实施的过程中存在许多衔接的问题。

（二）问题的提出

基于以上背景，学校组织科学类课程任课教师从课程建设和实施的角度进行了反复的交流研讨。我们发现目前在我校中小学科学类课程的教学实践中主要存在两大问题：一是在基础型课程教学中各科教师各自为政、缺乏有效沟通，造成在教学中没有形成衔接；二是学校开设的科学类拓展型和探究型课程与基础型课程没有有效整合，课程整体实施优势没有体现。

学校由此决定：立足科学类课程，以实验作为主要的衔接点，从课程校本化实施和建设的角度，通过中小学科学类课程的纵向衔接和横向三类课程的统整，发挥好"合分一体"的中小学科学课程的整体优势，发挥各课型之所长，统整其他校内外课程资源，建立一个有利于培养学生科学素养的九年一贯科学类课程群，从而提升学生科学素养培养的效能。

二、推进过程与举措

（一）组建研究团队

为扎实推进项目的研究，我校成立了由校长领衔，各相关部门、相关教研组、校外专家组成的研究团队，确保项目的有序推进和有效实施。（见图3-2）

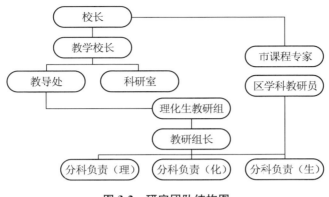

图 3-2 研究团队结构图

（二）开展行动研究

1. 第一轮行动研究：从理论到实践

第一轮行动研究，我们遵循一条路径扎实推进：

（1）梳理—编写：我们首先组织教师对五门科学类学科中的实验进行梳理。找到学科间共性实验，开展教学方法衔接研究，编写了"衔接案例"。

（2）论证—修改：学校邀请市、区级学科教研员、课程专家等进行了多次论证和反复修改，文本框架逐渐定型，内容趋于合理。

（3）实践—论证：在文本逐渐定型之后，我们开展了课堂实践。并邀请专家和同行进行听评课，进行过程指导。专家和同行的指导意见为我们进一步厘清了研究思路，明确了后续研究任务。

（4）反思—再修改：研究团队进一步消化了专家指导意见，对研究成效进行了全面的梳理反思，对课程框架以及实验教学模式进行再研究，同时制定了深入研究与实践的路径和策略。

2. 第二轮行动研究：从实践到理论

经历了第一轮的研究反思，我们制定了第二轮研究的行动路径：

（1）实践—反思：我们将已形成的《学生实验手册》《教师指导手册》带入课堂，进行实践。同时，我们将物理、化学教师安排到小学上自然课，安排到六年级上科学课，通过浸润的方式，让他们实际感受手册的编写合理性、科学性。在实践的基础上，老师们反思出了许多实际问题，让我们的衔接研究真正走向了课堂，具有了实用价值。

（2）修改—论证：课题组着手对形成的文本进行了重新修改，这一次修改基于实践，目标更为明确、思路更为清晰、设计更为合理。同时我们也邀请了区物理、化学等相关学科教研员进行了全程指导。

（3）再实践—再修改：对于修改后的文本，我们再一次进入课堂进行再实践，在实践中不断修正。

（4）再论证—再完善：我们邀请了市、区学科专家、课程领导力专家、兄弟学校等，到我校通过听课、研讨等形式，对我们的研究成果文本进行了再论证。在听取了众多意见和建议后，我们进行了修改完善。

3. 配套研究贯穿

在整个两轮的研究过程中，我们的拓展型和探究型课程的研究始终同步进行，配套基础型课程的学习要求，积极尝试开设配套的拓展型和探究型课程。同时，整合了包括社会实践活动、科技节等学校资源。我们也对如何开展有效的联合教研机制等进行了研究。

三、特色经验与实践成效

（一）特色经验

1. 以实验为衔接点，形成科学类课程纵向衔接策略

（1）梳理整合科学类课程实验内容。

课题组对小学自然，中学科学、生命科学、化学、物理等五门学科教材中的实验进行了梳理和整合，对有交集的实验进行了教学衔接的研究。

（2）明确科学类课程实验教学分阶段目标。

形成了科学类课程实验教学的分阶段目标，并将其整合划分为物理、化学、生命科学三大板块。分阶段目标制定后，对教师的课堂教学起了极其重要的指导作用，使教学目标更加科学、合理。从"溶解"这一教学内容在自然、科学、化学学科中教学目标变化的案例。（见表 3-8）可以看出，科学类课程实验教学分阶段培养目标制定后，教师更关注知识内容在纵向上的衔接、实验器材使用规范的逐步培养、科学方法培养的循序渐进，避免了知识点在不同学段、不同学科中重复教学的现象，把更多的教学时间留给了学生进行动手实验、探索、思考。

表 3-8 "溶解"课教学目标变化案例

学 段	衔接前教学目标	衔接后教学目标
三年级第一学期	1. 初步认识溶解现象; 2. 初步学会判断哪些物质能溶解; 3. 体会溶解现象对于实际生活的重要性	1. 通过观察、比较物质与水混合后的情况,初步认识溶解现象; 2. 通过规范的实验操作,初步学会判断哪些物质能溶解; 3. 拓展一些生活中利用水溶解物质的实例,产生探究溶解现象的兴趣,体会溶解现象对于实际生活的重要性
七年级第一学期	1. 了解溶液的形成过程; 2. 能区别可溶物质和不可溶物质; 3. 了解溶液的组成; 4. 了解影响溶解快慢的因素	1. 通过身边溶液的例子建立溶液的概念,了解溶液的形成过程; 2. 通过观察实验,区别可溶物质和不可溶物质; 3. 通过实验了解溶液的组成,学会分析溶液中的溶剂和溶质; 4. 通过"探究影响溶解速度的因素"进一步体验科学探究的过程,了解影响溶解快慢的因素
九年级第一学期	1. 知道影响物质溶解性的三个因素——溶质的性质、溶剂的性质和温度; 2. 学会采用控制变量法设计实验的科学方法; 3. 养成相互讨论、合作学习、勇于实践的科学精神	1. 知道物质的溶解性;理解影响物质溶解性的因素; 2. 通过探究影响物质溶解性因素的学生活动,初步学会在假设的基础上设计实验,记录实验现象和有关数据,进一步通过分析,得出结论。了解科学探究的一般过程,获得科学方法的体验; 3. 通过硫酸铈的溶解性与温度的实验探究,了解温度对溶解性的影响,体验到实验假设需要科学实验的佐证,解释科学与生活经验之间的差异,初步养成实事求是的科学精神

(3)确立科学类课程实验衔接教学内容。

形成了实验教学的可衔接的三个板块:物理—科学—自然、化学—科学—自然、生物—科学—自然。以分专题的形式来进行九年一贯的实验序列设计,试验内容层层递进、互相衔接,以"物理—科学—自然"板块的"热传递"专题为例。(见表 3-9)

(4)开展科学类课程实验衔接教学实践。

课题组编写了《科学类课程实验衔接教学指导手册》《科学类课程学生实验手册》,使课程实施有明确的教学目标和内容。

《科学类课程实验衔接教学指导手册》以知识点为主体,将五门科学类学科中涉及的共同实验进行梳理,明确其"学习要求""目标达成的途径和方法",以及"实验教学的建议"。研究过程中我们形成了各年段的实验教学设计的衔接案例,以此帮助教师明确衔接知识点的承上启下关系以及教学策略。

表 3-9   "物理-科学-自然"板块的"热传递"专题

板块	专题	实验	年级、课时
物理	热传递	1. 比较不同调羹热传导本领的大小； 2. 不同形状金属棒的传热方向； 3. 水传热的方向； 4. 空气传热的方向； 5. 热在金属棒中的传递； 6. 金属与非金属的导热性； 7. 不同金属的导热性； 8. 水的导热性； 9. 空气的导热性； 10. 空气的对流； 11. 水的对流； 12. 探究不同物质的吸热本领	实验一至四建议三年级第一学期使用，1 课时；实验五至十一建议七年级第一学期使用，2 课时；实验十二建议八年级第二学期使用，1 课时

《学生实验手册》帮助学生回溯已学过的知识，明确知识脉络。手册涉及科学类课程的所有五门学科，供学生实验活动记录使用，记录一至九年级在科学类课程学习中所完成的实验，形成了"强化生活情景，层层递进，分年段实验"的教学策略：小学"自然"阶段创设情境，激发兴趣，注重观察能力的培养；中学"科学"阶段关注观察与操作，注重实验基础能力的培养；中学"理化生"阶段关注分析、归纳和表达，注重实验能力的提升。

（5）形成科学类课程实验衔接教学的多元评价。

① 评价模式多元

采取主观性评价与客观性评价相结合的评价模式，对于课堂实验活动、科学小制作、科学实验展示板等以主观性评价为主，其中包括自评、互评和师评三个方面；对于实验报告、纸笔实验题等以客观性评价为主。对于主观性评价针对不同的年段应采用选用不同的评价量表。

② 评价内容多元

采用等第与评语相结合的方式开展，主要考查学生的实践能力与创新意识等。两种评价方式的相结合是形成性评价和终结性评价相结合的过程，也是教学三维目标的需要，既要考评学生对科学概念与事实的理解，又要评价学生科学探究的方法与能力、情感态度与价值观。在一定程度上让三维的教学目标都具有了可检测性。两种评价方式的相结合更是涵盖了科学素养各方面、基于课程标准的科学评价方式。

2. 开展横向整合研究,构建以实验为特色的课程群

(1) 形成以实验为特色的科学类课程的课程方案。

我们在顶层设计的指导下,构建起了相应拓展型、探究型课程以及活动类课程。在此基础上完成了学校以实验为特色的科学类课程的课程方案。

① 课程目标与结构

研究形成了学校科学类课程的总体课程目标,同时构建起了学校以实验为核心的科学类课程群。(见图 3-3)

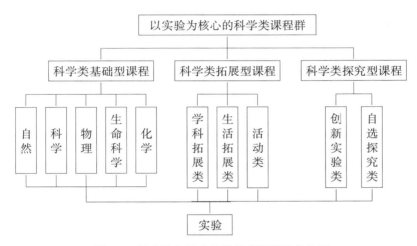

图 3-3 以实验为核心的科学类课程群结构图

② 课程实施策略

强调衔接。通过基础型课程的校本化实施和建设,在课程内容和教学模式等方面加强衔接,通过构建衔接性的拓展型和探究型课程序列,发挥科学类课程的"分合一体"的课程优势,以建设三类课程的横向统整、纵向衔接的课程群。

强调丰富。丰富课程的内容,拓宽培养学生科学知识认知水平和能力的渠道。通过配套的拓展型课程进行知识的拓展,特别是生活中科学知识的学习,激发学生学习科学的兴趣和愿望,掌握更多的科学知识;通过配套的探究型课程,更好地培养学生的科学探索能力、科学精神、科学态度等。

强调实验。以科学实验为主要落脚点,在课程建设和实施中发挥学生的主体作用,强化学生的动手实践能力。因此实验是加强学生动手实践的良好载体,可以为学生提供更多实践的机会。

强调自主。在课程实施中关注学生学习的自主性,激励学生不断发现问题、解决问题,并给予一定的时间与空间。

强调整合。尽可能地整合学校资源、校外资源,为拓展学生的学习空间和时间提供课程保障。做好资源的整合,有利于提升课程质量,为学生提供更广阔的学习空间和学习体验。

③ 课程评价策略

对学生的评价:在基础型科学类课程实验活动中采取多元评价主体(自评、互评、师评);评价的方式与工具也多元化,课堂观察、口头提问、课堂活动学习单、课堂讨论、练习、测验等构成学习中的表现性评价,利用信息化平台建立学生学习成长档案袋,收集学生学习过程中的所有资料,形成综合性评价。

对教师的评价:教师评价主要以课程设计、教学方案、学生的满意程度、学生学习成果展示情况和学习过程指导情况等为依据。

对课程的评价:学校对于课程的开发有专门的审核小组,根据学校《课程管理条例》对课程的目标、内容、实施、评价等方面进行综合考评。淘汰不合格课程,同时反馈评价意见帮助教师进一步完善课程。

(2)开发了一批高质量的拓展型和探究型课程。

围绕课程理念,开发了一批有利于培养学生科学素养的实验课程,且这些课程呈现了这样几个特点,即拓展型和探究型课程间"互补";不同学段、学科间"衔接";学科分布上"均衡"。(见图3-4)

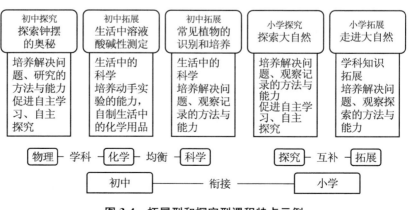

图3-4 拓展型和探究型课程特点示例

3. 整合校内外资源，形成教育合力

（1）整合学校德育活动。

学校设计开发了《学生春秋游基地实践指导手册》，整合校外科学类课程资源和学校德育活动，进行课程时间与空间的拓展。（见表3-10）

表3-10　《学生春秋游基地实践指导手册》设计框架

年　段	实践基地	实践活动任务单
1—2年级	昆虫博物馆、野生动物园、海洋水族馆、辰山植物园、共青森林公园、航海博物馆	根据年级不同，要求及任务难度逐步增加，循序渐进
3—4年级		
5—7年级	增加：上海科技馆、民防教育基地、佘山天文台、东平国家森林公园	
8—9年级		

（2）整合学校科技节。

我们将学校科技节与各学段的教学内容进行整合，根据不同年级学生的特点，分学段设计了丰富多彩的科技活动，激发学生兴趣、增长科学知识、培养科学精神。（见表3-11）

表3-11　学校科技节相关活动设计

主题活动名称	适合的学段	与科学课程的整合点
创意木棒搭结构	三年级	三年级《自然》"力的承受"
"一张纸可以做多长的纸棒？"头脑OM竞赛		
纸飞机定点空投硬币	四年级	四年级《自然》"物体的运动"
"我爱大自然"自然笔记竞赛	五年级	五年级《自然》"生物世界"
环保小制作——利用废旧材料做创意太师椅	六年级	六年级《科学》"垃圾的分类"和《劳动技术》"环保制作"相结合
雾霾天气呼唤清洁能源——太阳能罐的制作	七年级	七年级《科学》"能源"
蝴蝶艺术标本的制作	八年级	八年级《生命科学》"环节动物——昆虫"
多肉植物微景观设计		八年级《生命科学》"植物的类群"

4. 开发配套实验室资源

为给学生直接参与实验提供更好的硬件支撑，我们创建了科学创新实验室。

从功能上主要分成两个区域:汇报展示区和实践创新区。汇报展示区主要功能为进行学生实验成果的汇报、展示及开设讲座。实践创新区分小学区和中学区,小学区强调观察和体验,中学区主要配备了 DIS 设备,为学生实验创造条件。

(二)实践成效

1. 改变教师课程(教学)观念、提升教师课程实施能力

通过本课题的研究推进,课堂在发生改变,教师也在逐渐改变。课堂教学更为精炼紧凑,为学生搭建了一个循序渐进的发展平台,将更多的时间释放出来让学生思考与探究,这对于学生科学素养的培养来说更为有益。

2. 促进学校课程发展、形成学校课程特色

为了更有利于教师开展本课题的研究,我们形成了科学类教师联合教研的机制。我们要求每一位教师都必须熟悉全部科学类学科的教材,任何一门学科的教师在对实验内容进行课堂实践研究时,所有学科教师都必须听课、参与研讨。为了增进学科间的深入了解,我们将初中物理、化学、科学教师安排到小学上自然课,让他们浸润其中,达到对教材的真正理解。经过这样的一个研究实践过程,老师们的教学理念以及对教材的理解、对教学的认识都发生了改变。

3. 丰富学生课程体验、形成基本的科学素养

随着本课题的研究推进,课堂在发生改变,学生也在逐渐改变。课堂教学变得更加丰富多彩,丰富了学生的课程体验;课程衔接度更高,将更多的时间释放出来让学生思考与动手实践,学生逐步形成了基本的科学素养。

四、问题思考与未来展望

我们的研究,源于对学生科学素养培养的教育初心,源于对"分合一体"的中小学科学类课程构架的设计初心。然而,由于学段的分割,要构建"无痕衔接"的科学类课程群,我们所要解决的问题还有许多。如何将课程衔接的路子拓得更宽? 如何形成能满足不同层次学生学习需求的拓展型和探究型课程序列? 如何能让小学与初中的科学类课程教师联系更为紧密,相互交流、共同协作? 这些问题都有待于我们寻找出更好的解决方案。未来,我们将从三个方面进一步进行实践与研究。

(一)深化课程建设与研究

学校将继续深化科学类课程的建设,包括中小学课程衔接的研究,进一步促进

纵向课程的衔接；以及深化拓展型和探究型课程的开发研究，丰富课程序列，为不同学习需求的学生提供适切的课程序列，让我们的课程群结构更完善、更合理。

（二）提升教师的课程领导力

课程群的建设与研究，源于学生，基于教师。只有不断提升教师的课程领导力，才能保障课程的质量，提升学校课程建设的水平。因此，我们要尝试理论培训与实践培训相结合的方式，以项目为载体，以任务为驱动，促进教师在实践中学习，不断提升课程领导力。

（三）探索小初衔接的教研组联动长效机制

要实现中小学课程的"无痕衔接"关键要促进中小学教师的相互了解、相互交流、相互合作。因此我们将努力探索形成中小学教研组联动的长效机制，为进行衔接研究打下坚实的基础。

（上海市黄浦区教育学院附属中山学校）

第四节 小学生核心价值观培育的校本主题课程建设

上海市实验小学（下简称"实小"）始终坚持以"实验"为使命，聚焦国家教育战略，思考"培养什么样的人""为谁培养人"的育人根本；梳理学校一脉相承的德育课程基础，探寻新形势下德育课程的发展之路；开展问卷调查，分析学校德育工作现状，及早发现问题，及时进行引导。作为素质教育实验校，学校已参加了两轮上海市提升中小学（幼儿园）学校课程领导力行动研究项目，于 2015 年 10 月启动"开展小学生核心价值观培育的校本主题课程的建设研究"的课题研究。

一、推进举措

（一）完善小学生核心价值观的德育课程目标构建

1. 明确课程目标的定位

学校从社会归属、行为方式、心理感受三个维度，明晰了小学生核心价值观的八个基本组成元素：爱祖国、守规则、敢开放、讲诚信、负责任、会学习、懂简朴、有快乐。爱祖国是公民的基础情感，守规则是公民的行训底线，"敢开放"是国家的基本策略，也是学校的办学理念，负责任、会学习是学生的重要贡任，讲诚信、懂简朴、有快乐是基本的生活态度,这些都是现阶段小学德育教育的重要内容,也将在人的终身发展过程中起到持续导向的作用。

2. 明晰课程目标的内容

针对小学生核心价值观的八个要素,我们先后提出了课程目标的三级指标。(见表3-2)

表 3-12　上海市实验小学校本德育课程目标

一级 (专题要素)	二级 (核心要义)	三级 (表现指标)
爱祖国	祖国利益 高于一切	培育爱祖国的深厚感情,对家乡、祖国历史与文化了解、认同并热爱;培育爱祖国的自觉行动,维护国家的尊严、国家的统一、国家的利益;培育爱祖国的高尚情怀,能自觉将国家的兴衰与个人的荣辱得失联系在一起
守规则	遵守规则 享受自由	以习惯养成为目标,在家庭、学校、社会环境等具体生活场景中,在同学交往、纪律规范、礼仪规范、教学秩序等方面,关注学生在学习、生活中的具体细节,形成"遵守家庭规则,做个好孩子""遵守学校规则,做个好学生""遵守社会规则,做个好公民"的要求
敢开放	开放你我 精彩世界	体现"开放教育"办学理念,从小植入开放意识。从自信创新与尊重包容起步,善于交流与表达,积极参加活动,主动参与社会实践,开阔视野与胸怀,焕发生活光彩
讲诚信	讲真话做实事 说到做到	了解诚信的基本内容,懂得诚信是做人的基本准则;增强学生法律意识和诚信意识,提高守法、守规的自觉性;牢固树立守信为荣、失信可耻的道德观念,从小立志做讲诚信、讲道德的人
负责任	自己的事情认真做 集体的事情主动做	信心给自己,对自己负责,做一名积极进取的人;关心给他人,对他人负责,做一名团结互助的人;爱心给社会,对社会负责,做一名合格的小公民
会学习	学会学习 创造编织梦想	激发学习兴趣,养成良好的学习习惯,掌握一定的学习方法,形成并具有初步的学习能力,成为勤勉学习者、积极思考者、勇敢创造者、终身学习者,树立推动社会进步的梦想
懂简朴	劳动光荣 节约美好	传承勤劳简朴的传统美德,实践简朴的生活理念;树立节能环保意识,理解社会实现持续发展的基本规律;学习掌握一定的劳动技能,懂得"真正的幸福是自我价值的实现"的道理
有快乐	有爱就有快乐	形成自信乐观的个性,从悦纳自己中感受快乐;由己及人,在学会感恩中体验快乐;友爱互助,乐于奉献,在携手共进中传递快乐

（二）完善基于小学生核心价值观的德育课程实施

1. 融合，规划德育课程的顶层设计

课程是学生成长的"蓝图"。"开放教育，尊重生命"是学校的办学追求，学校完善课程设置，以"做强基础型课程，活化拓展型课程，适度引进探究型课程"为课程设置原则，形成了以开放为特征的学校德育课程的顶层设计。（见图 3-5）

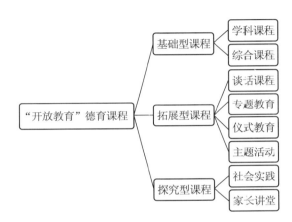

图 3-5　学校德育课程顶层设计图

2. 对标，梳理德育课程的架构

学校加强课程建设，以小学生八大核心价值观为设计原点，全面规划学校的课程架构与课程模块，通过"学科融合、课程整合、综合实践、家校互动"等方式实施，实现价值育人。（见表 3-13）

表 3-13　校本德育课程模块

序号	价值观	主题课程
1	爱祖国	"小龙人，向祖国敬礼"仪式课程
2		"小龙人百年寻访"综合课程
3		"小龙人文化寻根"综合课程
4	守规则	"守规则文明行"谈话课程
5		"好习惯伴成长"综合课程
6	敢开放	"小眼睛看大世界"实践课程
7		"午间嘉年华"家长课程

序号	价值观	主题课程
8	讲诚信	"诚信,人生之金"谈话课程
9	负责任	"在小岗位上闪光"实践课程
10	会学习	"缤纷校园　节日盛会"综合课程
11		"创新小达人"综合课程
12	懂简朴	"小故事大道理"谈话课程
13		"小龙人学理财"综合课程
14	有快乐	"彩虹桥"心理课程

3. 研究,探索主题课程的实施路径

从心理学角度看儿童成长,我们尊重其认知规律;从社会学角度审视儿童成长,我们关注教育的社会价值;从教育的规律反思儿童成长,我们关注教育的公益性。我们厘清了培育小学生核心价值观的德育课程实施路径,即听看先导、思情共生、践行跟进、评鉴留白。

(1)价值引导,听看先导。

价值观教育需要学校强势的正向引导,帮助学生懂得"价值观是什么?""为什么?""具体要求是什么?"等问题,强化的是在"接受"中"识得",生动形象的教育影响会在其成长中产生深远的影响。教师从讲入手,给学生创造更多自己"看"的机会,让学生在生动形象的"听"与"看"中产生心理认同。

学校开设的德育谈话课,抛出两难问题,引导学生思辨;规划升旗仪式,弘扬社会主义核心价值观教育的主旋律;开展少先队组织教育,丰富学生对价值观的形象认知。

(2)情感培育,思情共生。

价值观教育不能只是一味地灌输,需要情感的激发与持续"升温"。把学校原有的"情""意""行"德育环节整合而体现"共生",在螺旋上升的过程中,强调以"情"促"思",以"思"善"行",通过思道理、思行为,实现自我教育、自我完善、自我提高,成为行为能力强、思维品质好、道德素养高的合格小学生。

学校梳理学科主渠道的育人目标,检测学科育人成效的落实;把握教育契机开展跨学科合作,多学科整合倍增育人成效;开展德育主题活动,在活动参与中升华情感。

（3）习惯养成，践行跟进。

任何学习都不是听会的，而是做会的，因此当学生产生"好奇"或者"愿意"的感情时，我们应当趁热打铁，提供相应的体验环节，提供应用的密度，实现践行的跟进，让学生在学做的体验中，自我反思、启蒙养正。

一是统整场馆资源，学校有计划、有目的地组织学生开展社会实践活动，提升实践活动的实效性。二是挖掘家长资源，利用家长职业特长，开展家长课程，通过盘活场馆和家长资源，带领学生走出校园，为学生架起书本与生活、学校与社会联系的桥梁。

（4）记录成长，评鉴留白。

2016 年学校建成了"学生成长平台"，平台以小学生八大核心价值观为基本观察维度，学生的个人网页就是他们个性化的"成长档案"，可以记录梦想心愿、实践体验、点滴进步等成长轨迹。

平台采用积分制的方式，以学生自主评价、自我管理为主，班主任、家委会审核，加上团队评价、家庭评价、社会评价等为辅。学生可以通过自评与互评，寻找闪光点，自我激励；寻找不足之处，自我改进；寻找新目标，自我提升。在成长平台主页上，每个月自动生成各年级的积分冠军，这些校园达人的个人空间自动向全校师生开放，大家可以浏览他们成长的点滴，发现和欣赏，使成长有榜样。

平台与时俱进不断优化升级，目前学校每个学生拥有一张"龙龙成长银行"银行卡，学生们可以随时随地在学校的 ATM 机上查询积分余额，查询到每个积分获得的时间、内容、来源等，还可以拿着龙龙成长银行卡在大队部成长银行里兑换自己心仪的奖品或岗位锻炼等机会，满足更多元的成长需求。

（三）建设基于小学生核心价值观的德育课程特色项目

1. 建设品牌，打造文化"底色"

龙是中华民族的精神图腾，"小龙人"是"实小"少先队员骄傲的自喻。1998年，由队员提出的开展以"龙"为主题的活动提案被学校采纳，自此"小龙人"品牌活动诞生了。20 多年来，"小龙人"品牌活动成了"实小"学子成长的动力源。

学校新百年历史开启之际，我们设计了"小龙人成长"课程，该课程坚持一个核心理念：文化传承；确立两个教育目标：今天我以"实小"为荣，明天"实小"以我为荣；整合三种教育资源：校友讲师团、师生伙伴团、学生演讲团；形成四种课程方式：

听讲座、观校史、访师生、勇闯关;建构五个课程模块:美丽校园、悠扬校歌、杰出校友、百年奋斗、实验辉煌;以期形成六个最终的课程成果:一本手册、一套游戏、一组活动、一次寻访、一个环境、一次剧演。在"互联网+"时代下对传统德育课程进行技术赋能,将教育内容录制成慕课,同步开发《小龙人成长手册》,对慕课学习进行趣味化巩固、过程性评价。

2. 创设课型,增添思辨"亮色"

师生活动谈话是该课的基本课型,成为学校特色的育人模式之一。德育谈话课程目标坚持"四个导向":一是课程设计价值导向,聚焦核心价值观;二是主题确定问题导向,破解教育中发现的现实问题;三是真实情景生活导向,再现生活践行底线与标准;四是知情意行育人导向,实现思情共生、践行跟进。引导学生在多元价值观的激荡中辨明方向,树立正确的价值观。

德育谈话课程形式坚持"聚焦小话题,开放大讨论",师生间充分的交流讨论,谈事实、谈标准、谈做法。谈话不是对学生的统一要求,而是给学生一个思想的天地,通过疑问的呈现、榜样的激励、问题的批判,养成独立思辨的能力,帮助学生形成基本的价值标准,选择正确的处事方式。(见表 3-14)

表 3-14 德育谈话课程主题设计

序号	价值观	科目设计	
1	爱祖国	祖国赞歌	星星火炬照征程
2	守规则	我爱我班	友谊连接你我他
3	敢开放	话说"吃亏"	克服妒忌
4	讲诚信	诚信,人生之金	以诚交友
5	负责任	先锋伴我行 责任伴成长	孝敬可以这么做
6	会学习	开卷有益	课余好时光
7	懂简朴	我有一双勤劳的手	带来与带回
8	有快乐	心手相牵 快乐传递	快乐的生日

3. 盘活资源,丰富课程"智库"

开放性是教育发展的趋势,开放教育要求学校走出自我封闭的围墙,把教育的触角伸到校外更广阔的社会生活中去,实现教育的社会化。我们通过盘活家长资源,创造课程效率的增量,拓宽学生的成长路径,为学校办学的发展增添后劲。

2016 年,学校全面推进"午间嘉年华"家长课程。家长志愿者结合职业特色或自身特长,带领孩子们体验一份职业、学习一项本领、阅读一本好书、聆听美德故事、了解体育赛事、破解科学秘密、开展志愿活动。

在学校课程改革的进程中,家长的角色也在发生变化,他们真正成为教育的"合伙人",课程建设的"编外教师",成为学校开放理念的"传播者"。随着家校合作的深度、广度与力度的不断加大,家校合力共建课程,为儿童健康快乐成长擎起一片更广阔的蓝天。

二、特色经验

(一)课程领导,提升学校德育工作品质

经过课题研究,学校德育课程顶层设计的领导力有所提升,加强了学校德育工作的针对性与实效性。学校先后承办了"启蒙养正　价值引领"上海市德育巡访活动、"小龙人同行中国梦"小龙人德育主题活动 20 周年庆等市级展示活动,得到了市教委德育处、团市委、市儿童研究中心领导与同行的好评。三年间,《上海教育》专题报道学校德育特色工作三次,"核心价值观培育'四步法'""探索更开放的家校共育模式""'小龙人'20 年,寻找最棒的自己"等在市内辐射;《上海课程教学研究》刊登了学校《育人为先的成长导航——基于小学生核心价值观培育的"校园智卡"的开发与应用研究》;学校的小龙人理财课程、小龙人银行接受电视台第一财经频道专访。

(二)课程建设,催生教师专业成长

在课程领导力项目的实施中,德育团队在问题中研究,在行动中研究,在情景中研究,在价值中研究。学校德育团队的课程意识、课程规划、课程开发、课程设计、课程组织、课程评价等方面均有所提升。在学校德育课程的构建过程中,学校教师从被动的等待者向主动的思考者转变,从单向的教育者向双向的互动者转变,从独立的研究者向合作的分享者转变。三年来,学校德育团队中学高级教师增加到三人,市区德育谈话课公开展示五次,三人次获得区少先队活动课一等奖,三人次获得区班主任技能大赛一等奖。

(三)育人评价,助推儿童全面发展

借助现代化信息化技术,学校的"学生成长平台"和"龙龙成长银行"开始运行,通过大数据可以科学完整地统计每个学生的八个"小学生核心价值观"的积分情况,为学生自主发展、自我教育提供了可能。核心价值引领下的德育评价,导向学生核心素养的养成,使传统的评价找到了新的生长点。一是评价维度全面,涵盖政治、道德、习惯、心理、能力等多个领域;二是评价主体多元,教师、学生、家长、管理者皆可参与;三是评价过程开放,学生可以根据数据分析查找自己的不足,确立阶段目标与长远目标;四是评价结果科学,大数据可以帮助学校分析个体、分析群体,研判教育成效。

三、思考展望

面对学校德育现状与问题,我们开始了本课题的研究,未来这项研究还将继续深入开展,我们还将注重三方面的结合,即儿童成长规律与未来社会需要相结合、育人目标与育人途径相结合、学校育人经典经验的传承与创造相结合。

(一)凸显课程的育人功能与价值

学校德育课程建设聚焦国家社会主义核心价值观育人方略,聚焦学校全面育人的办学目标,通过课程目标的建构,明确育人使命,培养具有民族精神、公民道德、国际视野的一代新人。学校德育课程建设坚持育人为本,着眼时代使命,从儿童认知规律、成长规律入手,以基于小学生核心价值观的德育课程目标的研究为突破口,思考并实践课程实施策略,支持、满足学生全面自由发展的需要,体现阶段教育与终身教育的持续,实现当下成长与未来成长的关联。助力今日少年梦,成就伟大中国梦。

(二)推进学校德育课程目标与课程实施形态的建设

学校以小学生八大核心价值观要素为设计原点,全面规划学校德育课程目标、课程内容、课程实施、课程评价等方面,形成"听看先导""思情共生""践行跟进""评鉴留白"等课程实施路径,达成了基础型课程、拓展型课程、探究型课程的统整。学校将来要建设更多的快乐自然又刻骨铭心的课程,培育核心价值观,影响教育学生,支持学生自主发展。学校形态更趋开放,家长、社会也将更主动地参与到课程建设中来,创造课程效率的增量,为学校办学的发展增添后劲。

(三)推进德育谈话课课型与德育评价创新的研究

学校要将德育主题谈话课打造成学校特色的育人课程。探索德育谈话课的课型,通过"童言无忌　畅所欲言",鼓励学生说出所想,使教育亲近学生;通过"情景模拟　谈话建模",帮助学生建立直面真实生活的基本思维模式;通过"价值思辨　判断选择",让学生在具体人与事中,加深对核心价值的理解。以德育主题谈话课,提高学生独立思辨能力。借助现代化信息化技术,学校的"学生成长平台"和"龙龙成长银行"开始运行。未来将通过大数据的收集,统计每个学生的积分情况,科学分析学生个体和班级集体的成长状态图、项目状态比对图,引导学生查找自己的不足,确立阶段目标与长远目标;帮助学校分析个体与群体,研判教育成效。

　　多年来,学校持之以恒地开展小学生核心价值观培育的校本德育课程的建设研究,"立德树人"成为学校的首要使命,"为学生扣好人生第一粒扣子,奠基人生第一块基石"成为学校德育管理的核心,"坚持价值引领,探索课程育人"成为学校课程建设的原动力。课程领导力的持续研究使学校德育工作从"把德育活动全过程还给学生"进入"让学生享受成长全过程"的新阶段,也让"为了儿童幸福"的办学理念有了更鲜活的实践。

（上海市实验小学　徐　进）

第四章

转变育人方式的课程实施

　　学校课程品质提升的关键环节在学校课程的实施，深化学校课程改革的重点之一在于转变育人方式，特别是要以转变课堂教学方式为着力点和突破口。以素养为导向的学校课程变革，很重要的一个方面是要关注如何在课堂上让素养更好地落地。学校要改变学生被动学习的状况，需要积极探索基于情境、问题导向的互动式、启发式、探究式、体验式等教学方式，使学校课程有利于学生实践能力、创新精神和社会责任感的培养。

　　上海市同济黄浦设计创意中学在建立以"ME-WE-YOU-THEY"为线索的课程框架基础上，探索以项目化学习(Project-Based Learning，简称PBL)为主的课程实施方式，努力提升学生的沟通协作以及自主学习等能力，发展学生的批判性思维和创造性思维；上外黄浦外国语小学通过"翼"空间将新一代信息技术和智慧城市带来的教育智慧化实施融入"宽课程"，重构教育教学形态，深化课堂教学改革，形成了旨在充分调动发挥学生主体性的学习方式；上海市黄浦区第一中心小学在部分年级开展"融入学习素养，聚焦学习能力"项目与"'项目化学习'在学科教学中的融入与创新"项目研究，促进学生基础性学力养成；上海市回民小学将整合式推进方式作为学校"民族融乐"课程实施中的重要枢纽，为学校带来了鲜活的、生动的、绚丽多彩的"民族融乐"七彩之路。通过下列几所学校的案例我们可以看到，这些学校都在育人方式的转变上直面现实，破解难题，进行了符合学校实际的探索，并最终促进了学生各方面素养的培育。

第一节 PBL:基于核心素养培育的学习创新

上海市同济黄浦设计创意中学是 2017 年由黄浦区教育局和同济大学联合创办的一所实验性创新特色中学。学校前身可追溯到 1901 年的上海青年会中学,1951 年 12 月 18 日更名为上海市浦光中学。学校坐落在黄浦江与苏州河的交汇处,具有丰厚文化积淀和光荣革命传统。洪深、邹韬奋、沈雁冰、郭沫若、陶行知和冼星海等历史文化名人曾来校任教或讲学,黄炎培、顾毓秀等教育家曾为学校题词。1947 年冬至 1948 年秋,江泽民同志在校任教并开展革命工作;1986 年,江泽民同志亲笔为学校题写"尊师守纪,勤学多思,健美活泼,砺志奋飞"的训勉。

一、实践背景与问题提出

随着新一轮教育改革的深化和教育目标的重新定位,上海市同济黄浦设计创意中学应运而生,成为黄浦区教育创新试点。学校依托同济大学设计创意学院,延续着百年老校始终坚持的以学生发展为本的办学思想,以"有别于传统,着眼于未来"为办学理念,以"培养适应未来社会和经济发展的具有跨学科素养和跨界意识的创新型人才"为目标,探索高中与大学联建的"设计驱动创新"的教育模式,致力于建设基于个性化学习体验和学习经历的指向创新素养培育的课程体系,以创新实践素养带动学生的全面发展。

我校经过两年多的探索和实践,已初步建立了以"ME-WE-YOU-THEY"为线索的课程框架和以项目化学习(Project-Based Learning,简称 PBL)为主要实施方式的创新课程体系。在"ME"和"WE"主题中,学生从认识自我到团队合作,引入了艺术表达、戏剧表演、与同济大学 Fab Lab 合作的 3D 建模与打印等开源软硬件编程技术、创客文化等多元化项目课程资源；在"YOU"和"THEY"主题中，学生从关注社区问题解决到可持续发展视野下的全球问题解决，引入了系统思维、设计思维等思维方式引导和实地考察等研究方法指导，学生在项目驱动下自主地进行问题分析与探究，通过制作作品来完成知识意义建构和核心素养发展。此外，我校与芬兰阿尔托大学、英国拉夫堡大学、美国密歇根大学等国外院校建立联系，学生通过讲座、交流展示、游学等方式进行深度交流，为学生了解全球问题和拓展国际视野提供了支持。丰富而多元的课程资源为学生发现问题，在解决问题中进行创意思考、提升创新素养提供了基础。

在课程实践中我们发现，每一个 PBL 创新课程项目都需要综合考虑学生、教师、课程资源三个因素，协调好大学、社区、企业、场馆（美术馆、博物馆等）等多方资源，进行课程流程规划、组织小组讨论和展示交流等具体设计安排，可说是一个系统工程。即使是校外引入课程仍需本校教师积极参与课程的再设计，使其更加适于我校学生能力水平，符合我校课程理念和育人目标，指向中学生核心素养发展。因此，我校教师在两年中积极参与课程实践，尝试校本 PBL 创新课程探索和外来课程校本化实施。

二、课程探索过程与举措

PBL 创新课程旨在通过创设情境激发学生研究并应对一个真实的、有吸引力的和复杂的问题、课题或挑战，从而掌握相关知识和技能，并综合运用知识和技能觅寻最佳解决方案。通过原型设计、快速建模、艺术表达、情景模拟等多种方式进行创意呈现。在这个过程中学生的沟通协作能力、自我管理能力、自主学习能力、理解他人和社会能力得到提升，批判性思维和创造性思维得到发展。

以下以我校教师自主研发的"梦之桥"项目为例介绍 PBL 创新课程的开发和实践。

"桥"，跨越古今、贯穿东西、连接心灵，兼具科学艺术人文特征，能够将很多学科融合起来。因此项目以基础型课程相关知识为抓手，从文学、艺术、历史、政治、物理、化学等多个维度对"桥"进行解构，引导学生从多元视角审视和思考问题，提高学生发现问题的敏锐度、拓展其思考问题的维度、运用创意设计思维解决问题的能力。我校毗邻苏州河，有外白渡桥、四川路桥、浙江路桥等可供学生实地考察。项目提出后，我们得到了同济大学设计创意学院和同济大学土木工程学院桥梁系的支持,为项目的开展提供了强有力的保障。

(一)课程设计与规划

1. 课程设计原则

课程以"搭建一座梦之桥"为任务驱动,指向学生的实践创新素养。课程设计的原则是"以学生为中心",教师从学生视角出发进行思考:发现问题——学生眼中的桥是怎样的,提出问题——学生希望从哪些方面了解一座桥,深入研究——如何从不同角度深入分析一座桥,学习体验——如何让学生获得尽可能多元的学习经历和更深入的学习体验,展示交流——学生在怎样的展示交流中能得到更大收获和触动。

2. 课程环节与目标设置

课程从"荐桥""析桥""赏桥""造桥"四个环节进行,学生在对桥有了初步感性认识基础上,分别从人文艺术视角(语文、历史、政治、艺术等)和工程技术视角(数学、物理、化学等)进行知识建构,进而学生通过实地参观不同类型的桥梁(拱桥、桁

表 4-1　课程环节与目标设置

环节	作　用	内　容	指导教师(团队)	预期产出
荐桥	项目引入	学生眼中的桥		图文并茂地表达自己感兴趣的桥
析桥	知识构建	人文艺术视角:挖掘桥背后的艺术设计、文化意义、历史故事等	语文、历史、政治、艺术、物理、化学等学科教师	多样化的学科内容展示交流
		工程技术视角:不同类型桥梁的受力分析;桥梁材料的选择和防腐;桥梁的供能等问题		
赏桥	知识构建	实地考察学校周边4座桥	体育教师	城市定向活动考察设计
		参观大学桥梁展	同济大学设计创意学院和同济大学土木工程学院桥梁系	
造桥	知识迁移和运用	有关桥梁设计、建造的讲座和工作坊		桥梁模型
		学生合作进行桥梁设计和建模		

架桥、斜拉索桥等)和欣赏桥梁作品,学习从"形态逻辑(Mapping)—结构分析(Structure Analysis)—模型制作(Mock-up)"的过程,指向学生的人文底蕴、科学精神素养和学会学习素养。学生综合对桥梁的多元认识,搭建具有独特设计理念的桥梁,指向实践创新素养。

3. 学习支架搭建

课程团队教师汇总对课程的设计构思,编制了介绍课程的手册和辅助学生学习课程的手册。课程手册主要包括课程简介、要点、最终产出成果、课程安排四个部分,有助于教师明确课程的总目标、本学科在课程中的位置和作用、理解学科间的关系、课程的总体安排等,便于教师思考如何开展课程的实施。学生手册包括课程简介、参与教师、课程表、各学科任务单、实地考察任务单、工作坊任务单等,帮助学生了解整个项目的进度、各学科的学习支架和任务要求、最终项目的成果等。一个完整的课程必然离不开课程手册的建设,它是教师和学生之间的桥梁,有助于教师及时发现问题、调整组织策略。

(二)课程实施

以 2018 级高一年级为例,"梦之桥"课程实施主要分为以下几个阶段:

1. 项目启动——"桥之旅"任务发布和分享

在项目开始之前,发布 MM(Magic Mirror 魔镜)作业——"桥之旅":学生寻找自己最感兴趣的一座桥(What)、阐述感兴趣的原因(Why)、思考如果搭建一座桥需要具备怎样的学科知识(How)。该任务旨在了解学生会从哪些方面关注和认识一座桥,从学生的关注点中寻找教学的切入点。

2. 项目探究——深入挖掘学科内容

从学生感兴趣的桥中挖掘学科教学内容,学生以兴趣和自愿为原则按照学科进行分组,进行深入探究。教师引导学生明确问题、合理分工,如体育组引导学生设计城市定向策划书、规划地图线路、设置任务和评分,策划并组织了实地考察活动;化学组引导学生设计一个原电池模型解决桥梁供能问题;物理组深入学习了不同桥梁的受力原理,进行优缺点比较,设计实验探究不同桥梁的承重测试;艺术组深入挖掘了港珠澳大桥设计中的中国元素,并将这些元素运用到创意绘画"心桥"作品中;政治组深入挖掘了港珠澳大桥所连接起来的"三地""两制""一国"和粤港澳大湾区规划的经济、政治、哲学、文化意义;历史组从近现代史的大背景下深入了解港珠澳大桥的三个连接点:香港、澳门、珠海的发展和变迁,渗透历史思维意识。

3. 桥梁建模

学生在参观考察之后,在大学专家和中学教师的共同指导下进行模型设计。经过充分的学习准备,他们的创意完全激发出来。结合在学科探索中的所学所思所感,学生经过小组头脑风暴,聆听多方建议,最终形成各小组独特的设计思路。如物理组搭建了体现古代和现代融合的气势恢宏的斜拉索桥,政治组搭建了体现现代技术的桥隧一体大桥,艺术组搭建了融合中国艺术元素"留白"和九曲桥特色的"长虹桥",化学组搭建能够自主供能的"主观'能'动桥",历史组搭建了体现四大古文明的"千载春秋万里桥"。

4. 展示和交流

学生作为主持人和主讲人,将他们的学习成果和模型设计以多样化的方式进行展示和分享,并积极与台下听众进行互动。各小组都自行设计和组织了独特的探究学习成果汇报,有的呈现艺术作品,有的呈现科学报告,有的通过模型展示。政治组和历史组还别出心裁地创设了沉浸试体验——策划一个港珠澳旅行,以同创旅行社里导游的身份带领大家了解大桥背后的故事。教师则作为"协助者",帮助学生进行空间设计和安排,邀请了家长、大学教师等共同参与这一"结课派对",让学生听到更加真实的反馈。

(三)课程反思

我校"梦之桥"项目已实施了两轮,取得了一定的成效。在第二轮课程实施中我们改进了第一轮贪多求全、学生无法深入主题探究的问题,更为合理地规划了课程组织形式,定位了学科教师职能,增加了更多基于学生视角的内容设计,体现了学生的自主性。"荐桥"环节从作业设计到作业分享,学生看到了"自己"眼中的桥与"他人"眼中的桥的异同,引发了极大的共鸣,为"析桥"环节从学生感兴趣的桥中挖掘学科相关内容奠定了基础,而"赏桥"环节的城市定向考察活动由学生自行设计,活动更符合高中学生的认知特点和兴趣所在,学生的参与度和积极性大大增加。在课程中以学科小组形式进行的学习、探究、建模过程能够使学生与教师、学生与学生产生更有深度的交流和碰撞,其思考和创意直接体现在他们的作品中,如艺术组融合中国艺术元素"留白"和九曲桥特色的"长虹桥"、化学组能够自主供能的"主观'能'动桥"、历史组体现四大古文明的"千载春秋万里桥",均呈现出了不同学科背景下不同艺术风格和元素相融合的创意作品。教师在整个课程中作为学生的学习伙伴,更好协助学生明确问题、释疑解惑、指引方向,体会到了项目式学习对教师的教学理念、教学方式产生的影响和对学科教学的促进。

在课程设计和实施中,我们对项目化学习的一些特点有了更深的认识。

(1) 要因势利导,注重课程生成。

由于各组学生观察的角度和提出的问题不尽相同,教学的切入点也不同。以化学学科为例:第一轮是由学生提出的"桥梁如何防腐"问题引出,分析桥梁材料引入合金、吸氧腐蚀、氧化还原基本原理等;第二轮课程由学生提出的"如何为发展落后地区那些天然桥进行供电"问题引出,分析原电池的工作原理与构成条件并尝试建构原电池。可见项目式学习对教师的要求更高,教师需要关注学生的学习过程,敏锐地抓住学生的问题,甚至挖掘出学生潜在的问题,因势利导介入基础型学科内容为项目服务,这样课程才能够在师生的参与下不断生成和发展。不同的学生眼中有不同的世界,不同的教师能发现不同的问题,这就是每一轮课程都在迭代和变化的原因之一。

(2) 要不断挖掘,拓展课程边界。

在"梦之桥"项目中,我校的基础型课程和创新型课程进行了有机的融合。政治、历史、物理、化学等学科教师均采用课堂集中教学和小组自主探究相结合的方式,实现了两类课程的无缝衔接。学生能够学以致用,在尝试解决问题中将学科内容进行联系和重组,运用于桥梁模型设计和建造中。体育学科设计的结合城市定向活动展开的实地考察、同济大学桥梁系的参观和讲座,更是将课程延伸到了校外;大学专家、研究生指导和参与学生的建模工作坊,为学生带来了更丰富和专业的建议,拓展了学生思维。可见,课程的时间、空间、参与课程的人与传统课堂大不相同,学生从各个维度接受知识,在真实的世界中探索和碰撞,从而进行真实的学习。

(3) 要搭建平台,真实展示交流。

两轮课程最后的展示交流环节有很大不同,但都面向真实观众。第一轮课程在桥梁承重测试中,使用易于统计的瓶装水进行测试,并邀请一直参与指导快速建模的同济大学桥梁系研究生进行建模过程反馈和点评。第二轮课程交流和组织均由学生自主完成,教师辅助设计增强真实性,邀请大学嘉宾和家长们进行点评和反馈。可见,成果展示项目式学习中重要的一环,要面向真实的观众,除本校师生外,专家、家长、社会相关人员等多方的参与使学生能够获得真实的意见和反馈,也为项目成果的落地提供了可能的条件。

（4）要突出重点，指向核心素养。

"梦之桥"项目的实践使我们感受到项目化学习是指向核心素养的学习过程，在"荐桥""析桥""赏桥""造桥"四个环节中分别指向了核心素养中的某一个或几个。其中"析桥"作为知识建构是以学科为抓手，提升学生核心素养的重要一环。以化学学科为例，教师设计了如下环节：

表 4-2　环节设置指向核心素养

环节设置	具体内容	素养指向
聚焦问题	如何解决桥梁后备电源问题	
大胆猜想，实验求证	教师为学生提供充足的材料（不同的电极、电解液等），学生在猜想的基础上进行实验	勇于探究
现象分析，追根溯源、归纳总结	引导学生从现象到本质，思考电流产生的原因，从微观角度探析原电池装置；通过符号完成对原电池工作原理的"宏微符"三维表征	理性思维
引申拓展，批判总结	引导学生分析铜锌原电池的不足，拓展延伸锂离子电池工作原理，横向比较两种电池的区别，从而选择更好的方向解决实际的问题	批判质疑

在教师的精心设计下，学生经历"大胆猜想—实验探究—分析推理—归纳总结—比较分析"等一系列过程，提升了学生的科学精神素养。可见项目化学习中任何一个环节都需要教师精心策划探究活动，才能指向学生核心素养的发展。

三、特色经验与实践成效

我校之所以能够在项目化学习中不断探索，有赖于我校的课程创新、空间创新和机制创新保障。

（一）课程创新

我校创新课程整体分为三大课程类型：普适性课程、差异化课程、个性化课程。普适性课程为学生必修课程，学生将在此阶段通过不同的项目制课程的学习和实践，掌握必备的设计基础能力、编程基础能力、表演及创作基本能力。差异化课程在课程设计上更具有实战性，更加突出学生解决生活中实际问题的能力，并通过艺术、工程、可持续设计的主题为项目载体，让学生组成团队进行深入探索和研究。差异化课程的项目时间周期更长，涉及的学科知识更多，鼓励学生在实践中将基础学科知识、综合技能进行跨学科运用，从而培养自身综合能力及素质。"个性化课程"为定制化研究性课题，该类课程以学生的学习兴趣点出发，鼓励学生进行独立自主的课题研究。每位学生都有专属的课题指导教师，教师参与对学生的研究方向引导、研究方法指导、项目的整体流程把控。该类课程有助于学生在高中阶段掌握科学研究方法，培养自主研究能力，给学生在自主学习、拓展学习领域打下良好基础。

"梦之桥"项目隶属于差异化课程中围绕可持续发展进行的"THEY"主题项目，可持续发展这一理念渗透在"析桥""造桥"等环节中，采用创新课程小组自主学习探索和基础型课程面向全体学生落实相关知识内容相结合的方式，较好体现了基础型课程与创新课程的有机融合。此外"THEY"主题下的项目还有围绕"未来销售模式""城市发展与文化传承""垃圾分类"等开展的相关议题，在政治、语文、历史等基础学科教师指导下学生以辩论赛等方式对主体进行深入探讨，提升学生思辨能力和社会责任感。丰富多样的课程形式丰富了学生的学习经历，有效激发了学生的学习兴趣，更有利于学生核心素养的发展。

（二）空间创新

空间创新是创新课程的保障，我校四楼、五楼整个空间进行了重新改造和规划，既有授课、讲座、展示交流用途的大型公共开放空间，亦有支持以项目小组为单位进行学习交流讨论的小型空间。这些空间的高度灵活性为学生与学生、学生与老师、老师与老师之间进行多维度交流提供了保障。

在教师和学生的共同设计下，我校的空间随着学生项目的进行不断变换和丰富，让学生能够随时与其作品进行"对视"从而进行审视、反思、完善。我校教师还别出心裁地设计了 MM（Magic Mirror）墙，随着课程的推进，这个场所发挥了意想不到的效果。通过 MM 墙发布作业，收集学生作品中的想法，从学生角度发现问题、提出问题，进而引入项目。MM 墙不但为入项提供了辅助，在项目进行过程中它承担了收集学生普遍遇到的问题的任务，从而促进更多课程内容的生成。项目结束后，MM 墙还为学生的反思交流提供了平台。创新空间为教师和学生不断赋能，拓展着"教"与"学"的空间，产生超出想象的影响。

（三）机制创新

两年来，我校的 PBL 课程由最初的大学主导过渡到大学与中学联建，走出了一条课程开发、资源共享的大、中学合作之路。"梦之桥"项目是第一个由中学提出和策划的项目，该项目由高中教师主导，大学提供相关支持。从课程开发开始，我们就与大学团队进行紧密合作，及时沟通课程设计与进度安排，提出明确要求。大学也会依据我校课程设计，举荐专家及可能的资源，如设计创意学院和土木工程学院桥梁系共同举办的桥梁设计展等。中学的课程为大学研究生的实践提供了场所，研究生在实践中助推了中学课程，在课程共建中双方互惠互利。由大学专家和研究生团队支持的课程，对我校学生的思维开拓和提升、了解不同领域的研究内容和思路、认识问题的多元化等方面都起到了促进作用，学生在与专家们沟通的过程中表达能力也得到了更好发展。

四、问题思考与未来展望

在"梦之桥"及其他项目的实践中，暴露出我校课程建设方面存在的一些问题。

（一）教师对项目化教学的设计能力有待提高

教师作为课程的开发者和设计者，对项目化学习的理解和认识决定了课程的质量。"梦之桥"项目虽已实践了两轮，但是在项目顶层设计上仍有不足。高中知识内容的专业性导致教师只了解自己学科而缺乏"统整"的眼光，使课程呈现出多学科"拼盘式"特征。学科教师虽能挖掘出与主题相关的学科内容，但是缺乏设计统领学科大概念的眼光，导致过多关注于知识点。教师的课程设计能力有待提高，例如在项目开始之前，如何提炼出课程的核心概念和学科核心概念，并将其转化为本质问题；如何设计好驱动问题；如何在项目开始之后，使各种知识和能力间具有更好的融合度，进而帮助学生形成可迁移的能力目标，等等。

（二）基于核心素养的项目化学习评价机制有待建立

夏雪梅老师在《项目化学习设计：学习素养视角下的项目化学习》一书中提到高质量项目化学习的四个特征是素养目标、驱动性问题、持续探究、全程评估。由此可见，学生围绕驱动型问题进行持续探究，在探究中发展和形成核心素养；教师则需要明确解决驱动问题所需的素养及帮助学生了解自己的素养发展水平。对接核心素养的评价，不但要清楚在项目各个环节主要素养能力的指向，还要能够对每位学生一段时间的素养发展进行评价，可见评价体系的建立对人力、时间的要求巨大。在当前学校实践中，较为可行的是对项目重要环节进行评估，缺点是重在对团队的评估而缺少对个体的评估。

我们将不断反思，通过培训、观摩、阅读等多种学习渠道提升教师对项目化学习的认识，提升其课程设计能力，逐步形成独立的课程开发团队。这是我校发展和教师发展的需要，更是课程建设的需要。我校也将不断探索针对学生个体的过程性评估和成果性评估的路径，形成科学评价机制，促进学生不断成长。

（上海市同济黄浦设计创意中学　张咏梅、瞿　萍）

第二节　"翼"空间：撬动学习方式变革的秘密

上外—黄浦外国语小学（以下简称"黄外小"）是一所有着 50 多年历史的学校。多年来，"黄外小"本着"从这里走向世界"的办学理念，以队伍建设、课程改革为重点，深化外语特色，在课程、课外活动和对外交流等各方面凸显外语特色，是上海市外语类及外语特色校教研联盟学校。在发展外语特色的同时，学校也十分注重学生全面素质的培养，坚持文化立校，营造儿童本真文化，形成了"全面育人，外语见长"的教育特点。

"十三五"期间，学校的发展定位是：从学校特色向特色学校转型，实施国际化人才奠基教育，培养学生具有"中国心，世界眼"的胸怀与眼界，成为健康、自信、好学、明达，知识面宽、视野宽、思路宽的未来一代新人。近年来，学校在课程构建的过程中一直开展"宽教育"的探索与实践，探索"国际化人才奠基教育"理念下"宽课程"的构架与实施。在此过程中，如何多途径实施课程，如何挖掘校园环境的育人功能助力课程实施，是学校一直在思考的问题，也从中摸索出一些在校园建设"翼"空间助力"宽课程"的实施的成功案例。

一、"宽课程"

"宽课程"源于学校在"从这里走向世界"的办学理念下提出的国际化人才奠基教育——"宽教育"。学校的教育要为学生作为一个中国人走向世界打好基础，让视野更宽、与世界更近,一切着眼于儿童幸福未来(Just For You)。我校"宽课程"结构如图 4-1 所示。

"宽课程"的课程目标:培养学生知识面宽、视野宽、思路宽,能在对本民族文化了解、认同、自信的基础上,了解、理解、尊重其他国家、民族、地区的文化,成为中外文化兼容,能走向世界的现代中国人。

"宽课程"的课程内容:在学校整体办学思路指引下,整体设计体现学校特色教育的课程内容,也是整个学校的教育内容。

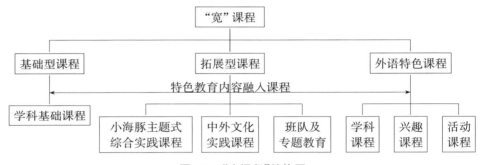

图 4-1 "宽课程"结构图

"宽课程"的课程实施包括三个含义:第一个含义,各类课程的实施分中有合,指学校三类课程中的每一类课程、每一门学科的分类实施以及课程之间、学科之间分中有合地整合实施;第二个含义,指体现学校特色教育的整体课程内容,在所有教育渠道和载体中全面落实;第三个含义,指课程实施资源和空间是"宽"的,即在课程实施中实现课内外、校内外的全方位贯通。

二、"翼"空间

"翼"的语义中有一个含义就是:翅膀。小学阶段的五年正是给学生插上理想"翅膀"的关键时期,师生们喜欢用它命名各项活动、各个创意空间。

"翼"还有一个语义是辅助、助力的意思。在"黄外小"的校园里,"翼"空间就是助力教师创课、助力培养学生创新素养,助力"宽课程"推与实施。

在实施"宽课程"过程中,"翼"越来越多地出现在校园里。闪翼嘉年华、翼起篮球、翼佳课堂、翼起来翼起爱慈善义卖活动……校园里的"翼"空间越来越多。

"翼"空间从狭义上来说，可以是某个教室、某个场所；从广义上来说，它是一个理念下的一种教育氛围，它是有形的，也是无形的。"翼"空间用创意激发创新，让创意植根校园，为学校持续提升办学水平注入源源不断的动力和活力；"翼"空间将新一代信息技术和智慧城市带来的教育智慧化实施融入"宽课程"；"翼"空间助力现代教育理念下的跨界语言、跨界思维、跨界创新等新形式、新方法，重构教育教学形态，深化课堂教学改革，改变原有的单纯接受式的学习方式，建立形成旨在充分调动发挥学生主体性的学习方式。

随着"翼"空间越来越多地助力"宽课程"的构建与实施，渐渐地，"翼"空间从有形慢慢走向无形，在"黄外小"校园正形成一种尊重学生主体、鼓励学生追逐梦想、敢于实践的氛围。

三、"翼"空间凸显学校特色，助力"宽课程"实施

"国际化人才奠基教育"的关键是"宽课程"。"翼"空间则是助力"宽课程"整体建设和创新实践的加速器。

"宽课程"需要宽松宽容、宽而有度的教育氛围；而"翼"空间所倡导的理念就是在校园各类活动以及校园环境中鼓励学生践行"I can I do."（我能，我行，我能行；相信自己能，所以能；你能，我也能）的校训，将宽课堂、宽德育融于一切教育活动中，无处不在地精心孕育，自然无痕。通过创设中外文化背景、主题情境式语言教室助力学校外语学科三类课程的深化；通过培植人机协同的数据智慧、教学智慧与文化智慧，让教师能够施展富有成效的教学方法；通过创建适应学生探究需求的空间让学生能够获得适宜的个性化学习体验，使其由不能变为可能，"翼空间"助力"黄外小"培养"健康、自信、好学、明达"和"三宽"（知识面宽、视野宽、思路宽）的未来一代新人。

（一）"翼"空间助力外语跨界语言教学导入跨文化意识

外语是"黄外小"的办学特点，在外语教学中以英语为重点，尝试双语，探索第二外语——德语。学校以外语学科为内核第一层面，以人际交往中的外语运用为中间第二层面，以中外文化交融为外围第三层面，形成三类课程，努力满足学生多元需求。学校精心设计外语教育特色课程，从英语基础课程、外语拓展课程、外语兴趣课程三个维度进行设计，形成了"一体两翼"外语校本课程架构。外

语特色校本课程跨基础型、拓展型、探究型三类课程,分别为英语学科发展课程、外语兴趣发展课程、中外文化探究课程。(见图 4-2)英语学科发展课程以英语基础型课程为主要学习内容,外语兴趣发展课程是培养学生外语学习兴趣的拓展型板块的课程,中外文化探究课程是帮助了解中外文化、提高文化理解力、拓宽学生视野的探究型课程。

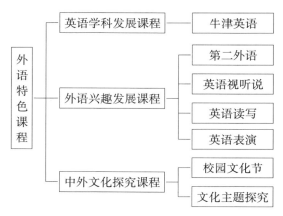

图 4-2　外语特色课程整体结构

　　学校创设有助于外语学习物质环境的"翼空间",为外语跨界语言教学开辟了有效的实践途径。操场上的国旗柱、走廊内的地图桌、防火门上绘制的五大洲图案,使这些空间都成为学生了解世界的重要资源。校内各类的双语标志丰富了学生的词汇量;大屏幕播放的"每日一句"、英语新闻,提高了学生的信息量;彩虹窗播放"色拉英语"、原版动画片,增加了学生的视听量。

　　在"小海豚校区"专设主题鲜明,色彩鲜艳的主题情境式空间里开展低年级英语小班教学的研究。老校区也配备了语音情境教室、语音室、主题情境教室。英语专用教室让孩子们以小班的形式进行课堂英语学习。同时,也为学生的外教口语课、英语绘本阅读、英语戏剧课等拓展课程提供了空间。

　　校园里还有个德语教室,在这个教室里可以日常开设英语小班化教学,开展兴趣发展课程德语学习。外语文化节时,它更是一个有魔法、会变身的体验教室,有时是"德国馆",有时是"西班牙馆",还能变身为"F1 赛车场"。学校与上海德国学校结成友谊学校后,在德语教室开展了中德教师相互听课(英语课和德语课)。(见图 4-3)

图 4-3 "闪翼嘉年华"校园空间布置

除了德语教室,学校还在一年一度的"闪翼嘉年华"活动时,将整个校园变身为看世界、展才华的大舞台,将校园空间打造为"中国馆"和"欧洲馆",让学生尽情地在"上海石库门""维也纳金色大厅"等中欧著名场景中,学习语言,学习礼仪,在身临其境中体验中西文化。

(二)"翼"空间助力科技类拓展型、探究型课程

近年来,学校根据《上海市小学低年级主题式综合活动课程指导纲要》,结合学校育人目标和低年级学生的身心特点,整合利用优质课程资源,研发了本校"小海豚"主题式综合活动课程的主题序列和具体内容。

"小海豚"课程的主题内容与实施注重结合儿童特点,更多关注体验、感悟和实践的过程,初步形成对自我、社会和自然的整体认识,养成良好的生活、学习和交往习惯,提高适应性,其课程目标是:培养学生对周围世界有强烈的好奇心,善于观察和思考;能用感官和简单工具进行观察、测量、调查、实验和记录等方法,探索自己感兴趣的、与日常生活和社会密切相关的现象。

基于课程的需要,在共建单位"708"船舶研究所的专业指导下,在校园连廊内打造了一个属于孩子们的创意空间——"海豚号"科考空间,它以南极考察船"雪龙号"为原型,主要呈现船首甲板和科研仓空间,主要分为航海区、科考一区、科考二区、评价区等区域。(见表 4-3)

表 4-3　"海豚号"科考空间与课程的联结

区域	搭载设备	主要功能
航海区	航海图认知系统屏	根据航海路线,探究海航图相关要素,展示航线设计、定位导航和系泊,除航道外还可以进一步探究海洋水文要素、海底地形、近海陆地地貌、航行障碍物、助航设备以及港口、海峡、岛屿、风向、方位都用适当的图例在图上标示出来
科考区 1	科考船发展认知屏	通过科考船各阶段的模型,让学生了解科考船的发展,所见即所得,学生点击相关模型,会出现相关科考船的介绍
科考区 2	海洋标本学生作品展示屏	根据课程中"航行"的旅程,学生制作相关地域的物种标本,展示在橱窗里,学生通过点击可以了解学生作品的初衷,分享感言
评价区	交互屏	结合探究主题,搭建评价平台,学生通过回答相关问题,上传自主探究的资料,平台以"海豚章"的形式对学生的探究过程做激励性评价

低年级学生是"海豚号"主要使用群体,结合基础型课程和"小海豚"课程教学的需要,"海豚号"有很多可以为学生服务的地方。(见表 4-4)

表 4-4　与基础型学科——自然学科的联结

年级	教材中可以结合的内容
一年级	《地球上的水》:寻找地球上水区域、了解水资源
二年级	《我们生活的地球》:人类认识地球形状
	《地球的表面》:了解陆地与海底区别,比较陆地与海洋的大小
	《船的发展》:人类发明船的历史
	《制作小帆船》:制作与实验小帆船
	《水中的动植物》:认识水海洋中生物

在二年级自然学科的教材中有一整个单元就是研究船,在学习中通过"海豚号"科考船可以拓展学生对船的认识,可以引发学生对神秘海洋的兴趣,主动去了解中国的海航史、世界航海史,了解中科考船从乌克兰进口到完全自主研发,从"雪龙号"到雪龙 2 号、3 号的发展中体会祖国的伟大发展。(见表 4-5)

表 4-5　与小海豚主题式综合活动课程的联结

课程名称	课程目标
动物世界	以学生感兴趣的动物为载体,从常见动物的外形特征、食性、习性等方面入手,开展观察、交流、记录、饲养的活动,提高观察能力,产生热爱动物之情,感受动物的多样性,养成长期探究的习惯; 了解海洋生物。如:鲸、海豚、水母等; 寻找生活中常见的海洋生物,画一画,说说它们的生活习性,说说它们生活在哪里;欣赏、阅读绘本,观看海洋动物百科视频,完成海洋动物信息表,介绍动物,跟唱儿歌,讲述故事,手工活动,回答问题,小组合作,完成 story wheel 手工活动,完成树叶动物手工拼贴
超级变变变	以环境保护为载体,引导儿童关注身边生活、学校、自然环境,开展观察、记录、调查、制作、实验等活动,感受保护环境的意义,树立保护环境、节约资源的意识。学着利用生活中的日常材料探索大自然的奥秘。合作完成"彩虹""火山喷发""自动充气的气球""会变色的花""无字天书"等小实验,观察记录实验现象,了解实验原理,感受动手操作的乐趣
神奇的世界	以地球为载体,从学生旅途所见的特殊地貌,水陆分布情况,不同的岩石、空气等方面入手,开展交流见闻、体验地球仪、观察对比岩石、制作降落伞等活动,初步了解地球物质的特点与性质,初步了解它们对人类及其他生命的意义。引导学生树立保护地球的意识

通过"海豚号"的打造,学生在模拟环球航行的过程中获得真实的体验,充分了解中外航海史。小朋友们可以到"海豚号"里面小组合作进行探究,设计不同的航线进行探索,可以用科研仓内网络搜索资料,可以和机器交互学习科考船的相关知识,并作自主探究。信息技术与课堂教学的深度融合是未来教学的发展趋势,新技术为培养学生自主探究和学习提供了较大的便利和支撑。这些探究活动场所都比常规的教室更能激发学生的想象力和创造力。

（三）"翼"空间助力校本文化主题式综合活动课程

2013 年我校"自然探索基地"被评选为上海市创新实验室项目,建有"微菜园""生态鱼塘"等探究场地。2014 年开始了"Sun Box——智能生态屋"项目的设计与建工,还在原有两间自然教室的基础上,增添了一间有先进设备的智能实验室。2019 年,又在小海豚校区建设了搭载透明和 Z—spaceVR/AR 一体机的自然教室。这些都是助力探究课程的"翼"空间。

"智能生态屋"匹配的设备、设计适宜学生开展探究活动,设计理念与灵感来源于"海绵城市",即城市能够像海绵一样,下雨时吸水、蓄水、渗水、净水,需要时将蓄存的水"释放"并加以利用。而"智能生态屋"中的雨水收集循环系统就像一座浓缩的"海绵城市",其中还有太阳能供电、水雾降温、湿地水渠等多项技术,为学生精心打造了一座"城市中的绿洲"。它的用途不是单一只停留在观赏用的"玻璃房"层面,它还是一间学生们的"未来实验室",让学生不但能看到、摸到,还能在其中充分地体验,自由地探究。

结合学生探究需求与活动兴趣,教师将生态校本课程总目标设定为:

1. 通过观察与记录生物生长情况,了解常见生物的结构与特点,提高细致观察与规范记录的能力。

2. 通过种植与饲养活动,初步了解动植物与其他种类生物的生长习性与条件,提高动手操作与实验探究能力,在体验种养的过程中培养责任意识。

3. 通过"主题探究"与实践活动,培养乐于探究、勇于尝试的科学精神,训练分析思维能力,形成生态环保理念。

搭建课程框架时,教师考虑了学生兴趣、知识覆盖、探究重点等方面。生态校本课程总课程框架如下:

表4-6　生态校本课程总课程框架

课程主题	活动内容	课时	仪器设备
1. 达尔文好奇柜	1. 学生交流与阅读资料,了解植物运动的原理和特点,设计观察方案; 2. 学生操作练习,学习"生态屋"一些实验设备的操作方法; 3. 学生组装并利用达尔文好奇柜观察植物生长; 4. 学生分析数据与分享交流感受,小组合作完成小报告	4	生态屋"智能柜"、达尔文好奇柜拼装材料
2. 萌兔饲养员	1. 在老师的指导下与垂耳兔正确、安全地互动,近距离观察垂耳兔的外形特征和进食运动方式; 2. 阅读垂耳兔习性、食性的资料,知道喂食的时间、频率和方法; 3. 制定饲养员工作的时间和批次,在老师指导下完成喂食、清理笼舍、记录垂耳兔生活情况; 4. 针对垂耳兔出现的变化进行讨论,反思饲养的方法并改进	3	动物饲养生态箱、监控摄像头
3. 迷你"菌"队	1. 学生阅读资料,知道常见食用菌的生长条件、地理分布和食疗价值; 2. 学生学习使用育苗房、菌种种植架,在教师指导下尝试设计试验,制定实验步骤; 3. 学生按时喷水,如实记录; 4. 学生在引导下汇总不同食用菌的生长情况,分析环境条件与生长情况的关系	3	育苗房、菌种种植架、湿度传感器、温度传感器

续表

课程主题	活动内容	课时	仪器设备
4. 太阳能加强器	1. 学生观察生态屋外观、了解生态屋太阳能板使月情况; 2. 学生商讨制定探究计划,通过对比实验发现不同镜增加光强效果不同; 3. 学生挑选合适材料,优化设计方案,利用模拟"生态屋",开展制作太阳能加强器及效果实验; 4. 学生分享活动收获,为学校"生态屋"提出设计建议,完成探究报告	4	"生态屋"太阳能设备、光度传感器等
5. 孵化的奥秘	1. 查找资料,了解新生命的诞生以及不同动物繁殖和哺育的特点; 2. 小组制定孵化初期方案,聚焦探究的主题;准备活动所需材料; 3. 教师指导学生"生态屋"智能设备的使用;学生熟练设备操作并开展探究; 4. 利用智能设备开展孵化活动;定时观察、记录、收集鸡蛋孵化情况; 5. 了解饲养雏鸡方法;小组分时照看,尝试喂养;收集雏鸡生长情况; 6. 汇总、分析信息数据;整理活动素材,完成探究报告	4	鸡蛋孵化设备、24 小时摄录技术、链接云平台、平板电脑 PAD 等

自然学科率先利用"智能生态屋"开展生态校本课程。每周半日活动时,老师带领学生根据探究主题,小组认领智能柜。在课程开展时段内,组内学生要负责内部实验以及饲养工作的正常运行。此外,学生还能按兴趣与擅长,"包管"多功能观察柜与种植探究架,对自选主题进行探究。在"生态屋"创新实验室,通过录像回放、快放、放大等功能,了解实验与饲养活动开展的情况。并且,借助"云平台"连通智能柜,学生还能进行远程操控。对于当今"信息技术与课堂深度融合"的需求,其研究与实践成果具有较强的实践意义。该案例历年来多次获得各类奖项,2018 年被教育部"一师一优课"活动评为"优课",指导学生荣获上海市第八届小学自然学科长周期探究二等奖。

（四）"翼"空间助力安全教育主题式活动课程

育人目的需要通过课程实现,在安全教育课程建设中,学校为学生量身打造了安全教育"翼"空间——"小蜻蜓消防安全体验中心"。此空间进行的消防安全教育课程,旨在培养学生消防安全知识的基本素养,了解消防常识探究生命的可贵、生活的意义以及自我保护知识等。

消防安全课程的核心教学内容与学生现实生活息息相关,所以需要从书本知识扩展到学生整个生活空间,依托"翼"空间为学生创设了真实的活动场景,丰富了教学资源,让学生在真实空间中探索、学习,使消防安全课程从空洞说教走向学生的体验感悟,从而提升学生核心素养,切实课程育人。(见表 4-7)

表 4-7 "翼"空间体验方式及功能

空间名称	体验方式	功　　能
模拟报警体验区	交互软件体验	模拟报警系统采用语音识别技术真实模拟报警现场过程,使学生学会如何拨打报警电话。经过这样的训练,学生面对真实火灾时能在镇定状态下准确、清晰地向接警中心说明情况,为出警提供必要的信息
模拟灭火体验区	交互软件体验	模拟真实灭火场景系统,对于火灾与灭火器的类型、灭火器的用量与使用时间、起火点的判定等数据进行了完全仿真化处理,与现实中的情况基本一致,目的是提高学生遇到实际火灾时的灭火技能
VR 模拟逃生体验区	VR 虚拟现实体验	利用 VR 虚拟现实技术制作三维仿真家庭环境,并模拟灾难发生及模拟逃生路线和应该采取哪些逃生措施。学生可以利用 VR 眼镜体现更加真实的灾难场景。学生通过 VR 虚拟现实逃生的体验,学会拨打求救电话、器械使用、道路安全行走以及自救措施
消防设施体验区	直观科普体验	主要陈列一些消防器材,让学生能够清晰直观地认识一些消防器材,并了解这些器材的功能及使用范围,每个消防器材都有名称标示及使用讲解说明。
火患排查游戏区	虚拟仿真软件体验	设有六种常见火灾隐患排查,将现实中存在的火灾安全隐患罗列并体现在虚拟场景中,通过拖曳场景视角并点击,查找出火灾隐患。让能够明确地认识到我们日常生活中的一些不安全的设施隐患,使能够加深记忆,在之后的日常生活中应注意哪些防火安全细节。

"小蜻蜓消防安全体验中心"采用声、光、电三位一体的现代化多媒体技术以达到在寓教于乐中普及消防知识的目的。身临其境的体验和互动,在欣赏、娱乐的同时达到事半功倍的教育效果。学生们通过动脑思考、动手操作了解安全知识。软件的触发需要准确的操作,培养学生在危急时刻的求救能力。还原了居家生活场景与模拟真实逃生的烟雾报警系统,科技与安全教育的结合,恰好弥补了传统教育的缺陷。学生亲身体验后才能真正拥有应对危险的能力。在安全教育"翼"空间,"黄外小"学生感受的是"活"起来的消防演练。

四、"翼"空间助力以校为本的课程实施带来的思考

在近几年的探索、实践中,学校不断借助"翼"空间的建设为三类课程的实施插上翅膀。学校利用原有空间进行设计、改建,积极在区创意空间项目中立项,不断为学校的课程实施建设"翼"空间。但是,"翼"空间花费大量人力物力财力,仅仅是辅助学校课程的实施,成为课程的"背景"吗?"翼"空间还能助力学校那些领域的发展呢?目前,我们思考了以下几个问题:

(一)"翼"空间如何更有效地助力教师创课

利用"翼"空间来助力教师创课是下阶段学校积极探索的课题。通过提升空间软、硬件水平,提供尖端、高配置的平台,助力教师开发课程,提升教师开发课程能力,组织教师共同参与"翼"空间的设计与建设,提升教师对多方资源进行调查、收集、利用、整合的能力,提升教师优化资源融入教学的能力,提升研究教学能力,将是"翼"空间给教师专业发展的新平台。

(二)"翼"空间如何助力培养学生创新素养

保护儿童热爱生命、探索自然的天性,并获得解决问题的科学知识和创新能力,是培养学生创新素养的目标。学校根据国内外权威儿童 STEM 教育标准,开设 STEM 创客课程。学生通过了解土壤退化的现实问题、植物运动和动物运动的原理和特点及制作具有捕蜂功能的花朵捕蜂器等,激发学生完成有关 STEM 教育标准要求的科学能力训练,并按照仿生工程思维方法破解难题。

在"翼"空间,真正的主体是学生。如何引导学生在空间里形成乐于探究的精神,形成不断尝试的勇气,形成不轻言放弃的毅力,是我们一直在思考和探索的问题。下阶段,将加强"翼"空间评价体系的建设,研究如何运用阶段性评价与激励、成果分享等环节来培养学生创新能力并促进学生形成持之以恒的坚持精神。

学校"宽课程"的不断完善,需要"翼"空间这一助推器。目前,"翼"空间不仅仅是一个个特色鲜明、功能显著的教学空间,它正成为一种无形的氛围,为老师和学生插上"翅膀",鼓励教师创设孩子喜欢的课程,提升教师梳理硬件资源,开发其教育教学功能的能力,更让学生在"翼"空间做自己喜欢的实验、探究想要了解的事务,提升孩子获取信息、解决问题的能力。

(上外黄浦外国语小学)

第三节　课堂变革：聚焦学习素养培育的课程实施

上海市黄浦区第一中心小学是一所具有近 110 年历史的老校，是上海市整体改革实验学校，上海市教育学会小学语文教学研究专业委员会、小学数学教学专业委员会实验基地。进入新世纪以来，学校围绕学生成长需要，积极探索课程改革和课堂教学变革。

一、课程背景

（一）学校课程发展基础

学校坚持"以人为本，追求人的发展，用真情和智慧打造师生共有的文化空间和精神家园"的办学理念，形成了"创新、自主、和谐"的校风、"开拓、自立、和洽"的教风和"进取、自勤、和悦"的学风。学校始终坚持聚焦课堂，致力于学科教学的研究，积极探索实践，不断丰富和完善拓展型课程和探究型课程的设计、实施、评价和再完善，形成了良好的课程发展基础。

（二）课程理念和目标

学校的课程目标基于学校的课程理念，并与总体的办学目标形成一致性和契合度。因而，在学校"以人为本，促进人的发展，用真情和智慧打造师生共有的文化

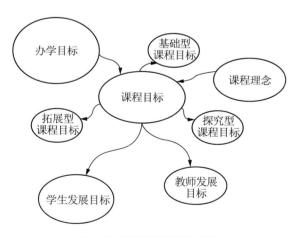

图 4-4　课程目标群示意图

空间和精神家园"的办学目标总领下,基于课程理念"全面成长与个性发展并重,实践能力与创新素养并举,为学生提供精致、优质的课程服务",将学校的课程目标定为:课程让学生实现和谐发展、自主发展、创新发展。

（三）现实处境与应对

"为了每位学生的发展"是我国基础教育课程改革的核心理念,也是未来课程改革的基本趋势。如何实现育人方式的转变,进而落实学校的课程目标?

在基础型课程中,就目前学生的学习来看,学习内容、方式、时空都是单一的,学生在学习中缺乏自主学习的权利、动机和兴趣,也缺乏自主学习的时间和空间。从教师的发展来看,绝大部分教师目前处于用经验的、习惯的甚至是保守的教育行为来进行教育工作。在教师工作负担过重和人的价值取向多元化的今天,转变教师的教育观念,改变教师的教学行为,也是我们亟待思考并实践的。

而从现存的两类课程的建设来看,尚未形成一个完整的课程体系,而只是由点上的一个个小课程串联而成,所以学生学到的只是零散的、碎片化的知识,无法形成自我的知识系统。另外,在现有的课程中,有一部分课程由于在开发时既没有顾及学生真正的学习需求,也没有考虑结合学校、地区以及社会的需求,导致这些课程活力尽失。

图 4-5 "同心圆"课程架构示意图

通过以上对三类课程的分析,学校决定进行前瞻性的课程改革:聚焦课堂变革,转变育人模式。在做了大量的调查研究和对现有资源的盘整后,自下而上地对学校原有的课程框架进行重新架构,让三大课程板块齐头并进,相互补充,充分满足学生学习的个性需求,共同服务于学生的全面健康成长。(见图4-5)

以全学段开展"基于课程标准的教学与评价"研究为教研抓手,以部分年级"融入学习素养,聚焦学习能力"项目与"'项目化学习'在学科教学中的融入与创新"项目研究为科研抓手,整体推进基础型课程建设,在形成良好的学习素养过程中促进发展。

以"睛彩之窗"拓展型课程为主要抓手,利用周五快乐活动时间,通过选课走班制等形式,为面上所有学生提供拓展学习的资源、条件和机会。同时,利用课余包括早晨、午间和放学后330的时间,通过社团活动、兴趣小组活动形式,为部分有兴趣、爱好、特长的学生提供拓展学习的资源、条件和机会,在拓宽学习视野的过程中促进学生发展。

以"睛彩之旅"探究型课程为主要抓手,利用市教委课程计划中规定的集中课时以及寒暑假,通过成长仪式教育课程和生命教育课程、社会实践课程,以年级、班级为单位开展学习和实践,在丰富学习经历的过程中促进学生发展。

二、课程实施

(一)指向素养培育的基础型课程变革

以国家课程为载体,在以全学段开展"基于课程标准的教学与评价"研究的基础上,在部分年级开展"融入学习素养,聚焦学习能力"项目与"'项目化学习'在学科教学中的融入与创新"项目研究,整体推进基础型课程建设,促进学生基础性学力养成,奠基学生的终身和谐发展。

1. "融入学习素养,聚焦学习能力"项目研究

通过近几年的"以学习为中心"的课堂变革研究,在课堂教学的设计和实施过程中,总结了以下一些培育学生的学习素养的策略。

(1)设计规则,使学习约定促进课堂交互。

以语文、数学为主要研究学科,在课堂实践中,基于课堂组织文化、学科学习要求、具体学习步骤等不同的维度,形成师生共同的"课堂约定",立体地构建起了师生共同尊崇的、全新的课堂文化,并以之作为"三大要素"中最基础的要素,来支撑

情境的创设和工具的使用。

① 教师的教学设计规则

以追求"内在稳定、协同有序、学习真正在发生的课堂"为目标,教师们基于实践总结出了以下规则,如:

从学习较困难的学生启动教学,关注学生是否真正发生学习;

课堂低控,气氛柔软,教师退为"隐形"的学习设计者;

裁剪学习素材,减少流程环节,把每一环节内学习与互动的容量做大;

鼓励学生提出问题,巧妙设计情境任务,依据学生年段特点,多作可视化呈现。

……

② 师生课堂文化约定

第一类:通用类规则,包括倾听、分享、有序、互助等,从一年级起,就可以在各学科课堂中不断强化,并将之逐步培育成课堂文化。如:认真倾听老师和同学的发言与讲解,目光专注,思维与情感积极与表达者产生联结。积极融入小组合作学习,小组合作中分工明确,各司其职,全班有共同的时间约定。

第二类:学科类规则,即不同学科根据各自的学科特性和学习需求制定的学科学习规则。如数学学科中组织交流的规则:遵循"明确要求,独立思考,同桌互议,组内交流,全班分享,互评互补"的流程。海报撰写的规则:有组织者,有具体分工,关注弱势同学,讨论充分后再落笔,注重表达的逻辑,全班分享时不忘提及有特别贡献的同学。

第三类:程序类规则,也就是在具体开展某项活动或完成其项任务时的步骤和流程,以自然学科为例:

活动安排的规则:有序开展、难度递进、设计合理。

工具使用的规则:安全放置、规范使用、及时收纳。

数据记录的规则:及时记录、如实记录、正确分析。

实验操作的规则:安全有序、操作规范、分工合作。

（2）设计情境,把探知过程还给学生。

教师们尝试通过单元整体设计、教材内容重组、课程目标对应等策略,将课程标准的落实附加在一个个具有挑战性的情境任务中。在实践过程中,遵循以下一些基本原则。

① 挑战性原则

情境中的任务不能割裂于生活,教师要在真实生活中寻找情境素材,与所要学的知识点对接。不仅如此,任务设计上若具有一定的复杂性和挑战性,更有利于学生激发群智,将"真正的学习"带到学习情境中。

例如,在数学三年级第一学期的《除法的应用》一课中,教师基于这节课的知识点"根据实际情况解决除法算式中的余数",结合学生的知识经验和认知水平,适当考虑了任务的复杂性,构成了本节课具有挑战性的任务:选择合理的游船和住宿方案,运用"有余数的除法"这一知识点,通过比对、删选和优化解决了生活中的实际问题。

② 分层性原则

设计情境任务时,为了使学生更高质量地完成任务,对各个层次的学生的任务达标进行分层设计。

例如,在道德与法治《拓展板块:黄河、长江古遗址》一课中,教师发现这些内容与之前的教学内容有许多相关性,于是设计了以下的情境任务。(见图4-6)目前我们已学习过7000年前的河姆渡文化、6000年前的崧泽文化、4700年前的良渚文化,以及三四千年前的三星堆文化。请继续探究黄河、长江流域的古遗址,选择一至两个内容,用你喜欢的形式向同学作专题介绍。

图4-6　品德与社会学科分层性情境任务设计举例

从学生完成情况来看,大致可以分为三类:第一类是能对已知的信息再探,也就是在重温学过的四个遗址文化的基础上再作深探,用文字和图片的形式呈现丰富的细节;第二类是能对未知的信息进行初探,出现了对半坡遗址、老官台遗址、半山遗址、裴李岗遗址、田螺山遗址、石家河遗址、大溪遗址、贾湖遗址等未接触过的文化遗址的探究;第三类是能对查找到的信息进行归类统整,差异比对。

③ 整合性原则

在情境任务的设计中还要考虑其整合性。其中涉及同一单元目标下同质学习内容课时的整合、跨学科的整合以及学习内容与校园活动的整合等。在课时相对有限的现状下，对某些学科作单元统整设计，有利于同步提高教与学的效能。

例如，在语文三年级第一学期第四单元中，基于单元目标，教师通过创设"与名人同行"这一情境，利用单元学习单，引导学生掌握正确的预习方法。借助学习单中的表格，请学生在阅读中关注人物的简介、具体事例以及精神品质，从而巧妙地将这些同一单元目标下同质的学习内容进行了统整，落实单元目标。同时将原先"一文两课时"调整为"两周一单元"，如此切割，在提升阅读成效的同时，强化了学生的自主学习能力。

④　递进性原则

在设计任务时，更要密切关注任务间的前后联系和层层递进，有利于学生更好地建立与真实世界的联结，促进学习的迁移。

例如，在数学五年级第二学期"可能性"这一单元中，教材中安排了丰富多彩的动手活动，教师先对这些活动进行梳理，汇总成一目了然的总框图（见图4-7），然后对应进行游戏化设计。学生在游戏中尝试角色、探索材料、理解规则，并通过概率知识进行预测、观察和探索，从而在真实生活和抽象概念之间建立联系，增强对概率知识的运用。

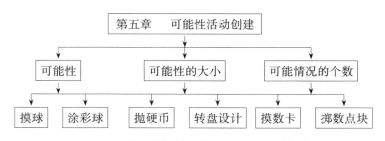

图4-7　数学学科递进性情境任务设计举例

（3）设计工具，让思维支架伴随深度学习。

在课堂实践研究中，教师对学习工具又做了进一步的细化和分类，并在各学科中进行个性化的设计与使用。

在以学习为中心的课堂中，学习工具的设计从功能角度来分，主要分为两类：一类是支持学习者学习，并提供他们学习策略的普通类基本工具，一类是促进学习者学科思维外显化的学科类专用工具。从学习方式来分,主要分为两类:一类是支持个体学习的思维工具,一类是支持小组合作的思维工具。(见表4-8)

表4-8　学习工具设计分类举例

分类	普通类 基本工具	学科类 专用工具	支持个体学习的思维工具	支持小组合作的思维工具
举例	1. 标贴纸 2. 彩色笔	地图	黄浦区著名景点实用信息整理表	"黄浦一日游"合作设计记录单
作用	1. 辅助完成基本学习任务 2. 辅助完成特定学习任务		1. 个体学习时辅助思考和信息提取 2. 合作学习时作为提供给大家的可拼接、可裁选的素材	1. 提供一定的思维开放度,又防止思维无限扩散 2. 学习成果路径清晰可见,学生可一目了然 3. 方便记录者简要书写,方便发布者扩展表达
功能			个体学习支架	小组共同学习支架
特点	普遍通用性	学科专业性	1. 前置性 2. 建构性	1. 开放性 2. 可视化
说明	无需设计		需要根据学习内容进行适切的设计	

在教师设计工具的时候,一般按照以下的步骤进行。首先,提炼学科中的关键概念和能力;其次,了解在这个学科概念(能力)上学生的已知经验;最后,将学科知识转化为不同类型的情境任务,在完成任务的过程中设计各种思维可视化工具。学习工具设计与使用的策略如下:提供学生与情境和学科知识有关的、能产生矛盾冲突的工具;提供学生思维可视化的微视频,使抽象的知识变得直观生动;利用表格,让思维过程外显;利用各类思维导图,建构知识网络等。

而对于学习工具的选择、设计和使用,也有很多共通之处:必须是基于学习任务和情境的实际需求,能促进学生的独立思考和合作学习,作为支架最终改善学生的学习心智模式。

(4)改造环境,助力学生素养培育。

改变传统的教室座椅摆放,根据学科特点、学生特质、学习内容等要素,进行课堂物理环境的再设计,助力学生在各种学习环节中,获得最佳的空间体验。

同时,注重提倡班级文化建设,除了传统的德育、行规等教育,增设基于学科学习的作业分享、海报展示等软环境;从学校层面,还逐年打造各类课程新空间,以硬环境助力学习时空的不断优化,进一步推动学习文化和学习形态的创新发展。

2. 单学科和跨学科项目化学习研究

学校在开展"以学习为中心"的课堂变革行动研究到了一定的阶段后,尝试将项目化学习的方式融入教学设计以及学校课程设计的实践中。希望通过项目化学习,学生能将好的学习策略和习惯逐步内化为一种学习心智,进一步深化"以学习为中心"的课堂教学变革。

学校组建了项目化学习研究团队,开展单学科和跨学科项目化研究。目前,在以项目化学习促进学生问题解决能力的提升这个研究点上,在初步形成的解决问题全过程的路径模板基础上,形成了三条实践策略。(见图 4-8)

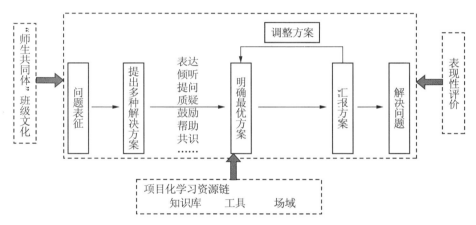

图 4-8 "提升问题解决能力"的策略举例

(1)"师生共同体"的班级文化创建,引领学生建立并保持共同理解,采取恰当的行动解决问题,建立并维持团队形式规则,开展有效协作学习。

(2)"项目化学习资源链"的培育和建构,助力学生形成高质量的探究,"资源链"包括知识、工具、场域(班级内、学校、社区等)。

(3)以"表现性评价"的设计为学习先导,不断校正学习过程,使学生始终聚焦核心任务,减少对驱动性任务理解和解决中的"轨道"偏离。

(二)指向素养培育的两类课程变革

在学校"晴彩之窗"拓展型课程中,一种是普及型课程,为面上所有学生提供拓展学习的资源、条件和机会,即利用每周五下午市教委规定的"快乐活动日"时间，一、二年级开展主题式综合活动、四、五年级以走班制的方式进行传统的"六大板块自主选"活动，而三年级则尝试开展了指向素养培育的"1＋N"项目化学习活动。

1. 三年级"1＋N"项目化学习活动

学校教师与同济"未来创造家"团队共同开发了"未来创造家系列课程"。该课程旨在将设计学研究范式嵌入到学生的日常学科学习中。一方面，通过学习设计学中建构化研究的方法，培养教师建立学科知识点关联网络的能力，以便设计出问题解决的高阶策略，解决学科知识点线性教学与真实问题非线性存在的矛盾；另一方面，学生通过运用设计学的相关知识，对"真实生活中的复杂问题"进行结构化梳理，打通知识系统性与问题情境性之间的壁垒。两个团队的教师每周联合教研，共同对课程进行设计，在整个三年级实施，并在每学期以各种形式对阶段性学习成果进行展示。我们在实践中发现，在设计项目化学习活动的过程中，如何设计有效的驱动性问题尤为重要，我们在实践中关注以下几点：

（1）将具体内容问题提升为更本质的问题。

一个适合的驱动性问题要去除其中具体的细节部分，成为更上位和指向本质概念的问题。

《动线》一课的目标是通过动线的学习与策略的制定，让学生了解到生活中的规则和看不见的系统都是深思熟虑后的设计策略，培养学生的预判能力。本课的驱动性问题是"制定怎样的策略，可以最快速最准确地发完作业本呢?"，学生通过个体思考、小组讨论形成了过程性成果。

（2）将本质问题和学生经验建立联系。

对于难理解的、抽象的概念，要结合学生的特点和经验进行转化，成为学生感兴趣的情境。如"如何在学校开一家便利店?"课程主题来自学生。以"尺度的感性认识""商品的属性探究"和"方案的原型制作"三个单元为基础展开，通过从学生熟悉的事物牛奶盒入手展开探究，学生在整个项目学习过程中始终充满兴趣和好奇。为了降低问题的难度，我们将问题进行了结构化，并将最终的复杂问题进行了限定，变"开一家便利店"为"制作牛奶贩卖机"，降低了复杂程度。

（3）运用"冲突、论争"的问题。

争论性问题并没有固定的答案，可以激发学习积极性；在学生讨论过程中，可考查学生论证的充分性；通过讨论和争议，最终将思维"桥接"到具有更大深度和可迁移的概念上。

当"制作牛奶贩卖机"课程进行到第六课时，围绕着"未来，收银员会不会被机器所替代?"这个主题，以辩论的形式开展了全年级的第一阶段成果综合发布会。以正式的辩论比赛作为抽象的学习空间，其间"冲突、论争"的问题极大地调动了学生的学习兴趣，激发了学习积极性，增强了自信。

"睛彩之窗"拓展型课程中的另一种是提高型课程，包括社团活动、兴趣小组活动等，为部分有兴趣、爱好、特长的学生提供拓展学习，并组织学生参加各类竞赛。社团建设主抓"四团、四队、一社"，竞赛类兴趣小组共十余个，主要安排在放学之后。除此之外，近年来，学校还结合两类课程的特点，在素养的视角下，以项目为载体，进行了拓展和探究的研究。

2. 集中性 PBL 活动

上学期，开展了学校首届 PBL 周活动，旨在进一步推动老师了解 PBL、跳出传统的教学思维重新审视学生的学习。在三至五年级集中安排课时，利用三个下午的时间，开展分年级活动，统整各年级各学科教师、家长志愿者进入各班教室一起协助开展活动。

三年级围绕"铅笔:第一支现代化书写工具"这一主题，在"快乐半日活动"中已经开展了数次探究性学习，先期对"铅笔"这一产品的发展演变有了一定的了解。在此基础上，教师们在这个学习周里，集中就"木头铅笔和活动铅笔各自有哪些利弊"这个问题，组织学生探讨和辩论。

四年级从《道德与法治》教材中的问题"如何让班级变得更好"出发，通过调研班情、汇总梳理、提出改进意见建议、形成解决方案等环节，开展了"我们班四岁了"PBL 学习。

五年级借第二届进博会召开的契机，开展了"策划进博会黄一中心分会场"这个虚拟项目的设计，各班学生分组根据学校空间和人员条件以及外部可调动的相关资源，就场地安排、人员分工、产品布置、宣传接待、后勤保障等不同方面，进行了方案策划。

在这三个年级开展活动时，夏雪梅研究员和市项目组的部分教师来校进行了观察和指导。随后，学校组织教师开展了两场反思活动，一场是线上反馈，另一场是线下总结反思会，结合专家意见，对各个项目进行了反思和总结。

在本次 PBL 周的尝试中，我们提炼了经验，为后续的项目化学习设计提供了指导。

（1）关注核心知识预设。

预设核心知识时，既要基于学科，又要从学生理解的角度去整合，并尽可能与各学科相关联。在项目化学习过程中，要始终关注学生对于核心知识的理解程度，让活动始终围绕核心知识展开。

（2）关注反思迁移。

在项目化活动进行到出项步骤后，教师除了和学生一起对自己在整个项目学习过程中各个方面进行评价，更需要关注学生对学习内容的迁移，帮助学生有序复盘整个学习过程，让学生进行自我反思，认识到他们是如何去思考这一问题的，如何完成了探究任务。这种元认知能力的培养，有助于学生逐步成为学习的主人。

希望通过在三类课程中渗透的项目化学习，能真正达成培养学生适应终身发展和社会发展所需要的关键能力、必备品格和价值观念的目标。

三、实施成效

近几年来，学校以课程建设为载体，围绕"聚焦课堂变革，转变育人模式"进行了课程改革。可以说，这样的深化改革对于满足学生学习的个性需求以及服务学生全面健康成长起到了催化作用。

（一）挖掘了素养培育的深度

在基础型课程中，学校坚持立足课堂教学主阵地，在"以学习为中心"的课堂教学变革中，教师通过在教学设计和组织实施中用好"情境、规则、工具"三要素，帮助学生在课堂学习过程中获得知识的链接、经验的转化、思维的整合、能力的提升，让学习向纵伸发展，"深度学习"促进了学生自主学习和自主发展。

（二）拓展了素养培育的宽度

在原有"睛彩之窗"拓展型课程和"睛彩之旅"探究型课程中，对标教育部提出的中国学生发展核心素养体系中18个基本素养培育点，选择适合的课程，以核心任务作为载体，设计综合的项目化学习任务。这些课程包括以培育人文积淀和审美情趣为主导向的"童心视界"少儿视觉艺术课程，以培育国家认同和国际理解主导向的"我们的蓝色国土"海洋教育启蒙课程，以培育创意思维和工程实践素养为主导向的"未来创造家"创意实践课程,以培育科学精神为主导向的"DI风暴"创新思维课程,以创意思维培育与社会实践为主导向的"TE校园创业大亨"社会认知与商业素养启蒙课程。通过这些课程,让学习向横向延伸,让学生的核心素养得到了全面培育。

（三）促进了综合素养的提升

近年来,学校还尝试对三类课程进行一些统整、融合,用融合的课程进一步促进了学生基础素养的综合提升。如将原有的影视教育课和摄影课进行统整设计,融入创意美术的一些视觉元素,着力打造了具有校本特色鲜明的"童心视界"视觉艺术综合课程。该课程以学校、家庭和周边社区为探究的任务载体,通过创意绘画、摄影和小视频创作为渠道,引领学生用小眼睛观察大世界,用艺术和创意表达对在地文化的了解、对真善美细节的记录和捕捉、对正确价值观的弘扬。学校每两年开展一次与此课程相关的视觉艺术文化节活动,集中展示学生艺术素养和艺术学习成果。与此同时,适时融入基于学生价值观及身心健康等方面所设计的项目化学习任务,把课内所学的知识与原有生活经验和现实社会相联结,促进对世界的深度理解,形成更灵活、更大格局的心智习惯,应对未来挑战。

义务教育学业质量"绿色指标"评价结果也印证了本次课程攻革的成效。反馈指标中显示:学生的学习动力得到了较好的激发,学习过程中的情绪较为饱满,师生关系趋向平等、积极,高阶思维能力发展得到一定程度的提升,学习和创新能力也在逐步增强。学校将继续深化指向素养培育的"以学习为中心"的教学、项目化学习、探究学习等教学实验,推动以核心素养为结构的课程体系的建立。

（上海市黄浦区第一中心小学　张　烨、赵　健）

第四节　整合推进:支持育人目标实现的学习方式变革

黄浦区回民小学创建于1931年,是黄浦区唯一一所具有民族教育特色的新优质学校。曾荣获全国民族团结进步模范单位、全国红旗大队、市首批小学办学先进单位、上海市茶艺特色学校等光荣称号。学校注重学生全面发展,"不选择学生,把不同的孩子都教好,让学生变得更聪明"是学校不变的办学信条。

一、我们的学校——课程育人支持办学有特色的学校

近年来,黄浦区回民小学(下简称"回小")站在新的历史起点,期待在社会变革的时代背景下,使崇本教育求得创新性、突破性、可持续的内涵发展,把学校办得更有品质、更有文化、更有实力、更有影响力,使之成为上海小学民族教育办学领先、有办学特色的学校。

面向未来,回民小学将承载着时代的教育使命,以《国家中长期教育改革和发展规划纲要(2010—2020年)》和《上海市中长期教育改革和发展规划纲要(2010—2020年)》为指导纲领与行动指南,深入贯彻国家和上海市的课程改革理念,认真落实《黄浦区教育发展"十三五"规划》以及市、区两级教育教学工作会议精神,广泛征询学生、家长、教师、专家、社区代表等建议的基础上,结合本校的现实条件和发展需求,并注重办学历史的传承与创新、发展主题的延续与拓展,确立了学校新"十三五"发展规划,而"民族融乐课程"是学校项目规划中的主打课程,该课程已成为学校推进教育综合改革,深化学校内涵发展的行动指南。

自2016年成立起,学校在"民族融乐"课程实践中,坚持把"基于崇本教育思想理念,建设学校特色课程和人文环境,让每一个孩子成为兼具民族情怀、都市视野、自信朴实、勤劳能干,有回民小学特质的终身学习者和未来建设者"的培养目标无痕渗透于学校各个环节。将"崇尚教育的本源""为每一个孩子插上助飞的翅膀""让不一样的儿童一样成才"的课程核心思想在实践中成为可能。让师生们共同为实现"崇尚本真育人,民族融乐教人"的美好目标而努力。

我们的办学理念:打造民族教育特色学校,丰富崇尚本真文化内涵。让教师有成就感和归属感,让学生有成功感、愉悦感。让回小校园成为师生"崇尚本真育人,民族融乐教人",文化共享、智慧共生、生命共长的"民族融乐园"。

我们的育人目标:每个回小师生都拥有"中国心、民族情、世界眼、家庭和、自然美",为成就不一样的我,努力践行最美的教育。

我们的实践载体:以"民族融乐"课程实践为载体,实现以崇本教育为核心的民族教育特色学校的转型。这是回民小学"厚道、自信、合作、进取"的学校文化从积累到日趋成熟的应有之义,也是出于黄浦区区域教育综合改革对学校教育促进民族融合、促进社会公平、顺应时代的必然要求。同时,更是发展学校理念的内涵和

教育价值取向的转型。

育人目标与课程逻辑,是课程设计必须坚持的价值取向和专业站位。学校的课程结构决定课程基本样态,决定学校育人目标的达成。育人目标如果没有具体指向于培养人、包容学生个性差异的课程结构,就难有高品质的学校课程,培养全面发展的学生更是无从谈起。育人目标与课程逻辑的顶层设计需要对各个层次、环节、方面和要素进行统筹规划,是深化坚持、全面创新课程的一种样态。

二、我们的课程——课程实施探索能整合推进的途径

"民族融乐"课程设置与学校整体工作相吻合,既是学校办学理念、育人价值观实现的有效载体和途径,又是转型期的回民小学构建新型文化特色的独有方式。随着时间的推移,学校在基于学情、师情的基础上,将"民族融乐"课程在内容的深度与广度上进行内涵的拓展,不断充实和丰富"民族融乐"课程内容,逐步厘清以"崇本教育"办学思想为核心,以"整合推进"方式为实施途径,以"五爱五会民族娃"乐实践为贯穿育人目标实现的主线,整合式推动学校"教师素养""学生学习""学校文化"项目同步发展,通过各类主题式综合活动,来促进学校"主题异构""项目学习""文化空间"三项内容的不断完善,最终成就"融乐小事业"这一目标。

在这其中,整合式推进是学校"民族融乐"课程实施中的重要枢纽,它是引领学校"民族融乐"课程最终达到育人目标实现的关键所在和主脉络;它是引导学校"民族融乐"课程沿着有序的、正确的方向发展的重要轨迹和路径;更是实现学校办学理念、育人价值观和目标方式的最有效的印证。整合式课程推进,给正在实践中的回民小学,带来了鲜活的、生动的、绚丽多彩的"民族融乐"七彩之路。

(一)整合式推进一:课程资源共享整合——主题异构实践之旅

1. 场馆学习:让学生在学校特色课程中,与美好的事物相遇

说起回民小学的少儿茶艺,至今已有 20 多年的历史。学校是上海市仅有的三所民族小学之一,是上海市少儿茶艺特色学校、上海市茶叶学会团体会员、黄浦区爱国主义教育基地。学校的特殊地位决定了学校的两大教育特色,其中一个就是少儿茶艺。经过多年的探索实践,茶文化是学校民族教育、崇尚本真的特

色发展中一个非常重要的优质载体,更是学校"民族融乐"课程中的主打项目和品牌特色。

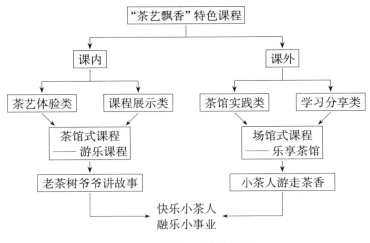

图 4-9　"茶艺飘香"特色课程

目前,学校已从"茶香"走向"茶韵",将逐步实践并发展而成的"茶韵飘香"特色课程作为学校"民族融乐"课程实践中一个重要切入点,通过"小茶人乐享茶馆"主题式场馆体验,以"豫园寻访"场景为主线,由四大单元为组合模块,以各学科技能训练架构为拓展点,以选择学生的学习培养点——"观察力"为学科整合的主要触角点,丰富学生的实践经历。学生通过场馆"情景学习、实地寻访、分享评价"不断丰富"小茶人乐享茶馆"的内涵。学生通过说一说"绿波廊茶点"、找一找"上海老茶馆特色"、画一画"湖心亭茶楼的茶馆建筑"、品一品"心中的好茶"、辨一辨"老上海特色茶壶"等,体验乐享老场馆所带来的快乐,在体验中努力完成"茶艺融乐小事业",最终获得"快乐小茶人"称号。

其次,学校又把"小茶人乐享茶馆",湖心亭模拟场景延伸到校内,创设湖心亭这样一个茶馆情景,让学生置身于真实的茶馆环境中去学习和体验。这样的场景创设,给学生带来别样的体验和感受。同时,学校还将校内习得的技能到湖心亭真实场景中去实践,又将湖心亭中感受到的知识、技能运用到校内的教学活动中,让学生们学会和伙伴们分享、交流。这样打破边界的协同教学模式,给学生提供了更为丰富的学习体验。学生在场馆学习的情境性、自主选择性、主动探究性以及结果输出的多元性中获得不一样的感受。

2. 社团学习：让学生在多彩的社团活动中，获得多元发展的满足

社团是校园文化的重要载体，是学生身心发展、拓宽兴趣和开阔视野的主要阵地，是完善学生知识结构、展示学生个性、发展特长与内化能力的第二课堂。对学生来说，社团是一个熔炉，锻炼着自己的能力；社团是一个舞台，能够展现自我的风采。

"快乐半日活动"是一个开放的活动天地，为学生综合发展提供可操作的环境，它是一个文化脉络的联结者，将学校特有的多民族文化轨迹清晰呈现，为学生从思想到行为的跨越提供最为有效的实践途径。学校集中安排半天时间（每周五下午，共四课时），共分四大板块（"悦"读时刻、体"味"实践、我"慧"锻炼、"智"力冲浪），每学年总课时量不少于 120 课时。每个板块内容都有相应的活动菜单，茶文化教育隶属于体"味"实践这一板块之中。在设计中我们根据茶艺特色，按不同的年龄阶段设置不同的实践内容：如一、二年级是走进茶文化，三、四年级是探寻民族茶文化，五年级是创意茶文化生活。

这是结合"快乐半日活动"设计的茶艺认知目标要求和情感体验要求。（见表 4-9）

表 4-9　茶艺认知目标要求和情感体验要求

	认知目标：	情感体验：
低年级 （一、二年级）	认知目标： 1. 知晓茶的发展史、茶的传播、茶的基本种类； 2. 学念茶儿歌、学讲简单的茶故事； 3. 学会玻璃杯及盖碗杯的泡饮法； 4. 初步熟悉不同民族茶艺的习俗	情感体验： 引导学生从茶的知识中感悟茶是中国的骄傲、民族的自尊、自信和自豪；让学生在茶艺实践中体验交往礼仪，做到关心、尊重他人，文明待人的基本要求
中年级 （三、四年级）	认知目标： 1. 能识记及辨别绿茶、红茶、黄茶、青茶、白茶、黑茶这几种基本茶类； 2. 了解茶的妙用及茶的典故； 3. 了解少数民族中风格独特的茶俗； 4. 学习壶泡法及学习民族茶艺	情感体验： 能与同伴一起泡茶；引导学生在合作中发扬团结和敬业精神
高年级 （五年级）	认知目标： 1. 在能区分基本茶类的基础上，识记再加工茶的种类； 2. 了解茶的保健知识； 3. 学会调和茶的泡饮法； 4. 了解各地不同特色的茶馆及学习民族茶艺	情感体验： 引导学生在实践民族茶艺的过程中陶冶情操，学会奉献，从而感悟人生的真谛

（二）整合式推进二：各类主题式活动整合——项目学习实践之旅

1. 项目学习：让学生在情景式学习中，把真实的项目作为学习驱动力

项目学习就是对一个特殊的将被完成的有限任务，它是在一定时间内，满足一系列特定目标的多项相关工作的学习掌握。项目学习所有项目都是真实的。每个项目都是独立的，学生参与到延展性的、复杂的、真实的问题解决中，接受挑战，主动探究，创造出某件作品并完成重要知识的学习。

2018 年 12 月 29 日上午，回民小学成功举办了市级"可可西里我的家——奔跑吧，藏羚羊"主题式综合体验活动。这是学校在基于传承优秀传统文化教育这一背景下，结合民族文化及办学理念，在学校"民族融乐"课程推进中，独创了回民小学"家文化"系列主题活动，而"可可西里我的家——奔跑吧，藏羚羊"是该系列的序幕。活动从"我与自然"这一维度出发，通过以文化人的育德策略，将回小特有的民族文化结合低年级主题式综合活动"可可西里我的家"这一主题在全校开展体验活动。以情景式、任务驱动、项目化实施为推进，回小学子人人头上佩戴藏羚羊头饰，带着小小任务单，手持精美的体验卡，在小导学的指引下，来到各场馆尽情体验，带着问题，自主探寻各场馆的奥秘，自主探究，自主体验各学习场景，完成场馆小任务，为自己喜欢的场馆点赞、点评、说说心里话，最终产生 6 个最佳场馆，30 人次荣获场馆"小达人"称号。这种超越传递，走向探究的项目化学习方式，给学生带来不一样的感受和体会。

2. 节庆学习：让学生在校园主题文化中，点亮学习生活

众所周知，学生几乎没有不喜欢过节的。校园节日是学校课程实施的重要形式，也是学校活跃学习氛围的基本做法。节庆学习即是围绕一个或多个经过结构化的主题节日进行学习的一种方式。在这种学习方式中，"主题节日"成为学习的核心，而围绕该主题的结构化内容成了学习的主要对象。在回民小学最受学生欢迎的就是德育品牌特色——节庆文化："中国娃过中国节"4＋1 主题系列等活动。包括学生喜欢的常规节庆文化，如体育节、艺术节、科技节等。

以"中国娃过中国节"4＋1 主题系列活动为例，我们根据不同的节日文化创设不同的节庆茶：元宵节——元宝茶、端午节——碧波金莲茶、中秋节——金桂玉潜团圆茶、重阳节——杞菊延年敬老茶以及开斋节的回族八宝茶等。在不同的节庆茶文化中感受不同的风情，获得不同的感受和体悟。在快乐的体验中，学生不知不觉地将高雅的气质由内而外散发出来，将茶礼悄然渗透到了日常生活的点点滴滴。（见表 4-10）

表 4-10　"中国娃过中国节"4＋1 主题系列活动

节　　庆	茶　　　　道	实践过程
元宵节	传统元宝——祥和茶	队员们在家中为父母、长辈敬上元宝茶,表达美好祝愿
端午节	碧波金莲——喜庆茶	队员们互敬清凉提神的碧波金莲,互帮互助互勉励
中秋节	金桂玉潜——团圆茶	中秋佳节倍思亲,一道金桂玉普团圆茶,表达队员心声
重阳节	杞菊延年——敬老茶	队员们来到敬老院向老人们敬上枸杞延年茶,表达爱心
开斋节(回族)	回族八宝——特色茶	来一杯浓浓的回族八宝茶,共同体验民族特色风情
附:教师节	红烛碧螺——敬师茶	向教师们敬上红烛碧螺敬师茶,表达对教师的崇高敬意

丰富多彩的节庆活动吸引了学生,给每位"回小"学子的校园生活留下了美好回忆。让这些融文化、艺术、科技等元素为一体的主题校园节日,伴随着"回小"学子在"民族融乐"课程中共成长。

(三)整合式推进三:校内外体验形式整合——文化空间实践之旅

1. 行走学习:让学生在社会实践体验中,与优秀的传统文化对话

课程是一段美好的人生经历。古人云:读万卷书,行万里路。在行走中,不期而遇的人、事、景都将化作自己的成长经历。教育不能仅局限在课堂上和书本里,让学生接触更为广阔而真实的世界,他们的心胸会更加宽阔,目光会更加深远,内心会更加强大,思想会更加奔放。

学校在"民族融乐"课程的开发与实施中,以原有的民族文化资源为依托,形成了学校特有的非遗文化课程群,让学生在传艺、传习、传承中感受文化的经典。目前,学校已有非遗课程多项,如"茶与香""偶乐剧社""中华皮影""扎染""昆曲鉴赏"等课程,深受学生的喜爱。在传承的过程中,增强了学生对非遗文化活态传承、审美欣赏的兴趣和热情;通过知识、技能与情感态度价值观的结合,引导每位回小学子长智慧、明方向、增力量,用文化的力量涵养核心价值观。

同时,社会实践是相当重要的教育手段。让回小学子到多元、开放、变化的社会环境中去体验,是"民族融乐"课程实现成效的一种真实表现。学生从"会行走的教室"起步,去领略、去感悟、去了解。不论学生行到哪里,都会在学生成长中留下

难忘的印痕。近年来,"民族融乐"课程的社会实践活动丰富多彩,在多彩的社会实践中学生碰到了不同层次、不同身份、不同年龄的对象,活动的空间很大。他(她)们以回小学子的身份在与不同的对象交往。在行走的过程中学生获得了多方位的角色互动。这种超越校园空间与时间的实践让学生体验了人情世故、人间友情,同时也开阔了视野,学会尊重他人、关心社会。与此同时,学生的自尊、自信、自控、忍耐、坚毅等品格得到了锤炼,自身价值得到了提升。"乐自中出,礼自外作",一名快乐的回小学子,就是一个人格健全、体智健康的礼乐学子。

2. 沉浸学习:让学生在校园环境浸润中,感受崇本文化的空间

回民小学校园环境,是学校"崇尚本真"文化的体现,是实施崇本教育,彰显学校"打造民族教育特色学校,丰富崇尚本真学校文化"办学理念和文化底蕴的重要体现。校园文化的创建,就是给每个孩子一片温暖的文化土壤,播下一颗创新的种子,带着一双隐形的翅膀去实现自己的梦想。

近几年来,学校积极参与黄浦区校园创意文化的建设,得到黄浦区教育局的大力支持,为学校局部的校园面貌改善和学校温馨校园文化建设带来了机遇。学校的环境创意设计都紧扣学校"崇本长廊"文化:创建了校门旁"快乐逍遥廊"、一楼"茶香墨香廊"、二楼"游乐伊甸廊"、三楼"遇见未来廊"、四楼"博雅书馨苑",学校每一条长廊都浸润着学校崇本教育的绿色文化。

学校用心做好校园的显性文化,就是能让校园的各个区域都会说话。从"廊"文化建设,"崇本星舞台""融乐科创馆""分享倾听室"的整修,"教师文化屋"的布置"温馨乐餐厅"的改造,到"回小融乐门厅"和"萌动音乐坊"的改建,将校园的环境育人坚持到底。小而精致、精而有品,处处彰显学校崇尚本真的文化底蕴和育人价值。让回小学子在充满着文化气息的校园环境中,感受学校"民族融乐"课程深层的文化内涵。

回民小学"民族融乐"课程,在整合式推进中,基于学生成长发展需求,立足学生的身心发展规律,切合学生个性特点,尊重学生人格发展需要,努力创造最适合每一个孩子发展的课程。在课程整合式推进中,学校注重把握课程内容之间的关联,形成立体化课程运作空间。从横向来看,各内容之间相互联系、相互依存,如"资源共享整合""主题活动整合""体验形式整合",每个实施途径都会在彼此中找到共通的触角点;从纵向来看,整合式推进对应学校的办学理念、办学目标、育人思想,以"五爱五会民族娃"乐实践为主线,让学生在冲浪式的学习过程中,体验课程

带来的快乐。

在实施中,学校注重整合式推进,有三大方面设想。合情——满足学生的需求,它在学生与社会、生活之间搭建桥梁,课程途径与育人目标精准对接。合理——引领学生开展项目化、主题化的研究性活动,其目的是超越整合之前的单科课程目标,课程整合并不是简单地合并或增减,而是巧妙融合,将课程内容与学生素养培养高度关联起来。合趣——让学生自我体验、自主探究、自主发展、自我超越。通过项目化、主题化、个性化学习,帮助学生形成乐学、善学的兴趣和志趣。让民族娃在课程实践中,丰富学习经历、学习过程和学习方式,为每一个孩子插上有民族情怀、能服务社会、适应未来生活的助飞翅膀,最终成就不一样的自己。

三、我们的成效——课程育人要实现三位一体的成长

（一）学生学校共发展

"民族融乐"课程实施至今,学校参与市级展示交流、课题立项及所获荣誉奖共计 32 项,区级展示交流 22 项,校级重点项目在区级层面推广的有 9 项。学校在课程推行过程中,已获得上海市首批优秀传统文化——非遗传习研习基地、黄浦区新优质学校称号。学校先后于 2017 年、2018 年连续两次代表黄浦区参加上海市第十四届、十五届上海教育博览会课程成果展示,获得专家们一致好评。原市教委领导王平专程来到回民小学展台进行观摩,频频称赞,感觉学校特色课程有亮点、有韵味。市级课题、区级重点课题"民族融乐课程的开发与实践研究"获得专家组高度认可,学校的课题充分体现出学校的办学理念、育人价值、文化特色等新亮点,脉络清晰,独树一帜。学校在上海市提升课程执行力——曹光彪小学教育协作块课程展示做"茶韵飘香伴童年"交流展示、市级"民族融乐润童心,绒绣进校园"专题发言交流、区"慧创空间,助力成长"教学节校长论坛经验分享、区"名师助力,成就不一样的我"德育名师工作室汇报和"茶韵飘香"德育特色课程推荐专场课程推荐。

近年来,学生参与课程实践,代表学校获全国、市级参与展示或比赛获奖 18 次,区级展示比赛获奖 10 次,市区辐射近 300 多人次。

（二）学校社会齐辐射

学校努力打造学校特色课程的深度发展,已有多项课程在市、区层面进行展示交流,"茶韵飘香"市课程领导力项目展示,"民族融乐印童年,两岸少年心相印"海

峡两岸少年课程体验活动,获得台湾伙伴们极大欢迎,留下难忘印象并发出邀请函,请学校参与回访活动;"茶韵墨客印童年"教育协作块课程体验活动,舞墨意趣之(墨绘手包)、茶韵怡乐之:鱼戏叶莲间(自制调饮茶)获得区域内协作块师生们喜爱,一句句发自内心的感言是最好的说明。学校"民族融乐"课程雅乐集系列活动,获得各方好评,获家长们高度肯定。学校主打非遗进校园传承式课程,与上海市木偶剧团、上海恒源祥有限公司、上海昆曲团等单位建立合作共享关系,共同为传承文化与经典而努力。相关活动被上海市新闻频道、综合频道、东方网、上海黄浦以及"黄浦教育"等官方网站专题报道。

(三)回归课程育人初心

学校的课程必须回归教育初心。那么课程的初心究竟是什么? 初心就是对学校育人目标的回答。育人目标的定位必须回归教育原点,教育原点就是从学校课程建设的实际出发,来回答培养什么人的问题。所以,学校在"民族融乐"课程的实践中,以适切的育人目标加之精准的课程设计,开发富有实质性的课程,提升学校课程可操作性,使课程能够满足学生的多样化的需求,个体差异得到全面充分的照顾。在回民小学"民族融乐"课程中,每位学子都将会获得不一样的体验、经历和成长。

"民族融乐"课程是学校办学的核心,育人目标是学校发展的灵魂。黄浦区回民小学在"成就了不一样学生""成就了不一样教师""成就了不一样的学校"发展阶段中,对于每一位回小人而言都是一段美好的成长经历。学校"民族融乐"课程的发展,促使学校站在一个新的历史高度重视崇本教育未来发展走向,在这过程中我们努力将有效的先进的办学理念转化为有效的办学实践,将有效的办学实践化为切实可行的课程目标,对应学校育人目标,不断深化、丰富、创新。"打造民族教育特色学校,丰富崇尚本真文化内涵",在"民族融乐"课程的实践中,学校一直坚定办学自觉,个性自主发展。学校课程育人的智慧始终是教育人孜孜不倦、执着不懈的追寻。

(上海市黄浦区回民小学　吴　玮、王　慧)

第五章

激活学习的课程评价

　　课程评价在学校课程改革中起着导向与质量监控的重要作用,是学校课程改革的关键环节。课程改革的最终目的是要促进学生的学习和发展,因此课程评价也应以学习为中心,不仅关注学习结果,同时关注学习过程,不仅限于低层次的认知,还要兼顾高层次的认知和学习经历、学习体验等情意范畴,要通过多元化评价向学生提供更适切的教学,激活学生的学习,促进学生的成长。

　　上海市大境中学在学校课程建设过程中坚持"以证据为依据",从学生的学习体验、学习收获和教师的实施感受等三个维度进行证据收集,并基于证据不断对学校课程进行优化与完善;上海市敬业初级中学嘉年华课程以"儿童立场"为理念,从对学生"学"的评价到对教师"教"的评价,都能体现"站在学生立场"的核心理念,形成了嘉年华课程双向评价系统;上海师范大学附属卢湾实验小学立足学生发展,坚持"教—学—评一致"的实施路径,从创新评价入手,以评价促进学习的有效性,"教—学—评"融合,提升了课程实施品质。通过下列几所学校的案例我们可以看到,这些学校在课程评价方面都发生了根本的转变,践行了以学生发展为本的课程理念,将评价从注重甄别与选拔转向激励、反馈与调整,从过分注重学业成绩转向注重多方面发展的潜能,评价主体也从单一转向了多元,凸显了课程评价的育人功能。

第一节　基于证据的学校课程完善

大境中学创办于 1962 年,是第一批上海市实验性示范性高中。学校以"引领学生更好发展"为办学理念,以"大境界、高学养、有特长"为培养目标,连续两轮参与了上海市提升中小学(幼儿园)课程领导力行动研究,研究成果《以培养学生"学习素养"为核心的学校课程的建构与探索》荣获 2014 年度首届国家级教学成果(基础教育)二等奖、上海市一等奖。

学校按照课程目标编制 SMART 原则,努力建设以"选择、开放"为特征的课程体系,让学生在学校课程学习中快乐成长,让不同层次、不同潜能、不同个性的学生都更主动、更健康、可持续地发展。学校根据课程实施的实际情况,不断梳理完善学校课程结构的设计,正确理解各课程之间的关系,加强研究各类课程的衔接与统整,不断完善课程适应我校学生的发展和多样化需求,打造学校课程特色,形成更加精致和完整的课程方案。

一、内涵与价值

基于证据的课程完善要求学校课程建设要坚持"以证据为依据",避免课程建设中主观随意性,学校对证据来源、证据分析和科学评估等形成操作流程和量化标准,从学生的学习体验、学习收获和教师的实施感受等三个维度进行证据收集,获得的证据要求质量高、可靠,要经过科学加工,来源要广泛且具有相关性。

(一)课程完善的内涵

课程建设是对课程诸多要素进行规划和设计,它包括教育目标、教学内容、教学形式和评价机制等,课程建设是持续优化和完善的过程,课程完善就是优化课程内容、教学形式和课程评价等课程要素,每一个阶段课程建设的显性呈现就是学校课程方案。

(二)课程完善的价值

1. 有利于促进学生更好地成长

学校要培养能够适应未来社会的人,事实证明学生了解"人类对自然规律探索和社会发展认识"的最新成果与适应未来社会有较高的相关性,如果能将这些最新成果和相关的研究方法融入学校课程,就会有助于学生更快适应未来社会;学生掌握当代最先进科学技术的运用与适应未来社会有较高的相关性,如果能将现代信息技术与知识学习相结合,就会有助于学生更快适应未来社会,所以不断完善课程内容和更新教学工具,将有利于学生更好地成长。

2. 有利于促进教师的专业发展

教师是学校的第一资源,如果学校课程一成不变,教师就会周期性地重复已有的教学内容和节奏,这就会导致职业倦怠现象,从而阻碍教师专业发展。课程内容的完善,可以使教师持续提升学科知识的应用能力;教学组织形式的优化,可以使教师持续提升教学能力;教学工具的现代化,可以使教师持续提升教学效率。

3. 有利于提升学校综合竞争力

课程是学校综合竞争力的重要呈现形式,而课程完善是综合竞争力的重要载体。在课程完善中,必须全面准确把握国家颁布的课程标准,以适应社会现代化进程的需求;必须全面准确把握学生成长规律,以尊重和满足学生成长的需求;必须全面准确把握教师成长规律,以激活教师专业成长的动力。只有基于标准和规律,才能持续完善学校课程,从而全面提升学校综合竞争力。

二、内容与完善过程、举措

(一)学校课程内容的文本分析

经过科学研究和积极探索,学校构建以"学习素养"为核心的学校课程,将课程教学改革的着力点与突破点聚焦在"学习素养"这个核心上。经过学情分析,学校认为提升本校学生"学习素养"主要是集中在学习意识、学习技能、学习方法、学习品质四个方面,在对学校整体生态环境和课程发展现状作全面和客观的检视,综合考虑学生的学习基础能力等的基础上,给予"学习素养"课程系统的规划和设计,学校共开发建设 80 多门"学习素养"课程。"学习素养"课程建设基于课程统整的思想,将拓展课程与部分学科的基础型课程统整,将自主选修课程与主题研究课程统整,积极构建"目标整合、结构多元、选择开放、富有特色、促进发展"的学校课程系列。

表 5-1 "学习素养"课程整体设计

课程板块	课程目标	课程列举
学习意识板块	端正学习动机,激发学生学习兴趣,调适学生学习压力,培养学生学习和积极的学习心态	学习心理奥秘
		心理效应妙用
		学习心理探幽
		校园学习心理剧
学习能力板块	让学生在阅读赏析能力、动手实验能力、信息收集能力、问题解决能力、口语交际能力、创新实践能力等方面得到全面和谐发展	组合式课程系列
		阅读赏析课程系列
		自主开放实验系列
		信息素养课程系列
		演讲辩论课程系列
		主题式研究课程系列
学习方法板块	关注学习过程,指导学生学习掌握科学的学习方法和思维方法,对学科方法论有初步认识	初高中衔接学法指导
		学科思维方法
		学科方法论初步
学习理想板块	端正学习态度,引领学生树立学习理想,做好学习选择,合理进行人生规划,加强学生职业指导,提高学生学习境界	人生导航·职业规划
		体验式社会实践课程系列
		主题教育课程系列
		大境人·大境界

"学习意识"板块课程围绕"学习动机的激励策略""自我调节学习""学习风格分析""学习意志力训练"等,帮助学生科学地认识自身学习风格、学习潜力,积极地开展学习心理的引导和指导,激发学习动力;"学习能力"板块课程以能力培养为导向设置六个课程系列,涵盖整合三类课程,是课程门类最丰富的一个板块;"学习方法"板块课程旨在帮助学生从学科学习方法、思维方法、思想方法方面获得提升,重在体现方法论的学习;"学习理想"板块课程帮助学生形成正确的学习态度和学习行为,决定学习的选择和人生规划。

（二）学校课程实施的过程完善

1. 学校课程完善的实施共同体

学校设置以校长为主任，分管校长、各职能部门主任参加的学校课程建设领导委员会，下设课程开发研究室（科研室主任牵头）、课程实施管理组（教学主任牵头）、课程评价工作组（教务和德育室牵头）等，构建起完整的管理网络，形成从开发到实施、评价、再开发完善的管理流程。学校认为教师是课程建设的根本动力和保障，崇尚学校每个成员都是课程的有意义建构者和完善者，都可以为课程问题的解决和课程品质提升贡献自己的智慧，课程发展也为教师提供表现与创造的无限空间。学校成立"创为"课程开发研究团队，团队由各科骨干教师组成，下设人文组、科学组、艺体组、社会实践组等，负责向学校课程领导委员会提出开发、调整课程，完善管理、评价方式等方面的建议，并通过理论学习、课题研究、经验交流等途径让更多教师聚焦于课程的实践研究，致力于发挥教师在课程建设中的主动性、积极性，学校着力推动教师自主研究实践课程开发与完善共同体的建设。

2. 学校课程完善证据的获取和主要依据

学校通过各类问卷调查、访谈等多渠道收集课程实施中的证据，了解教师、学生、家长等对学校课程设计与实施的满意度，寻找原因调整完善课程设计与实施。如学校学生发展调查报告显示，36.91％学生喜欢科技课程，27.09％学生喜欢合唱课程，17.14％学生喜欢射击，学校构建完善射击课程、艺术合唱课程、创造力开发课程、头脑奥林匹克课程、航模课程等多样化的特色课程，使学生根据自己的兴趣和特长有了更多的选择机会。又如在"校长与学生面对面"等对话活动中，学生提出增加动手实验等建议。

学校课程教学部从课程计划、教学资料、课程实施等方面对课程开发与实施情况进行评估。以教师自评、教师互评、教研组常规检查、学生评价等方式对教师教学情况进行评价，学校探索完善全方位多形式的教学评价机制，并不断创新获取完善课程证据。如学校探索并开展对学科知识应用能力和综合素质表现的"学能评价"；学校建立邀请校外专家对学科组教学进行集中评价和指导机制；学校建立学生评教机制，教师实现自我分析评价和完善。

学校通过聘请专家，加强学校课程的整体设计和完善，通过专家的指导和评价，获得研究的改进实施；组织教师研讨、访谈，就学校"学习素养"课程建设听取意见和建议，分析课程实施的意义与价值，对课程实施进行反思和总结；通过学生、家长对课程实施现状和满意度的问卷调查，了解学生在课程学习中相关方面素质提高的程度,进而有针对性地完善课程设计。

3. 学校课程完善的基本内容

(1) 调整创建学校课程完善的制度和环境。

学校课程的管理核心是使课程走向规范化、制度化。一是学校在"学养"课程的建设中,实行了教师课程申报审核制、学生课程选择指导制、课程教学走班制、课程学习手册制、学期课程学能评价制等,形成课程实施管理机制,保证课程设计、实施与完善的科学和规范。二是学校完善课程开发和调整机制,组建了"创为"课程研究小组,通过收集各渠道对学校课程设计与实施的信息,开展解决完善课程遇到的问题,进而不断优化调整学校课程计划,保障课程适切性,建立学校课程计划持续改进和完善的更新机制。三是学校不断建设和调整课程资源,建设与课程相匹配的专用教室和环境,如数字化实验室、物理自制教具室、IMMEX 学习中心、英语口译室、"科学探索隧道"、心灵港湾室、历史专用室、数控机床室、物理化学 DIS 实验室、数学 TI 实验室等,保证课程有效实施环境。四是学校建立学校课程评估机制和信息化课程管理平台,如学校建立和完善"大境中学数字化拓展研究课管理平台""大境中学数字化学生多元评价系统""大境中学数字化质量监测与分析系统"等。

(2) 不断丰富完善学校课程结构和内容。

第一,学校基于高考综合改革的证据,完善三类课程的整体建构、统整和评价。在高考改革背景下,从课程整体性、均衡性、多样性、选择性和独特性方面完善学校课程结构,形成更加精致和完整的方案。

第二,学校基于指向学科核心素养和修订的《课程标准》证据,完善学习素养课程结构设计。学校梳理并科学定位学习素养课程,兼顾必修、选修、拓展型课程、研究型课程的不同功能与要求,梳理学校校本课程的逻辑关系,课程系统性和实践性的互补得到增强;学校结合修订的《课程标准》,优化各学科素养系列课程,各学科重点提炼和建设几门影响学生素养发展的主导课程供学生选修。

第三,学校完善课程图谱,多层次落实学习素养课程目标。学校组织教研组、备课组学习研究学科教材、修订的《课程标准》、学业水平要求,进一步厘清各学科学生必须掌握的共同基础内容,细化学科基础型课程教学目标,明晰学习要求,保证学科基础教学要求的掌握落实,探寻丰富课程实施的渠道、方式、方法,落实课程目标。

(3) 持续完善学校课程评价的工具和方式。

学校从课程实施、教师教学、学生学业三方面开展课程与教学评价,通过分析评价结果促进学校课程改革与完善。学校持续开发不同的课程评价工具和指标,实行定性与定量、过程与结果、自评与互评相结合评价方式。

　　学校开展以"学能评价"为核心的学生综合素质评价,旨在反映学生在教学过程中学习能力的提升和变化。教研组根据"学能评价"的发展性原则,结合课程教学内容,制定本课程学生学习能力目标,设计出能体现这些能力要求的学习项目,以过程性评价为主,采用活动报告、论文撰写、作业等书面形式,也采用口试、辩论、答辩、表演、演讲、作品制作等其他形式。

表 5-2　语文学科"学能评价"评价指标

评价项目		阅读与写作	硬笔书法	口语交际	自主学习
评价指标	A. 优秀	能高质量达到古诗词文诵读要求,能完成规定量的课外阅读,并有相应的阅读笔记,每周练笔能表达个人见解,文笔流畅、优美	书写优美、整洁	能即兴演讲或辩论,语言简明,表达清晰	有正确的学习态度和持久的学习热情,能完成课程的学习任务,积极参与课堂讨论,有较高的质疑能力,对本学科有较强烈的兴趣
	B. 良好	能达到古诗文诵读要求,能完成规定量的课外阅读,并能做阅读卡片,每周练笔能表达个人见解	书写端正、整洁	能围绕一定主题,当即发表自己的观点,并参与讨论	有正确的学习态度,有学习热情,能完成课程的学习任务,能参与课堂讨论,有质疑能力,对本学科有兴趣
	C. 合格	能基本达到古诗文诵读要求,能完成规定量的课外阅读,能完成每周练笔	书写基本端正	能表达自己的观点,语意连贯	能基本完成课程的学习任务,偶尔参与课堂讨论,能提出一些疑问
	D. 需努力	未能达到 C 级者	书写不够端正	能基本表达自己的观点	未能达到 C 级者
评价方式		学生定性自评	教师评价	学生互评与教师评价相结合	学生互评

　　学校在学生学业水平评价方面,采取学习态度、学习水平和学习潜能等相结合的三维评价,形成学期学生综合素质报告单;开展注重动态变化的学科增值评价,侧重对教师教学的"评价自析",对学生"学习趋势"的发展评估,较为直观、科学地反映学生对学科知识掌握的程度变化,教师课程实施的效果评估;在教师教学评价方面制定学生对教师教学工作的评价等第表、观课议课表。形成学校拓展型和研究型课程设计过程性学习评价表、研究成果评价表,实行师生互评、学生自评互评

的课程学习定性评价。学校引进 IMMEX 评价工具,解决学生思维可视化的过程评价和学习分析,提供了思维量化评价的新方式,基于 IMMEX-C 平台学校对学生问题解决能力的评价从过程、方法、结果三个维度加以设计,分析学生的学习表现和发现潜在的学习问题。

4. 学校课程完善的步骤和程序

学校课程完善需要经历六个基本环节,即提出问题—分析问题—整体思考—制定计划—行动实施—实践反思。

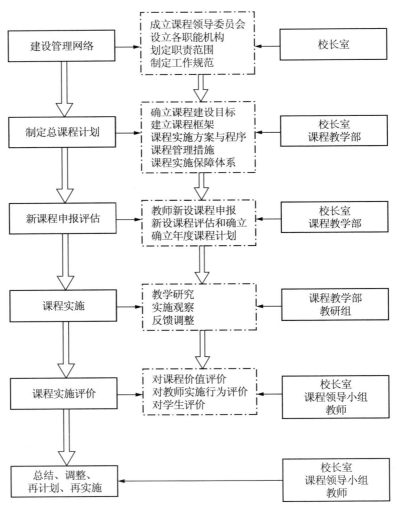

图 5-1 学校课程实施、管理与完善流程图

　　例如,在推进学校体育专项化过程中,学校设计了体育专项化实施的方案。经过一年实践,我们发现了三个问题,一是为了满足学生的需求,有些班额较小,所有体育教师的工作量严重超负荷;二是有些专项化项目注重技能,学生的体能却下降了;三是一些项目只有教师个体承担,教师之间的集体备课无法正常进行。我们对存在的问题进行分析,学校进行了体育专项化实施的整体思考,确定了"体能、技能、认知"三维项目课程标准,由各个项目组制定项目实施计划.聘请专家对项目实施计划进行认证,调整完善确定实施计划,在课程实施过程中,对某些不合理的现象再进行调整和完善,学校体育专项化教学取得了良好的效果。

三、特色经验和成效

　　(一)基于证据,持续完善课程的实施方案

　　学校通过问卷调查、访谈等多方收集课程实施中的证据,了解教师、学生、家长等对学校课程设计与实施的满意度,基于证据调整课程设计与实施,研究组合式学科课程、模块、主题间的协调和衔接,丰富课程类型、课程层次和课程学习时长等多样化设计,以适应学生的发展和多样化需求,使课程具有时代性。学校完善和丰富课程管理与跟踪评价,依据评价总结课程建设与实施各环节成效,纠正课程实施中的偏差与问题,形成改进和推进方案。

　　(二)基于证据,持续创新课程的实施形式

　　学校"组合式课程与教学"就是在保证完成高中课程标准基本内容学习的基础上,将基础型课程中学科拓展内容按专题(或主题)和模块进行组合,以学生"自主选择"和学校"能力评价"为依据进行分层、分类、分阶段组合学习,采取"公共基础行政班、模块主题周期班、分层分类组合班"多模式相结合的教学组织形式,循序渐进,优势互补,以实现五个维度的优化组合。

　　结合新高考背景,学校提炼了组合式课程的思想方法.其核心就是"课程转型需求导向、课程内容专题组合、实施形式多元组班",持续推进组合式课程教学,从分层、分类和分项等三个维度进行课程建设。学校在高三英语学科中试点按学习水平进行分层组合教学,在"六选三"学科中按学科分类进行分类组合教学,在体育、语文和数学等多门学科中学校按学科内容模块或专项进行分类组合教学,学校的课程规划和设计能力有了提升,教师的课程执行力和课程评价力有了提升,从而推动了课程建设的转型。

（三）基于证据，持续优化课程的实施过程

1. 学科专题模块建构

学校注重运用组合思想方法进行课程设计，各教研组根据学科《课程标准》，深挖基础与拓展内容的知识背景和知识价值，开发相应的微课程，逐步完善教学。经过两年的实践，各学科从学习方向、学习主题、学习程度、学习能力、学习项目和学习方式等不同维度设计学科组合式微课程，体现学科的特点与组合特色，形成了学科组合式微课程群。如语文、英语学科开展的"组合式"课程以"基础必修课＋模块选修课"组合设计课程，学生可以分阶段、分模块、分专题、分程度地"自由组合、自主选择"课程学习。组合式课程构建拓展了基础型课程的学习内容、空间，增加基础型课程的选择性，进一步提高教学优化程度，提升学生学习素养和学习能力。

2. 课程实施分层分类组合

"增加选择"是新高考改革的要求，为此学校用组合式课程的思想方法优化组合走班模式。如第一轮新高考我们采取的是组合大走班，通过对第一轮的实践反思，学校将问题聚焦于"减少走班后空课学生数量"的解决，经过集体研讨重新优化了组合走班模式，形成了"选学体验走班"和"选考分层走班"相结合组合模式，既将选择的权利还给学生，也减少了空课的数量，提升了分类组合走班的效果。

又如学校通过对首届高考学生英语两次考试成绩的分析，获得两个重要数据：一是第二次考试平均分高第一次 1.02 分；二是 44％的学生第二次考试成绩低于第一次，56％的学生第二次考试成绩高于等于第一次考试成绩。于是我们从两个方面进行了思考：第一，如果 44％的学生不参加第二次英语考试，将时间花在语文和数学上，学生的收获将怎样；第二，如果学校能够更有针对性地教学，是否可以探索有针对性策略帮助学生第二次英语高考成绩提升幅度更大一些。通过集体研讨，学校运用组合式课程思想方法，尝试在高三英语第一次高考后进行分层组合走班教学。经过实践，在新高考第二年的两次英语高考中，第二次英语考试成绩比第一次提升了 3 分，超过 60％的学生第二次成绩高于第一次。2018 年 6 月 8 日，上海《新闻晨报》用整版报道了我校高三英语分层组合课程与教学的实践，该实践既提升了组合式课程教学的效具，也形成了新高考应对的策略和方法。

3.课程评价多元综合推进

根据高考综合评价的要求,学校调整和完善评价标准,在思想品德评价方面采取学生自我评价、同学互评、任课教师和班主任评价相结合的四维评价;在学业水平评价方面采取学习态度、学习水平和学习潜能等相结合的三维评价;在学生体育健身评价方面采取体能、技能和认知等相结合的三维评价;在社会实践的评价方面,学校编制了学生社会实践手册和生涯辅导手册,采取全程数据信息收集。

在组合式课程思想方法的引领下,学校不断丰富"学能评价"的内涵,我们将"学能"界定为学习态度、学习水平和学习潜能等三个维度.学习水平是学能的显性呈现,而学习态度和学习潜能是学能的隐性部分。学能评价的推行使教师对学情的分析有了更准确和专业的判断:"学习态度好、学习潜能大"的学生,其学习水平肯定高;"学习态度不好、学习潜能大"的学生,其学习水平提升的关键要素是改变学习态度;"学习态度好、学习潜能小"的学生,学生学习水平提升的空间有限,可以提升其他学科的水平;"学习态度不好、学习潜能不大"的学生,可以从改变学习态度着手……对每一个学生的成长都能有对应的着手点,因势利导。

四、意义和思考

(一)课程完善优化教师队伍水平

教师是课程改革和完善的核心力量,一支强有力的师资队伍不仅能保证落实好国家规定的必修课程的学习,还能开发基于学生个性化需求和学校特色的选修课程、校本课程和实践课程等,构建起多样化的结构体系,保证了学生的课程选择权。在课程不断建设和完善的过程中,学校通过研修培训、学术交流等活动,强化师资培训,使一线教师转变传统的教学理念,在教学形式和方式上进行大胆的探索和创新。在不断的教学实践中,提高教师的专业素质和业务水平,同时也提高教师指导学生进行生涯规划的能力,使广大的一线教师能够转型成为一专多能、顺应教育改革潮流的教育工作者。在新高考制度实施的背景下,选课走班成了学校开展教学活动的常态,学校根据学生的不同学习需求和职业规划需求,开设相关的生涯指导课程,并建立导师制对学生的选课和职业规划进行指导,教师根据学生的实际情况,有针对性地开展教学活动,以此满足学生的个性化的发展需求。

（二）课程完善优化学校课程设置

通过"基于证据的课程完善"研究，一是明确了学校课程计划的要素及评价标准，构建了证据与课程计划完善之间的关联，形成了"以终为始、编以致用"的设计思路，积累了较为丰富的学校课程计划完善的案例，在持续完善课程图谱的基础上，形成了"要素齐全、结构合理"的课程体系；二是明确了关键领域课程体系的基本要素，提炼出关键领域课程体系的"问题导向、循序渐进"的设计思路，有效推进德育、心理、体育等关键领域课程方案的设计和实施；三是在明确学校特色与特色课程关系的基础上，提炼了学校特色的主题词"外语见长、厚积素养"，引领学校特色课程的建设，协调好特色课程内部诸要素的关系。

（三）促进教师评价能力的提升

教师是学校课程优化项目的实施者，教师对课程的客观正确的评价，对学校课程的发展起着重要的作用。学校鼓励教师从学校的课程计划、教学资料、课程实施等方面进行评估，教师还承担着对学生进行"学能评价"，在整个评价过程中教师既是引导者，又是参评者。教师通过对学生长期观察、记录、分析，采用笔试、口试或实验操作、实践活动等形式对学生学科学习能力进行考察。同时教师还注意对学生的自评互评和家长协评等结果的平衡和监控，从而对学生学习过程中学能发展变化做出客观全面的评价。

（四）完善学生学习档案

"学习档案"的建立能够全面反映学生在教育教学活动的发展过程，不仅体现过程性评价和终结性评价相结合，更重要的是强调学生的自我纵向比较和自身素质增值，将学生的实践参与、能力表现、研究成果、艺术才能全面综合地集中反映，也更好展现学生的个性特色和特长发展。

目前，我校的"学习档案"，主要由"个人发展计划""学生成长记录册""学生特长认定和特色项目"以及"个人成长历程"四大部分构成。"学习档案"的动态建设过程中要求学生不断增加材料，以充分反映自己的成长过程和个性特点。"学生特长认定和特色项目"是我校对学生"艺术、科技、体育、英语"等方面有突出表现的学生进行了特长的认定，特长认定后，特长证书进"学习档案"，并附加教师评语、专家认定、学校推荐和竞赛成绩等定性评价，作为评价结果的补充和说明。"学生特长认定和特色项目"突出学生的个性特长，有效激励了学生的更好发展。"个人成长历程"，不仅包括校综合素质报告单、优秀作品和获奖证书、学生自我评价、社会实践和社团活动记录,也包括学生的学习体会和反思等,是一部可读性很强的学生成长史,它摒弃了重结果的评价方式,强调学生的参与过程,使学生自己、教师、家长清晰地看到学生发展进步的轨迹,不断成长走向成熟。

(上海市大境中学　卢起升、李文斌、沈珊红)

第二节　以学生为中心的课程评价探索

敬业初级中学(下简称"敬初")是黄浦区一所普通公办初中,以"求臻知理,敬业乐群"为校训,以"让每个学生体验成功,让每个教师感受幸福"为办学理念,着力培养"诗情画艺"的"敬初"学子。

一、实践背景与问题提出

(一)嘉年华课程提出的背景

学校围绕办学理念,以学生培养目标为导向,结合学校文化提出了学校嘉年华课程的课程哲学——"儿童立场"。嘉年华课程最初的设想,是让学生在学习中、在课程实践中以一种快乐的心情参与。从学校的校本课程入手,以社团、集会、游园等形式,通过构建多样化的课程内容与课程实施途径,为学生提供自主选择课程、自主体验课程的学校环境,使上课变得轻松、自由和愉悦。

嘉年华课程以"儿童立场"为课程哲学,以"选我所爱、爱我所选"为核心价值观,从课程类型、课程内容、课程实施、课程评价等方面满足不同特性学生的各种学习需求和成长愿望,让每一位"敬初"学子都能在课程学习中享受到嘉年华般的快乐和收获。

经过多年实践,嘉年华课程内涵包括 I-CACM—STEM + 课程的集合,即以文化(Culture)、艺术(Art)、交往(Communication)、德行(Morality)等人文学科培养学生传统文化和艺术修养等;同时与科学(Science)、技术(Technology)、工程(Engineering)、数学(Mathematics)等学科相融合,整合一切资源,以学生发展为导向构建课程。同时,形成具有嘉年华课程特色的双向评价体系,在评价中突出教育的主体——学生的感受。

（二）嘉年华课程实施的价值

嘉年华课程对学生的核心素养的提升具有支撑作用，对教师课程领导力和创造性的提升具有促进作用，对学校课程多元化、系统化具有契机作用。

1. 有助于提升学生的学习内驱力

通过嘉年华课程的实施，学生能在体验中自主选择课程、自主选择上课的内容，这些学习过程中的转型可以有效地促进学生在嘉年华课程学习中的自主学习内驱力。

2. 有助于提升教师的课程领导力

嘉年华课程是在所有教师的支持下形成的。从教师自主选择课程主题，到自主筛选课程内容，自主组织课堂活动，自主调整评价方式，最终形成具有校本特色的嘉年华课程读本，这个过程中教师群体也能提升自己的课程领导力。

3. 有助于推动学校的办学内涵

嘉年华课程的构建是对学校已有课程体系的补充和完善，在原有基础型课程、探究型课程中补充后隶属于拓展型课程，为学生提供了全面发展的机会。在嘉年华课程中强调学生的自主选择、自主体验和自我成长，在嘉年华课程构建中为学生提供丰富多彩的学习场景和学习经历，培养学生的人文素养、科学素养、身心素养和交往素养，以此提升学校办学内涵。

二、推进过程与举措

在推进嘉年华课程时，学校发现：学校生源中有 65％ 左右的学生都是非沪籍学生。这些学生家庭流动性大，家长对孩子的教育投入不大，家庭教育效果普遍不够理想，学生的学习习惯较差，学习基础薄弱，学生间学习主动性和学习能力差异很大。为了关注学生的个体差异，关心所有学生的成长，嘉年华课程有机整合学校三类课程，分别构建基础模块、创新模块和综合模块的课程，通过三大课程的建设，体现差异化教学和教育公平性。

（一）嘉年华课程基础模块的推进

嘉年华课程基础模块的构建以"绿色指标"为指导，以有效改善基础型课程的教学环节、凸显学生的主动参与来提升课程教学质量。例如，语文教研组探索"从阅读到悦读——学生多维阅读方法研究"，让学生通过自己主动参与，享受阅读乐趣,继而影响他们对于语文学习的态度和学习习惯,提升阅读素养,最终体现嘉年华课程"儿童立场"的课程核心理念。

（二）嘉年华课程综合模块的推进

嘉年华课程综合模块的推进是以课题研究与实践的方式展开的。嘉年华综合课程教研组开展了"嘉年华课程科目的设计与实施的实践研究"。基于"儿童立场"的原则,经过问卷调查发现:第一,嘉年华课程形成的以"艺术素养""人文素养""科学素养"等主题的课程群确实能达成学校的"诗情画艺"的育人目标;第二,学生形成了自主选择意识,达成嘉年华课程核心价值——选我所爱、爱我所选;第三,每个学生都能在评价系统中获得成功的体验,这与学校的办学理念完美契合。

（三）嘉年华课程创新模块的推进

只有秉持"儿童立场",更关注学生的情感体验,进一步丰富课程经历,才能让学生有更多成长收获和全面成长。我们在原有的课程设计基础上开发了"创新模块"课程。以德育教育为主导,以行规课程、心理课程、科技创新课程等为途径,强调立德树人、五育并举、全面发展的教育理念,培养人格健全、身心健康并具有创新精神和实践能力的"敬初"学子。

学校德育工作核心目标是"育人为本、智慧德育",在评价中也特别关注"学生立场":第一,注重动态跟踪及过程性评价,注重学生的体验感悟;第二,注重多元评价,以自评、互评、师评相结合,也注重学生对课程的评价。

三、特色经验与实践成效

学校始终立足学生立场,不断丰富嘉年华课程外延,深入挖掘嘉年华课程内涵,将嘉年华课程的理念与核心素养的培育任务、学校内涵建设的需求紧密联系,形成了具有学校特色的经验和成效。

（一）嘉年华课程的特色经验

嘉年华课程的"儿童立场",从课程的选择、课程的内容、课程的授课方式、课程的评价体系中得以彰显,其中嘉年华课程形成的双向评价系统就是以"儿童立场"为理念的课程评价系统,从对学生"学"的评价到对教师"教"的评价,都能充分体现出"站在学生立场"的核心理念。

1. 对学生"学"的评价

学习者的能力是多方面的,每个学习者都有各自优势。学生在活动过程中,表现出来的能力不是单一维度的数值反映,而是对多维度、综合能力的体现,因此对学生学习评价应该是多方面的。多元评价体现了主体多元化、内容多维化、方法多样化,以此来促进学生全面发展。

第一,评价主体多元化。评价主体是指那些参与教育评价活动并按照一定的标准对评价客体进行价值判断的个人或团体。评价主体多元化主要体现在:参与评价活动的人除了教师外,还包括学校管理人员、学生家长、学生群体和个体以及学校外的其他有关人员。充分发挥评价主体的作用,使评价结果更为客观,能激发学生的学习积极性。嘉年华课程中的评价主体除了任课教师外,还包括学生自己,因为每个学生要对自己的上课表现进行自评,同时也要对其他学生的上课表现进行评价,形成了教师评价、学生自评和学生间互评的多元评价主体。

学校每年 12 月举办嘉年华课程展示活动,也作为学生评价的有效途径,给予学生展示平台的同时,也能让学校中的所有学生、教师和受邀请的家长代表作为评价主体参与到学生课程效果的评价中。

第二,评价内容多维化。美国心理学家加德纳的多元智能理论认为:人至少有七种智能:语言智能、人际关系智能、音乐智能、自我认识智能、身体运动智能、空间智能、逻辑数学智能。在这七种智能中每个人都各有所长,不能单独从一个方面去评价学生技能的高低,而应综合各方面内容对学生进行评价。后来他又在其模型中加入第八种智能——自然智能。学校提出的嘉年华课程也正是看到了学生的多元化智力的发展,通过 30 门课程和 8 种课外活动,为学生提供丰富的学习资源,已体现发展学生多元智能的可能性。学生每学期能根据自己的兴趣选择一门自己喜欢的课程。在初中阶段,每个学生能选择 6 门课程,通过 6 门课程的学习,学生能发展自己多元化的智能水平,6 门课程的评价也就能体现出了多元化的学生智能水平。

第三,评价方法多样化。依据评价主体不同,可采用自我评价和他人评价。自我评价是学习者按照一定的评价目的与标准,对自身的工作、学习、品德等方面的表现进行价值评判。他评是指学习者以外的人所进行的评价。自我评价能充分调动学生学习积极性,而他人评价可信度较高,具有一定权威性。依据评价内容不同,可采用量化评价和质性评价。嘉年华课程中的评价就是将自我评价和他人评价有机结合在一起的评价方式。嘉年华课程的评价也能分为量化评价,如学生和老师会对某个学生在整个课程中的表现打分;同时也包括质性评价,如老师会将学生的作品在学校的各楼层大厅的展示栏中展示。

教师对学生的多元化评价,以嘉年华课程中的"心手相依"科目为例,整个科目注重学生的过程评价,而不以学生最终考试作为评价的唯一准则。在每个阶段都采用互评、自评、教师评价对学生进行评定。科目评价方式采用以下三种方法:第一,分为自我评价、同学互评、指导教师评价三者相结合;第二,等第分为优秀、良好、合格、须努力;第三,评价内容:学习态度评价和学习效果评价。(见表 5-3)

表 5-3 "心手相依"科目学习态度评价表

评价内容 评价方式	出勤率	参与程度	合作能力	展示效果	评价理由
自我评价					
同学互评					
指导教师评价					

注:评价标准分为:😀 😊 🙂

从这门学科的评价方式就能充分说明嘉年华课程是以每门学科的特色为基础,以过程性评价为主导,以学生互评为补充,以教师点评为反馈的综合教学评价方式。

2. 对教师"教"的评价

每个学期学生都会在期末对自己选择的嘉年华课程的授课老师进行评价,这也能充分体现嘉年华课程的评价立足于学生立场。(见表 5-4)

表 5-4 敬业初级中学拓展型课程学生问卷调查

课程名称＿＿＿＿＿＿＿＿＿＿＿＿＿＿

注:此调查问卷的每道题目只有两个答案供同学们选择,请同学们从有利于学校、有利于拓展型课程的改进和发展出发,认真、如实填写,在相应空格内打"√"。

序号	调查内容	A(4 分)	B(0 分)
1	你对本课程的总体满意程度如何?	满意( )	不太满意( )
2	本课程的内容设置情况如何?	内容设置吸引人,符合学生需求,每节课之间内容连贯,安排科学合理( )	内容设置不是很吸引人,不符合学生需求,每节课之间内容安排不连贯,不科学( )

续表

序号	调查内容	A(4分)	B(0分)
3	教师课堂教学情况如何？	教师上课生动有趣,准备充分,以学生的发展为中心(　　)	课堂单调乏味,教师没有充分准备,容量不足,不符合学生实际(　　)
4	教师课堂管理情况如何？	课堂纪律良好,教师严格管理(　　)	课堂纪律不好,教师随意放课(　　)
5	你认为你在这门课程的学习中是否学有所得？	我在学习中发挥了个性特长,很有收获(　　)	没什么收获(　　)
总计	满分(20分)		

可见,学生从课程满意度,到教师采用的教学内容、教学手段和学习所获等多个方面对教学进行多维度的评价。通过学生的评价,能充分了解每门嘉年华课程的课程内容是否需要调整,教学方法是否适合学生的身心发展,学生通过一个学期或一个学年的学习对课程的感受是怎样的,学习课程后的收获是怎样的,这些数据也将成为提升嘉年华课程教学品质的主要依据。

对老师"教"的评价,对改善课程的实施也具有重要的作用。其中,学生对课程的满意度就作为学校每年综合拓展课程"星级教师"称号评选的重要指标。学生对课程的内容设置,尤其是"每节课的连贯程度"的评价作为教师编写教材、梳理教学内容的重要依据。例如,董李铭老师在原本的课程内容设计中将理论知识"扎缬中的文化"这一章节放在第二单元,设计的初衷是让学生在理论学习的基础上再进行实际操作可能效果会更好,但是通过梳理学生学习后的评价发现,开课之初的理论学习太冗长,学生没有感性的认识很难理解理论知识,所以在之后的教学中董老师进行了课程内容顺序的调整,将"扎缬中的文化"作为最后一个部分,用以提升学生对于扎缬的审美。

（二）嘉年华课程的实践成效

嘉年华课程的实践成效能从学生对嘉年华课程的评价中体现得淋漓尽致,对嘉年华课程的满意度多年来始终在98％以上,这就是"选我所爱、爱我所选"的真实体现。对嘉年华课程评价体系的完善也带来了嘉年华课程实施过程中的两个转型,这也是"儿童立场"最全面的体现,更是推行"儿童立场"促进校本课程发展的体现。

1. 学生"学"的转型

嘉年华课程的实施是让学生主动地转变自己的学习模式,从被动学转为主动学的过程,也是学生学习内驱力提升的表现。

(1)学生自主性提升。

在嘉年华课程学习中,第一步就是学生自主选课。学校会举办全校范围内的课程游园会活动,让学生初步体验每门课程的授课内容和教学方法,学生再根据自己的喜好将自己的嘉年华课程意向表递交给相关课程的教师。从2018年开始,学校在校园网上开辟了一个独立的专栏"嘉年华课程",专门作为学生嘉年华课程的选课系统,学生能在以往直观感受的基础上,获得对每门课程更理性的、更全面的了解。

自主性提升的第二个表现方面,就是学生能自主选择课程内容。当学生选定了自己的嘉年华课程后,教师会在第一次课上与学生共同探讨本学期或本学年学生能在课程中学到些什么内容,学生能通过民主投票的方式来选择这些课程内容中自己想要体验的是哪几部分的教学内容,通过师生共同协商形成最终的课程内容。这也是学生参与课堂的一个重要环节,充分凸显出嘉年华课程"儿童立场"的课程理念。

(2)学生合作性提高。

跟基础型课程最大的不同在于,嘉年华课程在学习时多采用小组合作式学习的方法,将学生进行分组,并在每组中通过民主选举选出组长和副组长,以任务和问题作为驱动,让学生在小组中进行合作式学习。

例如,"漫游楹联王国"的课程中就有小组楹联学习闯关活动,以闯关游戏的方式来检验学生对于楹联创作的掌握程度,以小组为单位进行活动。小组中有人负责关注词性的工整,有人负责对平仄进行选择,有人负责落笔书写,在分工合作中,每个学生发挥自己的特色,彰显自己的特点,体现自己的价值。

(3)学生体验性深入。

每门嘉年华课程都会让学生有"走出去"的机会,例如"模型制作"就会带领学生参加各级各类的比赛;"志愿者活动"就会利用每周五组织学生参加各项社区举办的志愿者服务活动。学生通过这种"走出去"的活动,在校外的各类场景中通过自身的体验来提升自己的学习能力,同时增强这门课程的学习效果。

(4)学生探究性启发。

2018学年,针对综合素养评价项目的启动,嘉年华课程也开始对学生的探究能力进行了相应的培养。学生能在嘉年华课程中的综合实践类项目中培养自己的探究能力。例如"心手相依"课程中学生就能选择参与聋校、盲校或社会福利院等机构的社会考察活动,并在考察过程中,完成教师设计的任务单,形成自己的社会考察报告。每个学生通过这样的探究性活动,会对探究型学习有一个直观而感性的体验,为学生保质保量地参与综合实践类活动奠定基础。

2. 教师"教"的转型

在进一步明确学校办学理念和嘉年华课程的课程目标后,开发课程、实施课程、评价课程、编制课程就是教师教学模式的一种转型。

（1）基于自身的兴趣与特长开发课程。

根据学生核心素养的培养目标和学校提出的嘉年华课程的培养目标,教师能根据自身的特点上报自己想要教授的任何的课程主题,再通过学校层面的统一规划,形成具有校本特色的嘉年华课程。

例如:源于教师自身的特长,陈艳老师选择了玩转排球就是因为自己具有排球特长;源于教师自己的兴趣,董李铭老师选择了扎缬就是因为身为美术老师的他对扎缬有兴趣;将自己的特点与学校发展相统一,胡正娟老师选择了书法是因为书法既是她的特长,也是学校在榀联教学中的需要。

（2）基于课程内容设计教学方式。

嘉年华课程与国家课程的不同点在于教师在教学方式上可以采用更灵活的、更受学生欢迎的方式。根据调查显示,嘉年华课程多采用合作式、体验式等教学方法。教师选用的这种灵活的教学方式与教学内容有关,更与学生的体验有关,其主要目的就是增强学生的学习动机。

（3）基于专业发展自主参与培训。

嘉年华课程丰富多彩,有些与教师本身的专业有关,如"花样跳绳"的执教老师徐老师就是学校体育多样化项目中教授花样跳绳的体育教师。有些课程是与教师本身的兴趣有关,例如"茶艺"的执教老师崔老师是学校的英语教师,但是由于自己喜欢茶艺,在承担嘉年华课程时参加了初级茶艺师、中级茶艺师和茶艺市级教研的培训。有些课程是与教师的特长有关的,如余老师作为嘉年华课程"心手相依"的执教老师,其特长就是手语,他通过了初级、中级和高级手语翻译员培训。

可见,教师在嘉年华课程的相关授课内容中都会积极地自主参加相关的培训,以促进自己的教学能力,提升教学水平。

（4）基于课程发展自主编写校本读本。

嘉年华课程强调的是作为课程主体的学生的感受，为了凸显学生的主体地位，学校特别重视将学生的选择放在首位。学生在嘉年华课程中既能自主选择喜欢的课程进行学习，还能建议自己喜欢的授课内容，教师在形成自己授课内容时也会接纳学生的意见，调整自己的授课形式和内容。经过几轮教学，形成了相对固定的教学形式和教学内容，并在学校领导的支持下，形成了自己的嘉年华课程的校本读本。第一批嘉年华课程的校本读本包括：陈艳编著的《玩转排球》、徐春丹编著的《花样跳绳》、余晓婷编著的《心手相依》、潘漪洁和李晓灵编著的《漫游楹联王国》、胡正娟编著的《墨香书联》、董李铭编著的《变化多彩的扎缬》、赵怡雯编著的《防止水土流失》、宋晓枭编著的《蔬果保鲜器》、李娟娟编著的《水净系统的设计与制作》、谷科和臧莹编著的《桥梁加固》、肖立净编著的《义肢的设计与制作》共 11 本，2018年 8 月已由上海科学技术出版社出版第 1 版。

这些读本都是在实践中通过积累经验形成的，真正做到理论与实践相结合，教师的特长与学生的爱好相统一。

（5）基于学生综合能力发展自主设计综合实践项目。

设计相应的综合实践项目，是 2018 年提出的对嘉年华课程的新的要求，每门嘉年华课程在提倡自主选择、分享体验的基础上，又提出了发展学生的探究能力。每个老师在设计自己的嘉年华课程时，也会将综合实践项目的理念融入其中。

教师在学习自己开设的课程时的经验就在这里起到了重要的作用。例如："茶艺"课程的教师会带学生去天山茶城实地考察各类茶品的源叶，"玩转排球"的教师会利用自己的课余时间带学生去参加区级排球比赛，"墨香书连"的教师会带学生去文庙参加祭孔大典并书写自己的感悟。教师会利用自己以往学习这门课程时的有效实践经验，推荐并带领学生去参与这些实践活动，在活动中感受课程的魅力。

四、问题思考与未来展望

（一）如何更好地完善嘉年华的评价机制

现在的嘉年华课程的评价主要是双向评价，即学生在某一门嘉年华课程完成后，对授课老师进行的多维度评价以及教师在某一门嘉年华课程完成后对学生进行的多元化评价。

嘉年华课程作为一个综合性的、实践性的课程,在评价时需要把发展性原则、多元性原则、全程性原则和激励性原则放在首位。即在规划今后的学生评价时要特别关注学生发展水平、发展程度和发展层次,引导学生进行自我反思性评价,关注学生的体验过程,关注学生在探究过程中形成的情感、态度、价值观、综合能力等。对学生发展的评价,不仅由指导教师来完成,还应积极鼓励学生自主评价、相互评价,有效利用学生家长的评价、社会有关人员的评价等。重视对学生活动过程的评价,注重评价学生在活动过程中的表现以及他们解决问题的方法、态度和体验。在规划今后的教师评价时,要特别关注教师在教授课程中的情感、态度、价值观和综合能力的提升。对教师的评价也应该多元化,注重过程性,并采用一定的激励方法,如持续在嘉年华课程执教教师中评选星级教师等。

(二)如何系统地完善嘉年华课程的课程架构

嘉年华课程旨在通过一系列的课程和体验发展学生的核心素养,达成学校的办学目标。嘉年华课程的课程目标已经确定,下层的课程也在不断丰富,但是如何做到让每一位教师自主开发的校本嘉年华课程具有本身的课程性和科学性。这是每一位嘉年华课程执教老师需要去研究并实践论证的。同时,如何保证这些课程能系统地组成一个课程体系达成嘉年华课程的课程目标,也是需要进一步研究的。

(上海市敬业初级中学　张宝琴、余晓婷)

第三节　助推儿童发展的评价设计探索

上海师范大学附属卢湾实验小学(下简称"卢实小")始建于 20 世纪 50 年代初,2007 年 9 月与上海师范大学合作办学,更名为上海师范大学附属卢湾实验小学。学校以"修德允能、圆融通达"为办学理念,倡导以"德"修身为核心,以"能"创新为重心,从"融合创新"的视角架构"五彩童梦"课程体系,通过课程实施培养学生的学科融合创新能力,面对未来社会的与人合作交往、问题解决的能力。近几年,学校特色的"融合创新"课程在学科融合发展、具有创新思维学生的培育方面取得了一定的成效。

一、问题提出

　　教育综合改革着力落实"立德树人"根本目标,课程作为学校各项教育教学活动的系统规划及实施重点,是达成课程育人目标的重要实施环节。黄浦区近几年始终以"深入五育并举,聚力创新教育"为育人目标,以创新教育整体带动黄浦教育现代化的加速推进。我校作为黄浦区创新教育的实践探索校,将创新教育的主阵地扎根于学校课程,探索出系列"融合创新课程",借助该类课程的有效实施提升学生创新能力和创新素养。学校在融合创新课程创设之初,原基础型、拓展型等课程评价体系尚无法全面体现融合创新课程的育人目标,这就需要我们突破传统课程评价的既定体系,对课程评价进行重新思考与再构。于是,上海师范大学附属卢湾实验小学在黄浦教育局的引领之下,走出了一条"以创新评价促学生创新发展"的实践之路。

　　"修德允能、融合创新"是上海师范大学附属卢湾实验小学的课程理念。其中"修德允能"源自学校办学之初的校训,在黄浦创新教育的背景之下有着更深层次的理念诠释——公平公允地对待每一个学生,为每一个学生提供最适切的课程,培养德能兼备、具有创新精神、能胜任未来世界挑战的现代小学生,这份理念与"立德树人"的教育最终目标高度契合。"融合创新"是对创新人才培育的一份期许,习近平总书记在全国教育大会上提出,要在增强综合素质上下工夫,教育引导学生培养综合能力,培养创新思维。创新人才的培养呼唤创新教育,创新教育在学校中需要有课程的架构、实施与评价来支撑与落实。

　　学校以课程为抓手、以评价为切入口,提升学生创新能力培养,以点带面推进。首先,以"DI 创新课程"为试点。"DI 创新课程"源于 DI 全球赛——"Destination Imagination",通过无限的想象力和创造力到达目的地,关注创新思维的培养,关注创意问题解决和团队合作的过程经历。通过基于主题的长期挑战题的展演与演绎,结合即时挑战任务的合作分工、设计与问题解决,孩子们乐于参与,团队合作、创新思维等在过程中生成。为了让更多孩子参与进来,让 DI 比赛中的创新元素凸显出来,我们走出了一条"从竞赛到课程"的道路。

　　我们需要思考:作为一门创新课程,其创新元素是什么? 是好奇心的呵护、想象力的激发、团队分工与合作、创意设计与协调执行、批判性思维的生成……这些都是创新课程的元素,需要我们在课程中融入、践行。学校科技创新团队在反复研讨后,把"DI创新课程"定位为:融合了语言、数学、科技、艺术等多个领域,学生通过团队合作与挑战、作品交流与汇报等形式,在过程中促进团队合作能力、时间管理能力、倾听与表达能力、自我反思的元认知能力和批判性思维等综合素养的提升。而作为竞赛,评价是竞赛中不可或缺的组成部分,于是我们借鉴DI竞赛中评价的方式,提炼评价的要点。

目前,学校正逐渐丰富融合创新课程群,已打造了如DI创新课程、科学种子学堂课程、移动课堂、自然博物馆创新探究课程、艺术创意课程、完美工坊创意课程、"丽园50事"微课程群等九项融合创新课程,并分别通过学校的周五快乐活动日课程、"一日体验"课程、创智导学课程、社会实践活动课程等途径实施。

学校依托融合创新课程,致力于学生融合创新能力的发展。如何基于课程评价促使学生真实学习的发生?如何把创新型课程评价与我们基础型课程评价相结合,提炼课程评价的路径,形成有效举措,以课程评价促进课程实施成效的达成,助飞学生"融合创新"发展?我们有着一份思考,基于思考有着扎实的推进举措。

二、推进举措

基于此,我们把试点课程的评价向所有课程辐射,采取多种推进举措。

(一)学习评价内容的优化与完善:从注重目标到全面素养

融合创新课程要通过创新评价促进儿童真实学习的发生。首先,我们需要优化评价内容,从学生综合素养的全面培养进行考量;其次,我们需要关注评价指标,与上海市教委推进的基于标准的教学与评价项目对接,力求做到"教—学—评"融合一致。

1. 基于综合素养培育的评价设计

以"DI创新课程"为例,其课程理念是融合语言、数学、科技、艺术等多个领域,学生通过团队合作与挑战、作品交流与汇报等形式,在过程中提升团队合作能力、时间管理能力、倾听与表达能力、自我反思的元认知能力和批判性思维等综合素养,课程团队教师基于课程理念,提炼其关键词,如"团队合作""交流汇报""时间管理"等,通过对其他学科教师以及学生的走访、对DI课程中学生学习现状的观察,进行了课程开发团队的研讨,细化年级评价目标,以下是课程中"团队合作能力"年段评价的细化目标。(见表5-5)

表 5-5　"上师大卢实小""DI 创新课程"关于团队合作能力的评价细则

评价量表			
合作形式与分工	时间管理	倾听与表达	汇报
三年级 两人都能积极参与，不争吵	能够在规定的时间内完成，过程中互相提醒时间	能够倾听、尊重组员意见，很快达成统一意见	能够一人主汇报，另一人配合展示作品或进行补充
一人积极参与，另一人在教师或同伴的提醒下参与活动，不争吵	能够在规定的时间内完成，需要教师提醒时间	在经过一定的讨论和尝试之后，达成统一意见	能够一人主汇报，另一人在教师的提醒下进行作品展示的配合
两人合作困难，难以达成统一意见	无法在规定的时间内完成，几乎不在意时间	难以达成统一意见	难以进行二人配合的汇报
四年级 能够进行小组分工，并按照分工表积极参与活动	能够在规定的时间内完成，计时员发挥作用明显，组员之间会互相提醒时间	能够倾听、尊重他人意见，组内很快达成统一。共同对自己的作品进行反思，能够欣赏他人作品，悦纳他人意见	能够根据分工表选出两名汇报组员，以两人配合的形式汇报
能够进行小组分工，个别组员在活动过程当中没有很好地履行自己的分配任务	能够在规定的时间内完成，计时员在同伴或教师的提醒下发挥作用	在经过一定的讨论之后达成统一意见。能够进行自我反思，欣赏他人作品	能够推选出两名组员进行汇报，有一定的配合
分工不明确，难以进行活动	无法在规定的时间内完成，计时员几乎不发挥作用	难以达成统一意见，更倾向指出别人的缺点	不经过推选进行小组汇报
五年级 有很好的分工意识，能够根据组员特长进行合理的分工	能够在规定的时间内完成，计时员预估作品完成时间对组员进行提醒	能够倾听、尊重他人意见，组内很快达成统一。有意识地对作品进行比较、反思，悦纳他人意见	根据组员特长推选合适的汇报人员，以合作形式进行汇报并能相互补充
在教师的提醒下根据组员特长，进行合理的分工	能够在规定的时间内完成，计时员按一定规律进行时间提醒	在一定的讨论与尝试之后达成共同意见。愿意接受他人建议	能够推选组员进行汇报，互相有一定的配合
有分工，但是不够合理	无法在规定时间内完成，计时员发挥作用不明显	花费较长时间运成小组共识	不经过推选进行汇报

基于学情的年段评价细则，如何匹配具体教学内容，落实在课堂中？学生又是如何通过评价促进学习的有效发生，促使综合素养的全面提升？我们由此进入了"教—学—评"融合一致实施的阶段。

2. 基于教学目标转化的评价设计

以往，教学目标往往掌握在教师的心中，教师制定教学目标，教师在课堂中将教学目标转化为具体的教学行为和评价，对学生而言，往往是到课中或课后通过教师的引导才知晓今天学习了什么，为什么学习，而课堂的评价者也往往是教师。学生作为学习的主要参与者，如果课前他们就明确今天的学习目标和学习内容，带着目标、任务和思考展开学习，将大大促进学生学习的针对性和思考力。但如果要学生解读教学目标，由于话语系统不符合儿童特点，解读起来比较困难。因此，课前教师将教学目标转化为儿童化的学习目标，简单儿童化的表达方式更容易让学生明确学习的任务和目的。在过程中，当遇到困难时也更加容易将目标中提到的方法策略等在脑中再现，有效促进了学生开展自主学习。

融合创新课程的实施需要在课堂上、活动中具体展开，富有创新元素的评价点以学校吉祥物丽丽、园园为代表进行设置，从教学目标转化而来的浅显的儿童语言背后包括了评价的关键点——激发学生的参与度、保持好奇心，充分的想象、团队

表 5-6 《DI—东方明珠》教学目标

1. 通过圈划任务规则中的关键词，对任务进行合理分类，能正确解读任务，进行方案设计，提升观察、分析和创造性设计的思维能力； 2. 通过小组合作的方式，遵守挑战规则，体验挑战《东方明珠》的过程，能够在桌面上制作一个能承重两个高尔夫球的越高越好的独自站立结构，发展团队合作能力，提升创造性思维解决问题的能力，提升时间管理意识； 3. 通过匹配任务要求的汇报展示项目成果，能认真倾听他人的汇报和表演，比较辨析各组作品，欣赏悦纳他人成果，并匹配任务要求提出改진调整建议，提升语言表达能力和辨析能力； 4. 通过匹配学习目标完成自我评价，并表达评价的思考，提升学习的元认知能力

表 5-7 《DI—东方明珠》学习目标

学习目标		
1. 我们能通过圈划关键信息，正确解读任务		
2. 我们能制作 1 个高度是（　　　）cm 独自站立的结构		
3. 我们的结构能承受（　　　）个高尔夫球		
4. 我们能匹配任务要求进行汇报展示，提出建议		
5. 我们能遵守规则，有效进行小组合作	形式与分工
	时间管理
	倾听与表达
	成果汇报

合作,对自我或他人方案的辨析,自我评价促进批判性思维的生成等。例如,以下是"DI创新课程"中《东方明珠》一课,教学目标(见表5-6)以及从教学目标转化而来的学生学习目标(见表5-7)。

关于学习目标中1～4项均从教学目标1～3项转化而来,学习目标中第5项关于团队合作的评价部分是由年段评价目标(见表5-5)中派生而来,呈现关联性。如何进行信息解读、独自站立且具有一定高度结构的制作、承受重物的问题解决;匹配任务要求进行汇报展示等创新关注点均成为评价要点。评价是一种导向,把课程中的创新元素外显化呈现,通过评价激励、导向作用引导孩子们在过程体验中生成创新思维、形成创新能力。

有了学习目标,学生就能将学习目标作为自我评价的依据,匹配学习目标在学习过程中开展自我等第评价。例如,表5-8是"DI—东方明珠"一课中的学生自我评价单。

表5-8 "DI—东方明珠"学生自我评价单

学习目标		优秀	良好	合格	须努力
1. 我们能通过圈划关键信息,正确解读任务。					
2. 我们能制作1个高度是( )cm独自站立的结构。					
3. 我们的结构能承受( )个高尔夫球。					
4. 我们能匹配任务要求进行汇报展示,提出建议。					
5. 我们能遵守规则,有效进行小组合作。	形式与分工				
	时间管理				
	倾听与表达				
	成果汇报				

由于课程的相关创新元素通过学习目标已经儿童化、外显化,在学生自评过程中,有效促进了学生反思:问题解决的方法是否合适?是否有效进行了时间管理?是否匹配任务要求进行交流展示?……也能通过阶段性的自评,促进其反思、自省、调整学习行为,以自我反思的方式展示真实的学习过程。例如,有的学生在评价后,会提到"我们小组刚才没有匹配任务要求对其他组的作品进行点评,仅仅是出于我们的喜欢程度,因此下次给他人提建议时,要匹配任务要求,这样才言之有理,别人才能信服"。

综上,在课程实施中,学生通过创新评价,如在"DI创新课程"中对"团队合作能力"进行分维度、分年级、梯度设置评价细则,成为学生有效参与创新课程实施中的支架与保障;在课程实施中,关注学习评价,以学校吉祥物丽丽和园园分别对应创新挑战任务的结果评价、过程中所反映出的创新能力的评价,评价的方式有学生自评、互评及教师的即时点评等,把创新元素、学生的学习过程通过评价的方式外显化,有效促进了学生真实学习过程的发生,提升课程实施的效能,实现课程育人目标,提升学生的综合素养。

(二)学习评价方式的变革:从教师评价走向学生自我评价

在融合创新课中,我们惊喜地看到学生通过自我评价所带来的变化与课堂的活力。因此,我们把评价的变革尝试向基础型课程延伸,把课堂中原有的教师评价单一维度拓宽为师生双维度,且匹配不同年段学生的特点,采用不同的"自我评价"方式。

1. 根据年段特点,匹配不同的"自我评价"方式

由于小学生各年段的心理认知、情感体验、学习能力等都存在较大的差异,我们匹配不同的年段,采取不同的"自我评价"方式,既符合学生年段心理特点,又能较好地发挥评价的自我诊断的功能。例如,我们设计了适合低年段学生特点的"评价翻转板"(见图5-2)和适合中高年段学生的"自我评价学习单"(见表5-9)。低年级学生解读文字表述的评价目标有困难,而他们又喜欢富有童趣的卡通图片。因此,教师通过将评价目标提炼概括的方式,并匹配适切的图片,让学生对学习内容

低年段学生课堂自评翻转板(正面)　　　低年段学生课堂自评翻转板(反面)

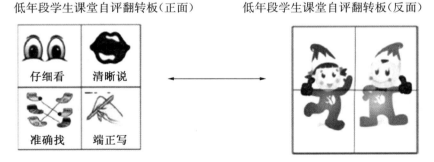

图5-2　评价翻转板

【说明】翻转板上评价目标从教学目标转化而来,并通过有趣的翻转板方式呈现,学生在过程中围绕评价内容分别从知识、能力和习惯三个维度展开自我评价。当目标全部达成后,评价板全部翻开形成学校吉祥物"丽丽和园园",促进学生对学习成果和学习习惯进行自我总结。

表 5-9　自我评价学习单

学习目标	优秀	良好	合格	须努力
由教学目标转化而来的评价目标 1				
由教学目标转化而来的评价目标 2				
由教学目标转化而来的评价目标 3				
由教学目标转化而来的评价目标 4				
由教学目标转化而来的评价目标 5				

　　【说明】学生自我评价目标从教学目标转化而来,其中目标 1—3 表示学业成果(包括知识、方法)维度的评价,目标 4—5 表示学习兴趣、习惯维度的评价。学生在误时学习过程中或学习后分阶段进行自我评价,也可在过程中依据自我达成情况,进行自我评价的修改。

　　一目了然;而每达成一个学习目标,学生还可以翻转对应的评价翻板,当所有目标都达成,即显示出学校的吉祥物"丽丽"和"园园"。这种富有童趣的评价方式更容易让学生理解与操作。在中高年级,由于学生具备一定的阅读和理解基础,因此,教师就将评价目标用简洁、清晰的文字语言呈现给学生,旁边匹配学校吉祥物"丽丽"和"园园"用以区分"知识维度"和"习惯兴趣"维度的目标,学生可通过圈划关键词等进行目标解读,展开自评。

　　2. 在课堂中开展自我评价,以评价促发展

　　以往在课堂评价中,是教师针对学生的表现进行评价,较少让学生参与到学习评价中。有的课堂有学生评价,但比较空泛,例如"我真棒"、给自己竖一个大拇指等;或是较多从知识维度进行评价,如"我对了几道题"等,忽略了对学习习惯、学习方法等反思评价。因此,在具体实践中,我们不仅关注的是学习的"结果",更注重在自我评价中融入对学习过程、学习方法的评价,发展学生元认知水平。

　　(1)课前了解学习目标。

　　课前对学习目标的了解,有助于学生聚焦本节课的学习要点、运用方法、习惯保持等,也为后续学习提供了支撑。

　　以一年级数学《数墙》一课为例,教师将教学目标转化为学生的评价目标,针对一年级学生识字量较少的特点,概括为学生容易理解的"听、说、找、算"四个评价目标,并在"翻转板"中呈现。课前,教师只需要匹配翻转板上的四个关键词进行简单解读,就能引导学生清晰地了解本节课我们需要关注什么。

【课前】教师手指翻转板揭示学习目标。
老师：小朋友们，今天的学习，我们学什么呢？
找：找什么？找规律。我们还要把规律用数学语言表达出来，也就是"**说**"。如果有些规律你觉得表达有些困难，我们还可以"**听**"，认真听关键词学习规律的表达。当然，我们今天还会继续复习 20 以内的加减法计算呢，要准确地**算**呢。

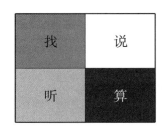

图 5-3　一年级数学《数墙》一课的评价目标

　　中高年级，学生由于具备一定的阅读理解能力，因此可以自己通过阅读、圈划关键词等方式解读学习目标。例如，以下是《英语 4B M2U1》第一课时中，学生进行自我解读的学习目标。

学习目标	优秀	良好	合格	须努力
能听懂、正确朗读和拼写 poster\club\sport\join\badminton 等词汇，能用 Does...like...(doing)? 的句型向某人询问他人喜欢的运动。				
能联系上下文初步理解 favourite,would like 的意思；能在图片辅助下理解 poster 的意思。				
能从 Look and say 的听力内容中捕捉关键信息回答相关问题。				
我能与小组内同学积极合作、分角色朗读 Look and say 的对话。				
我非常高兴用了2—3句话介绍自己想要加入的运动俱乐部。				

图 5-4　学生运用圈画方式解读《英语 4B M2U1》第一课时的学习目标

　　（2）课中运用"翻转板"或"自我评价单"开展课堂自我评价。

　　自我评价伴随学生的学习过程，可在每个教学活动中或学习环节小结时进行。评价有了方向，更能促进学生对学习中方法、策略的反思。评价往往是在学生间分享的，分享的过程同样是学习、借鉴、吸纳的过程。

　　例如，在以上一年级的《数墙》一课中，一个孩子关于"说"的翻板没有翻转，因此教师立刻就关注到了，并就这个情况展开后续教学。（见图 5-4）在课中，教师根据学生自评结果，对学生个体进行关注，了解孩子的学习情况和需求。又通过互评的方式,为孩子提供了学习的方法和策略,针对性地补偿教学,让每一个学生学有收获。因此,当课堂更多引入自我评价、学生间的互评,学生的真实学习被激发,学习的素养被大大提升。

师:小朋友,你的小牌子"说",自己没有翻,能说说为什么吗?
生 1:我知道数墙中的规律,但还不会说。
师:其他小朋友,有什么方法帮帮他吗?
生 2:再听听录音,找关键词。
生 3:用算式也可以,就像 2 + 3 = 5;3 + 2 = 5……一样。
师:对啊,小朋友们总结的都不错,都是好方法呢。那我来放录音,你来听一听,说一说好吗?
……
生:(欣喜地)我会了! 谢谢大家。(学生随后自信地把"说"的小牌子翻了过来。)

图 5-5　一年级的《数墙》"翻转板"的运用

又如上述四年级的英语一课中,高年级学生们还可根据自评结果,为自己选择布置针对性的回家作业。例如,一位学生发现自己在单词的正确拼写上,有一个单词仍拼写有误,而其他学习目标均达成,就为自己布置了如下的作业。(见图 5-6)

学习目标	优秀	良好	合格	须努力
能听懂、正确朗读和拼写 poster、club、sport、join、play badminton 等词汇,能用 Does... like... (doing)? 的句型向某人询问他人喜欢的运动。		✓		
能联系上下文初步理解 favourite、would like 的意思;能在图片辅助下理解 poster 的意思。	✓			
能从 Look and say 的听力内容中捕捉关键信息回答相关问题。	✓			
我能与小组同学积极合作、分角色朗读 Look and say 的对话。	✓			
我非常高兴用了 2～3 句话介绍自己想要加入的运动俱乐部。	✓			

我的作业:
1. 抄写 play badminton 两行。
2. 默写一遍今天学习的单词
3. 用 play badminton 写两个句子。

图 5-6　根据自评结果为自己布置回家作业

通过自我评价对自己的学习有清晰明了的把握,为后续学习需要跟进补偿及后续发展的能力有了解,这正是学生元认知水平提高的出发点。

在低、高年段匹配不同的自我评价方式,匹配不同年段学生的年龄特点、认知特点。同时,在课前、课中通过自我评价促进学习方式的变革,创新的课堂实践方式启动学生真实学习的引擎,目标意识、自我反思能力、学科综合素养等在不断学习、评价的过程中被激发。

(三)课程评价方式的多路径探索:观察、访谈与微信协同参与

课程实施过程中,学校还充分利用信息技术平台,通过课堂中"同步在线学生的课堂学习经历"、课后"访谈分析学生课堂学习感想"以及"基于学生学习视角下课堂观察量表"等全方位、多角度还原学生的学习过程、情感体验等,通过学生层面的调研、观摩、访谈等角度,进行了课程的评价、监控及即时调整,促进创新课程的完善,提高课程实施质量,使课程适合学生学习发展的需求,促进融合创新能力的提升。以下将继续通过融合创新课程的评价实例,阐述如何基于学生学习经历和感悟的课程评价与调整。

1. "说说我们的课程体验感受"——基于学生访谈分析视角的课程评价

关于课程的实施成效如何,我们还注重倾听孩子的声音——来自学生对课程的评价,促进课程创新特点的凸显。例如,在艺术创意课程实施之后,孩子们通过访谈,说了说他们的课程体验后的感受。

艺术创意课程学生访谈整理   2019.05.28

一、访谈对象
从四(2)班五个小组每组各选一名学生,共五名学生。

二、访谈结果
1. 对今天课程体验过程的了解
五名学生均能具体回忆出整个课程的流程,但是对老师意图的认识有所不同。比如老师对学生作品的展示,在语言能力较弱的孩子的理解中,就是老师更喜欢他们画乱的、线条激烈的画,因此在后续作画过程中也是遵循这个理解在画。
2. 小组在合作过程中的具体分工
五组中有一组今天因个别组员有突发状况未能完成合作任务。其余四组,有两组按照音乐的进程(开头、中间、结尾)或音乐的节奏(悠扬、激昂)来分配任务,有一组按照作画的过程(调颜料、画渐变色等)来分配任务。另有一组,一开始未能理解任务要求,画了具体事物而非抽象线条、色彩,在调整后全组成员一起按照音乐节奏挑选颜色进行绘画。

3. 对合作后完成作品的评价

在访谈时从整体是否和谐的角度追问了学生对自己小组合作所完成的作品的评价。有一组学生在完成后发现各个组员负责的区域边界过于明显，因而用水将其抹开进行融合；有一组学生因为按音乐进程来分工，音乐的开头与后面部分差异较大，所以画出来的感觉也差异较大；另有一组未完成；一组因一开始未能理解任务要求导致最后成品抽象色块与桃树之间融合度较低。

4. 印象最深刻的课程环节

五名学生中的三名均提及小组合作环节，理由包括：组员共同参与、组员相互配合、组员很花心思、能根据自己想法作画。

另有一名学生提到印象最深刻的是自行作画的环节，因为有不同材料的运用与不同音乐的融入，且在此过程中老师一直引导大家对抽象画进行欣赏。该生后来也提到，课程中学到的最重要的东西是"欣赏"，对自己、对他人的欣赏。

5. 从课程中学到的最重要的东西

五名学生中的两人提到"欣赏"，一人提到"合作"，一人提到"想象力"，另有一人提到"听音乐画感受"。"欣赏"的重要性：体现对他人的尊重，增加自信。"合作"的重要性：合作可以更好地完成任务，效率更高。"想象力"的重要性：跳出事物固定的条框，发挥创意。"听音乐画感受"的重要性：多了一种抒发情绪的途径。

经过访谈和分析，我们发现孩子对课程实施中的创新元素，包括合作、想象力等均有感悟，这是后续课程实施中需要继续实践并保持的内容；孩子们能对合作所完成的作品进行自我评价，并能对艺术欣赏、悦纳他人、欣赏自己有感悟。因为语言的限制影响沟通的弊端也在访谈中显现出来，当学生的访谈记录在微信群里发布后，第二天学校老师及时调整了分组情况，每组配有 1～2 名英语能力强的学生进行沟通协调；主教老师的讲课关键点也请了一位助教老师进行及时翻译。学生的心声表达就这样成了课程实施评价的一种补充方式，成了保障课程有效实施的一种良策。

2. "看看我们的课堂表现"——基于课堂观察量表的课程评价

如果说，从"融合创新课程"创新评价过程中，学生通过评价凸显了"创新"元素，实现了课程育人的目标，作为教育者尚需思考，如何把探索与实践的思考延伸至学校的基础型课程之中。为此，我们同样也从基于学生的评价入手，从课堂观察量表的创新改变出发，促进观课者更多从"融合创新""学生真实的学习历程"等角度评价课程与教学。

音乐《天山之春》课堂观测评价量规的修改凸显了基础型课程课堂教学设计与实施环节的"学科融合"及"创新素养"的培育。（见表 5-10）首先，创新教育中的各个创新元素,包括个性表达、主动质疑,善于倾听、乐于合作,善于思考、主动探究等均被设计在评价量规中,凸显了课程融合创新的育人要素;其次,作为观课者,不再仅将从教师、教学设计的角度来进行观课评课,从而来判定课堂教学的成效,而是更加关注学生"个性表达""倾听合作""主动探究"等学习过程的表现,实现课程育人的价值。这种评价的先导指引作用引导教师用创新的视角设计并实施基础型课程,课堂悄然发生了变化。

表 5-10　音乐《天山之春》课堂教学观测评价表

观测项目		课堂观测细则	观测结果
共性指标	教学目标	1. 基于课标、教材、学情,围绕"知识技能、过程方法、情感态度价值观"确立教学目标,表述规范,能体现三者之间的融合设计	5　4　3　2　1　0
		2. 教学目标对教学内容和教学过程具有指导性和可测量性,能凸显学科之间的相互融合	5　4　3　2　1　0
		3. 教学目标的设定符合学生认知发展特点,关注学生学习经历,凸显学生创新思维的培养	5　4　3　2　1　0
	教学设计	4. 教学环节清晰,与教学目标相互匹配,突出重点、突破难点,基于学情分析有充分的预设	5　4　3　2　1　0
		5. 活动与提问的设计具有针对性、启发性,能提升学生思维品质,培养学生创新思维	5　4　3　2　1　0
		6. 教学设计意图阐述清晰,对学科融合、学生创新能力培育有一定的思考	5　4　3　2　1　0
	课堂实施	7. 教学组织有序,营造民主、和谐、开放的课堂氛围,善于引导学生认真倾听,主动质疑,鼓励学生个性表达	5　4　3　2　1　0
		8. 尝试从兴趣、习惯、成果三方面,结合教学目标展开课堂即时评价	5　4　3　2　1　0
		9. 关注学生的课堂学习表现,灵活调控课堂,采用恰当方式及时应对课堂生成	5　4　3　2　1　0
课堂成效	学生	10. 积极主动参与学习,有良好的学习习惯	5　4　3　2　1　0
		11. 个性表达,主动质疑	5　4　3　2　1　0
		12. 善于倾听,乐于合作	5　4　3　2　1　0
		13. 善于思考,主动探究	5　4　3　2　1　0

续表

观测项目			课堂观测细则	观测结果
共性指标	课堂成效	教师	14. 教学组织有序,关注学生课堂学习表现,灵活调控课堂,能采用恰当方式及时应对课堂生成	5　4　3　2　1　0
			15. 教学用语规范,知识点表述清晰准确,板书工整	5　4　3　2　1　0
			16. 教态亲切自然,善于营造民主、和谐的课堂氛围	5　4　3　2　1　0
			17. 合理运用现代信息技术,对教学的支持作用凸显	5　4　3　2　1　0
个性指标			18. 初步知晓琵琶构造与音色特点,运用体态律动、即兴表演等方法,从多方面、多角度去体验琵琶音色,感知乐曲情绪	5　4　3　2　1　0
			19. 欣赏乐曲的过程中能够静心、专注地聆听,并主动通过体态律动反映月球与变化。能够主动用音乐语汇表达音乐感受,能够对自我或他人的表达进行过程性的评价	5　4　3　2　1　0
			20. 借助"一直播、明信片"等特色载体,参与对乐曲的体验与感受,积累对我国民族音乐的了解,产生对民族音乐的欣赏兴趣	5　4　3　2　1　0
总分				
建议				

3. "同步我们的课程学习经历"——基于微信群的课程实施评价及优化

艺术创意课程也是学校"融合创新课程"系列之一,该课程倡导学科间融合,呈现灵活多样的立体式教学,多感官联动,使美术、音乐等领域在艺术的创意场中交互、交织,产生创意与创想。学生在艺术氛围的感染下,欣赏美、感受美、创造美,发展丰富的艺术想象力及无限的创造力。建立课程微信群,把学校课程研发组老师、外教课程实施方课程负责老师、主教、助教老师共同组群,在群里发布课程方案、课程实施实录及要点、主要环节课堂教学过程、学生参与互动情况等,通过在微信群进行实时直播和分享视频的方式,学校课程研发老师可同步观摩课堂实施状况,从学生参与度上、问题解决方法、汇报发言等角度全面了解学生学习的真实状况以及课程目标的达成情况,从而即时点评课程实施情况;同时,课程实施教师也可课后对过程进行再次观摩,不断反思改进,微调完善课程。即时评价、即时改进,课程的完善度、达成度一次比一次改进,基于学习场同步在线的课程评价真实再现了学生学习经历,促进了课程的优化实施。

三、特色经验与成效

学校通过融合创新课程的实施评价，探索了如何以评价促课程实施，如何以评价促学生学习的实践探索，并初步总结为以下经验：

（一）"教—学—评一致"实施路径，凸显课程品质

评价在学校融合创新课程实施过程中，立足学生发展，坚持"教—学—评一致"的实施路径，从创新评价入手，通过细化的课程评价目标，按年级梯度呈现，创新元素被细化为符合学生年龄特征、可操作的评价要点；课堂中教师又将教学目标转化为儿童能读懂的学生学习目标和自我评价目标，以学校吉祥物丽丽、园园为代表进行设置，儿童化的语言背后包括了评价的关键点。学生通过解读学习目标，明晰学习要求，同时围绕学习目标展开自我评价，提升元认知能力，以评价促进学习的有效性，"教—学—评"融合，使课程的实施得以保障，提升了课程实施品质。

（二）评价凸显创新元素，助飞学生创新发展

课堂教学中，将创新元素如"团队合作""学科融合""倾听表达""时间管理"等细化、融合在教师的即时点评、学生自我评价中，以评价促进学生自我反思、有效调整学习方法等；同时借助信息化的技术平台，同步教学目标与学习过程，课后以创新元素为关键词对学生进行课程调研，访谈了解课程实施成效以及学生困惑等，多方位多角度还原学生的课堂学习状态。课程参与者基于课程的创新元素进行即时评价，促进课程的匹配创新元素进行针对性的微调或改进，助力学生在课程学习中发展创新思维，凸显课程育人功能。

基于学校"五彩童梦　融合创新"的课程理念和课程架构，学校通过创新评价，对学生的好奇心、求知欲进行呵护和引导；对学生的创意、创想进行激发与鼓励；对学生的批判性思维的生成进行畅想与引导，不断研发并完善融合创新课程，融合创新课程初成体系，融合创新特色正逐渐凸显，学生发展成效显著。例如，随着 DI 创新课程的普及，从课程中走出的孩子们连续八年荣获全国赛一等奖，连续八年踏上美国全球赛的赛场，孩子们多次站在世界的领奖台上展示在课程中的学习成效；"科学种子学堂"课程中的孩子们曾荣获中国少年科学院"小院士"小研究员，课题研究成果分获一、二、三等奖，仅在 2019 年一年就有八项学生课题分别荣获上海市青少年科技创新大赛一、二、三等奖；"玩美工坊创意课程"与校园文化建设融为一

体,孩子们的灵感与想象力丰富着学校校园文化建设,孩子们的多篇作品荣获国际联航青少年绘画比赛一等奖……在"融合创新课程"中的创新评价还辐射到学校的基础型课程评价中,助力孩子的成长,为提升学生的核心素养、培育"智慧创新"的"丽园学子"提供支持。

四、思考展望

学校着力在基础型课程中搭建课程评价平台,基于课程标准和学生学情,细化课程标准匹配评价指标,借助课程评价平台从评价指标、评价报告等方面全面还原学生的学习情况。后续,学校将进一步思考如何将课程评价平台推广至融合创新课程和拓展型课程中,将课程的实施过程评价、对学生和家长的调研评价、课程评价指标和评价报告的反馈等通过课程评价平台更科学、更有针对性地还原学生学习情况,为课程的优化提供支撑,为教师的教和学生的学提供专业支持,更好地达成课程育人的效能。

（上海师范大学附属卢湾实验小学　虞怡玲、王　欣）

第六章

凸显校际合作的课程共享

从区域基础教育均衡发展角度,课程共享可以促使学校树立共享的发展理念,促进学校特色发展,缩小校际差距,协同发展;从课程建设角度,课程共享有利于节约课程资源,增强课程开发力量,提升优质课程辐射力。课程共享蕴含着丰富的共享理念,它不仅包括课程层面的各种资源与成果的共享,发挥实践的启发、反思、带动与促进作用,还体现在学校发展理念等方面的交流、学习与借鉴,促使共享从课程实践层次升华到学校发展理念层次。

上海市卢湾中学在"众教育"办学策略和"无边界"教育理念引领下,发展学校特色,主动突破学校界限、突破学段界限、突破学科界限,与不同的小学、初中、高中、大学等建立阶梯式跨校"联合体",分享智慧、共享资源;上海市黄浦区曹光彪小学秉持共享发展的理念,聚焦场馆课程并以此为切入点,通过教育集团模式探索优质课程资源共享的路径与方法,在合作共享中不断创新突破取得共赢;上海市七色花小学立足于校情和学情,从学校开放型美育特色课程图谱整体性研究入手,形成了共享课程建设方案,在已有办学基础上梳理了校际课程共享的思路;上海市大同中学将中医药课程作为共享资源,通过大同教育集团、双新课程平台以及网络信息化平台等方式,保障了中医药课程在集团校、市区层面的推广与落实。这些学校从自身课程建设出发,根据不同的情境,探索了多元的课程共享路径,不仅让其他学校获得了优质的课程资源和成果,也提升了自身的课程建设和办学水平。

第一节 校际协同,特色共享

创办于 1953 年的上海市卢湾中学是黄浦区内一所颇具规模的公办初中。自 2016 年学校在"众教育"办学策略和"无边界"教育理念引领下,坚持开放互动的原则,主动突破学校界限、学段界限、学科界限,与不同的小学、初中、高中、大学等建立阶梯式跨校"联合体",集思广益、互相学习、分享智慧、资源共享、发展特色,在课程建设中建立多层互动、多向交流的新型生态关系,发展教师的课程执行力和创造力,提升学校特色课程的影响力和生长力,让学生享受更多的优质课程资源。

一、实践背景与问题提出

（一）共享理念是新时代社会发展的出发点和归宿

党的十八届五中全会提出必须要牢固树立"创新、协调、绿色、开放、共享"的发展理念,提出"人人参与、人人尽力、人人享有"的共享发展理念,这为我们教育工作者提供了一种崭新的发展思路,为学校课程改革的发展同样指明了方向,用"共享"的理念来打破时空的限制、打破学校教育课程资源单一化的状况。要实现让每个孩子享有公平优质的教育目标,打开校际共享之门也是至关重要的一点。

为此,《黄浦区教育改革发展"十三五"规划》中就明确指出:"拓宽课程开发渠道,创新课程模式,打破校际壁垒,扩大优质校本课程的影响力;推进区域特色课程的共建共享,打造区域特色课程资源的共享平台,整体加强学校课程的校本化、个性化、多样化建设。"

（二）特色课程的共享是实现课程资源最大化的有效途径

《上海市普通中小学课程方案》中指出,学校要依据发展目标、学校与社区资源条件、学生实际需求,按照普及、提高、发展的层次性原则规划和设计学校课程,以满足学生发展的需要和支撑办学特色的形成。课程的多样性和选择性是当今世界中小学校课程发展的主要方向。每一所学校都会在开发和建立课程的过程中形成自己的特色课程,而这些具有实际成效又有推广价值的特色课程如果仅仅用于一所学校是对教育资源的极大浪费。基于校际合作协同发展的误程资源共享提供了一个有效途径,就是通过学校之间建立共享、友好互惠的关系,可以改变一所学校"单打独斗"的局面,通过"抱团发展"为学生提供更为优质的课程和学习资源,实现最大程度的优势互补,也促进了教育资源的最大化利用。

(三)校际特色课程共享是提升课程领导力的具体指标之一

沃伦·班尼斯(Warren Bennis)曾说:"领导力就像美,它难以定义,但当你看到时,你就知道。"就"看到"而言,领导力就是领导者个人或团队带领所在组织迎接挑战实现共同目标的能力。学校课程领导力是领导力中的一种,是指校长领导学校全体教师创造性地实施新课程,全面提升教育质量的能力;它是学校对课程规划、建设、决策、引领、实施、管理和评价的能力。

如果我们把学校课程建设比作一座"金字塔",那么学校特色课程的建设与共享则位于"金字塔"的顶端,我们有理由认为,校际共享特色品牌课程应该是提升课程领导力的具体指标之一,能否实现学校特色课程实践价值的最大化,将是课程领导力的一个重要指标,而共享为我们提供了这种可能性。共享能够从课程实践领域回应课程领导力提升的诉求,它标志着学校特色品牌课程实践价值的放大。

二、推进过程与举措

我们卢湾中学在尊重办学历史、注重办学积淀、传承已有成果和发展学校文化的基础上,结合时代的发展特征和教育的社会需求,提炼出以"众教育"的办学思想统领学校全局发展。"众教育"追求让学校成为一个"全员·全程""全息·全景"的教育生态园。"众教育"认为教育不是一个人的事,倡导以学校为主导,调动家庭、社会及各方力量、教育元素共同参与实施的整体的、系统的教育。

课程建设是学校发展的重中之重,关乎学生的成长与发展,学校围绕"众教育"的办学思想,基于素养本位的课程建设目标,提出"突破边界、镶嵌互补、无缝衔接和融合共生"的发展策略,打破单向、片面、封闭的育人模式,从各学科、各学段、各层面、各主体整体出发,做"通"教育,打"通"课程,打造一种独特的"无边界"课程文化,建构"无边界课程"的课程体系。

无边界课程的核心要义是适当突破教育要素的学科边界、时空边界、领域边界、学段边界、文化边界以及家校边界,建立并拓展不同学科之间、不同学段之间、不同领域之间的联系,实现多层次、多角度、多领域的跨界融合。在无边界课程建设实施中,我们以"拿来改造"和"输出优化"为特征的校际课程共享,成为突破边界的有效途径,也成为无边界课程的一种具体形式,在跨校"联合体"中构建"多向互动""整体联动""纵横交错""开放融合"的良性互动,在共享课程、共同育人的过程中搭建起课程生长的阶梯,让学校的特色课程更有张力。

(一)举措一:从"拿来"到"本土化改造"

把他校的优秀课程资源拿来化为己用,是对"众教育"中"突破边界"策略的成功尝试,从此学校之间不再有谁的课程,只要是优秀的、有益于学生身心健康发展的课程都能借鉴过来,经过加工之后成为"我的课程"。本土改造中最重要的策略便是"共其目标、应其中心、用其方法、享其资源"。

案例:从"茅丽瑛"到"大国脊梁"——德育共享课程的"二度开发"

卢湾中学与启秀实验中学同属同一学区的初中学段,这次我们就对启秀中学以茅丽瑛烈士为基点开展的爱国主义教育区域课程进行了共享与开发。

其一是共其目标。启秀实验中学的这一德育课程目标是立足校本特色,向周边红色场馆拓展,通过实践活动提高德育工作的实效性,提升学生的思想道德素养和水平。我们在详细剖析了启秀实验中学的课程目标的基础上,结合我校学生思想道德素养水平,确定了我校爱国主义教育的课程目标,并最终形成以学习"大国脊梁"为线索的爱国主义教育课程。

其二是应其中心、用其方法。启秀实验中学以点带面式地从"茅丽瑛烈士"一个点出发,在各年级中循序渐进地设计活动内容的方法是我们共享该课程的关键。由于同是初中段学校,课程内容的适应度很高,我校在应用时对课程框架无须做出较大改动,只是因为"茅丽瑛"是启秀实验中学特别校本化的一个人物,我们的学生虽然可以作为学习对象,但融入性不够,因此我们在启秀实验中学的原有课程框架基础上进行校本化的设计,启秀课程的核心人物是"茅丽瑛烈士",我们则推出董存瑞、孔繁森、于敏、叶聪四位民族脊梁、时代先锋让学生学习仰望,并最终以舞台剧《大国脊梁》的形式让学生感悟榜样、模范的爱国之情和责任担当。

表 6-1　课程内容的基本框架

模　块	主题	年级	启秀实验中学	课时	户湾中学	课时
			主要内容		三要内容	
基础型课程	萌芽	六年级七年级八年级	1. 观看影片《七月流火》	2	1. 观看影片《向着新中国前进》	2
			2. 阅读《茅丽瑛》	3	2. 阅读《茅丽瑛》	2
			3. 写一篇读(观)后感	1	3. 写一篇读(观)后感	1
			4. 茅丽瑛故事大家讲	1	4. 美术课上绘制英雄图谱	1
			5. "茅丽瑛精神永在我心"主题班会	1	5. 向大国脊梁致敬——主题班会	1
			6. "追昔抚今祭英烈"年级主题集会	1		
拓展型课程	成长	六年级七年级八年级	1. 创作、编排课本剧、情景剧	12	演讲与课本剧《大国脊梁》	15
			2. 讲解队宣传	12	红领巾读书社团	15
			3. 实践活动传递英烈精神	8		
探究型课程	体悟	七年级八年级	探寻英烈、伟人身上的共同特质	8	探寻英烈、伟人身上的共同特质	8

其三是享其资源。课程资源的共享有两个方面的内容：一方面是启秀实验中学在开发和实践这门课程中形成的场馆、文字、视频等资源与我们充分共享，而反过来我们在实践中得到的类似资源又进一步丰富了启秀实验中学的课程资源，起到了相辅相成的作用；另一方面则是人力资源的共享，因为在整个共享特色课程的过程中，两校的课程团队也在不断碰撞、交流和分享，这是一个真正意义上的无边界跨校学习共同体。

（二）举措二：从"输出"到"能量吸收"

基于校情的不同，在共享课程的过程中，更应该侧重于教育教学理念的吸收与融合，这一举措很好地体现了"众教育"中"镶嵌互补""融合共生"的发展策略，欲做"通"教育首先就要完成理念上的吸收与融合。

案例：从"留白"到"红楼文化面面观"——无边界课程的跨校"旅程"

2017 年，我校承担了区域优秀科研成果的推广，无边界课程"走出"校门，推广到了光明初级中学。这一特色课程共享项目发端于一堂我校的无边界课程"以无胜有——留白"的展示课。这堂课的特别之处在于,由卢湾中学的董丹阳老师和光明初级中学的张丽瑜老师合作执教完成。课的前半部分由董老师引领学生感受绘画书法艺术创作中的留白之美,后半部分由张老师带领学生探索了文学、广告、影视作品中的留白之意。通过课堂展示,直观展现了多学科跨界融合的课堂形态。之后光明初级中学以此为基点,对我校的"无边界课程"这一成果进行了理念的共享与校际的应用,体现在以下四个策略:

第一,学生的需求是课程设计与开发最重要的原则。为了准确把握学生需求,项目组从选课时就对学生进行了随机访问,对总体情况进行了分析。采用的是学生、教师双向选择的模式。一门拓展课至少要有 15 位学生确认选择,这门课程才得以立项,保证了课程的学生基础。学生在选课时,直接与授课教师会面,可以就自己的一些疑问、对课程的期待,与教师直接交流,教师也能够倾听学生心声,对自己的课程设计做出调整。事实证明:学生已经不满足于单一学科的机械学习,更渴望充满趣味、充满碰撞、充满活力的课堂,"无边界融合"有着充分的学生基础。

第二,融合课程需要精制的课程设计,需要准确把握每一个融合点。项目组教师在研讨中,重点关注的就是课程内容中的融合点,并且一一在课程上做了设计。每堂课都重视学生的主动性,也重视"融合"思维在课程中的体现,真正做到打破学科边界,提升学生综合能力。比如以"红楼文化面面观"这门课程中的"园林篇"为例,这堂课由地理老师和语文老师共同教授。在《红楼梦》原著中与园林相关的内容最集中的应在第十七回《大观园试才题对额 荣国府归省庆元宵》,在这一章节的描述中,既有写诗题词的文学色彩,又有对园林建筑的欣赏,堪称是一个绝妙的融合点。

第三,具有生命力的"无边界课程"是在不断完善中成熟的,它应该具备三个特征。其一是更专业的学科知识。正是为了让学生在一堂课上收获更多学科的知识,我们才需要"融合";正是为了让"融合"的知识更专业,我们才需要不同教师的分工,因此"融合"课应当以更高的标准、更专业的态度进行整合。其二是更丰富的课堂活动。强调以学生为中心、以活动为主体,让学生"一刻不能闲",真正地运用思维,发散思维。丰富的课堂活动使"融合"不仅体现在教师的沟通与交流中,还体现在学生的思考与行为中。其三是更多的团队合作。"融合"思维不仅体现在运用"融合"思维解决问题上,也同样体现在课堂的组织形式上。团队合作式的"融合"

感帮助他们分享智慧,共同收获创造的快乐。在思维的碰撞中,在心灵的交互中,"融合"以另一种形式在他们身上扎根,并慢慢发芽。

第四,拥有一支具有"无边界思维"的师生团队。光明初级中学的课程"融合"已经从拓展课领域辐射至基础型、研究型课程,产生这一变化的原因就在于课程推进中所倡导的开放共享的文化精神已经扎根在每个师生的内心,成为他们发现并解决问题的一种思维方式。而由此产生的这样一种学习共同体,也让其中的每一个成员成为更好的自己。

从最初光明初级中学的老师与我校老师同上一节语文与美术跨学科课,到运用无边界课程"融合"的哲学思想开发了"红楼文化面面观",我校的无边界课程可谓实现了理念上的吸收与发展。同时我们把"红楼文化面面观"带回了我校,形成了又一门新的无边界课程。借助光明初级研发融合课程拓展课模式,我们又开创性地研发了跨学科拓展课"敦煌乐舞",在这样一场课程跨校"旅程"中,课程的输出者和使用方"抱团发展",都有了新的收获,共享价值有效提升。

(三)举措三:从"师资共享"到"学生共赢"

让初中生和高中生坐在同一个课堂里享受同样的教育资源,产生的化学反应是如此让人惊喜。这样大胆的想法就是源于对"众教育"充满活力、富有效率、更加开放、有利于学生发展的教育体系的追求。

案例:从"两个课堂"到"一个课堂"——信息学编程课程的跨学段联动

为促进卢湾学区教育的高位优质均衡发展,丰富和充实教育学区一体化的内涵,实现"办学理念趋同,学校特色相近,教育资源共享,课程教学贯通"的目标,卢湾中学加入学区的"科技创新英才计划",与卢湾高级中学开展特色课程对接,试点人工智能课程,卢湾学区自成立以来,开展了不同层面、不同主题的联动项目。比如卢湾中学"无边界思维坊"和"酷课·创学中心组"的老师来到卢湾高级中学,与卢湾高级中学的"STEM+"课程组开展了以"不同凡响,正在发生"为主题的跨界学习体验活动,卢湾学区的 AI 课改团队、青年教师沙龙以及卢湾中学跨界课题组共同开展了以"人工智能与未来教育"为主题的畅想会。

随后,卢湾中学与卢湾高级中学"信奥"课程的共享就成为卢湾中学输送到高中的联动项目之一。卢湾中学的"信奥"金牌教练柴老师、青年教师李老师带领着卢湾中学的学生走入"卢高"的计算机房,让本是初高中两个学段的"两个课堂"变成了"一个课堂",开始了跨越学段的学习模式,从六年级的学生到高一、高二的学生,共同上信息学编程课,从中我们得到了关于课程共享的两点启示。

第一,每个共享课程都有适合其课程实施的最佳途径,比如柴老师通常会在课程开始时发布一道信奥题目,根据题目的难易程度选择不同年级的学生进行分析,学生拿到题目后先是独立思考,有想法的可以举手说出自己的思路,柴老师根据思考的方向和程度进行相应的点评和提示,如果有学生的思路是正确的,那么这个学生就是一个小老师,他会在讲台上把自己的想法讲给班级的学生听,听讲的学生可以随时进行补充和提问,直至问题得到解决。如果没有学生给出比较正确的方法,柴老师会进行适当点拨,给出正确的思考方向,只要有一个学生可以给出正确的方法,那么柴老师就会将课堂转交给这个学生,剩下的部分由这个学生讲解。这种形式的好处在于存在一定的竞争性,因此两个年龄段学生的学习积极性都很高。

第二,年龄和学段不是共享课程实施的障碍。"信奥"课堂经常采用同类型题目的专题训练方式,利用不同国家和地区的题目,不断学习新的算法,不断巩固新的算法,尽可能让学生接触更多的算法,充实自己。在这个过程中,学生之间没有年龄和学段之分,只有会与不会之分,在题目面前,所有人都是一样的,主动权掌握在理解更快的学生手中。这样的模式,让不同年龄学段、不同知识结构的学生都有了发挥自身优势、才能的机会。虽然每个学生都感受到那份压力,但压力之下思维碰撞的火花四溅,这样的跨学段联动不正是我们所期待的"双赢"吗?

三、特色经验与成效

(一)形成的经验

1. 共享不是简单"加法",更重要的是寻找彼此"整合"切入点

对于课程共享,在实践中作为使用者我们不只是采取"拿来主义",更希望能够通过在应用中学习、在实践中提炼、在活动中感悟的方式,将课程用好、用实,用得有成效、有特色。作为课程的"输出者",我们也会思考:怎样"输出"课程?以怎样的形式"输出"特色课程?哪种"输出"方式获得的共享效果更好?我们也希望特色课程在输出被他人借鉴的同时能吸收来自他人的能量,让课程有新的生长。

从以上三个案例可以看到,我们的特色课程共享不是一个简单照搬他人或传递给他人的过程,不是简单地做"加法"。要想真正实现校际共享课程资源的最大化利用,作为课程的"使用者"和"输出者"都要有一个再加工、再整合的过程。其中

包括了对共享课程内容与方法、开发与实施、思想与哲学的一个全面评估和分析，然后再结合本校或需求方的物力、人力资源以及学情进行整合，从而找到最合适的切入点形成自身特色，这也是共享能否成功的关键。

2. "六联机制"是形成跨校"联合体"的关键

在校际课程共享推进中，我们发觉特色课程不仅校际可以共享，还可以在共享中实现共建共育，但这个过程需要一定的条件支撑。为此，学校注重以整体思维进行顶层设计，不仅关注教师的主体性条件，同时也探索保障机制。实践中，我们围绕共享课程的教学内容、课程设置、教学方法、师资、教学研讨、学生组织、活动搭建、资源开发及影响力等各种因素形成了"六联机制"。所谓六联机制是指特色联建、资源联享、教师联聘、学生联动、活动联合、专家联席这六个方面。我们知道学校工作纷繁杂乱，要实现校际联合体并不简单，需要有良好的机制。"六联机制"相辅相成、相互促进、相得益彰，串起共享课程过程中所有参与者的主线，这样共享课程的覆盖面才会如珍珠般熠熠生辉，同时也为校际课程共享营造了良好的课程环境。

（二）目前的成效

1. 提升了教师的课程意识，课程得到多维度再开发和进一步的活化

课程意识，简单地说就是教什么的意识，它是教师在履行教育教学职责过程中，对课程的有目的、有意义的反应及有方向、有层次的追求和探索；是教师执行课程标准、落实课程方案的内驱力。特色课程的共享极大地激发了教师的这种内驱力，教师不单在追求和探索的过程中提高自己的教学素养和专业知识，同时教师作为课程开发的主体，他的课程意识得到了提升。而作为跨校"联合体"这样一个研修团队也使课程得到了多维度的开发和进一步的活化。

2. 学校间呈现了共生式发展的良好格局，校际协同在共建共享中相互成就

有意思的是，很多参与共享特色课程的教师都不是很看重最终取得怎样的成绩，他们更看重的是整个共享特色课程的过程。像这样学校和学校之间能够通过一个课程进行全方位的碰撞、交流，这在以前是很难想象的。不同学校在校园文化、人员、硬件等方面存在显著的差异，而恰恰是这样的差异让我们学区间整体发展与特色发展结合起来，达成了一种既同且异、和而不同的生态文化。在多样化、个性化的时代我们需要这样的一种共享模式来建立多层互动、多向交流的新型生态关系，形成共生式发展的良好格局。

3. 有利于学校课程从单一化、碎片化、个体化课程走向体系化、共享化课程建设

通过校际协同的共享课程建设,学生享受到不同学校的各种特色课程,不仅可以实现跨校选课,满足学生的个性化成长需求,逐步实现从一种选择到多种选择的多样化需求和愿望。共享特色课程有利于开展合作和资源共享,使交流活动的范围更加广泛,活动内容更为丰富,活动形式也更为多样。不仅助推了教师专业素养的发展,提升了教师的课程和教学领导力,满足了学生的多样化需求,让更多的学生享受更好的教育。更重要的是,通过共享特色课程极大丰富了学校的课程资源,进一步走向体系化、共享化课程建设。近几年,我校无边界跨学科课程的"理科实验 DIY""航模""c++信奥编程""科学视界""真实英语之 iPad 课堂""'一带一路'上的中国新'思'路"等先后被评定为黄浦区区级共享课程,实现了优质校本课程建设到区域共享课程的跨越。

四、问题思考与未来展望

在特色课程共享实施的过程中,也发现了一些值得探讨的问题和困惑。其一,共享团队的师资力量参差不齐,对共享课程的把握程度、学生差异等研究不足,导致共享课程的品质下降,进而出现为共享而共享的问题;其二,对特色共享课程的选取以及整个实施过程中的实践评估往往注重听取专家和同行的意见,忽视了课程建设的直接受益者——学生的发言权,而学生才是教学资源开放和共享的核心成员;其三,特色课程共享还有一些有待思考的地方。比如究竟是定位于发掘兴趣还是发展特长?是着眼多数还是聚焦少数?是普及还是提高?这不仅关系到共享课程受益学生的多少,也关系着课程内容的选择。此外,共享课程的丰富度、课程门类仍不足。

特色课程建设的最终目标,是实现优质教育资源最大程度的共享,有效共享的范围越广,就越能发挥特色课程的示范和辐射作用。开放和共享,能够促进教育质量的提高,教育质量的提高也会促进优质教育资源的丰富和提高,两者是相互促进的。未来我们要进一步营造共建共享最理想的整体环境,而其中相关运行机制的建立仍是重中之重。

(上海市卢湾中学　张　怡)

第二节 打破壁垒,协作共享

曹光彪小学以上海市荣誉市民、香港著名企业家曹光彪先生名字命名,地处上海中心城区,毗邻南京路步行街,是上海市黄浦区一所对内示范、对外开放的优质公办学校。多年来,学校不仅坚持传承与创新、深化与发展,而且积极承担社会责任,发挥学校的辐射引领作用,联手格致集团、协作块、托管学校携手打造一片教育新天地。

一、缘起:协作推进优质集群发展的新思考

2012 年 9 月,在黄浦区教育局牵头下,曹光彪小学联合蓬莱路第二小学、回民小学、卢湾第三中心小学、董家渡路第二小学和七色花小学自愿组成协作块联盟。不同规模、各具特色的学校走到一起,形成"学习共同体",在教育行政部门指导下,以黄浦区中长期教育改革和发展规划纲要精神为引领,在尊重各校办学特色和发展实际的基础上,开展联合体办学实践。

通过协作块联动探索课程资源、师资队伍、硬件设施等资源的协作与分享,创新驱动,以协作块建设有效推进"新优质学校"集群发展,促进教育均衡发展。我校作为曹光彪小学教育协作块龙头学校,每学年必须根据市教委关于学区化、集团化办学的要求以及区教育局的一年工作要点,制订小学教育协作块工作计划,针对本协作块学校的特点,依托项目,加强课程与教学实践研究,创新教师专业化发展路径,创建独具特色的校园文化环境,促进各校特色发展。

问题:利用地域性场馆资源开发实践体验课程,是我校的基础和优势。怎样继续发挥这个优势,建设更加丰富的场馆课程? 学生究竟喜欢怎样的场馆体验方式? 曹光彪小学作为龙头学校之一,怎样将学校的特色课程资源在协作块学校间进行场馆课程的共享? 怎样让更多学生享受优质课程资源,在共享中哪些实践做法具有可行性?

透析:需要建立一种协作块学校紧密合作机制,需要让优质课程资源流动起来,从而使协作块内学校形成符合各自学校办学价值追求,满足学生个性需求和发展的场馆课程。为学生提供丰富而又可供选择的多样化的场馆学习内容、结构体

系,实现课程共享。

二、实践:盘活资源,从"共建"出发

我们认为,要从师生发展角度理解场馆课程和协作共享,依托曹光彪小学协作块六所小学的共同参与,打破壁垒,盘活优质资源,实现资源共享。

(一)打破思想壁垒,校长组团领跑课程

1. 自省,澄清先行学校的关键经验

作为先行校,我校自 2010 年来一直致力于场馆课程的开发与实施。课程依照"从丰富经历到提升能力"的设计定位,引导教师改革课程实施形态,重视学习情境的创设意识;打破学科边界,开展跨学科主题式学习,指导学生在真实情境中丰富经历,养成热爱生活、乐于学习、积极探索的习惯。作为长周期的综合性课程,目前已形成多样化的课程内容和可"组装"的课程架构。经过长达六年的动态研发,场馆课程实现了校内外教学资源的立体盘活,形成了课程的多维联动,实现了课程、教学、评价、管理和师生发展的融合。学校课程内涵在丰富,品质在提升,为小学阶段如何提升学生的综合素质提供了适切的路径和鲜活的经验。

我们认为,只有发挥好自身优势,才能带动协作块其他学校共享课程。首先,我们通过座谈、问卷等形式进行学情调研,了解协作块内各学校已有的特色课程、学校附近的场馆资源、教师对场馆课程的认识、学生对场馆课程的需求等,并进行了现状分析。其次,梳理"块内外"的场馆资源的分布。协作块内的七色花小学、董家渡路二小、回民小学、卢湾三中心、蓬莱路二小这些学校分布在黄浦区的不同社区,各自周边有丰富的在地文化,资源多样,为场馆课程的开发与实施提供了基础。因此,我们觉得协作块每一所学校都有条件来建设一门属于自己的场馆课程。

考虑到协作块内的五所学校周边的在地文化、场馆资源各不相同,各校都有自己的特色课程,有的原本就有自己的场馆课程等实际情况,我们决定依据各校的实际情况与不同需求,选择将学校多年来动态研发场馆课程的操作路径与经验在块内分享,而不是将自己学校的场馆课程内容直接推广到其他几所学校使用。我们先将本校已有场馆课程的成果进行了梳理,设计了场馆项目培训的自选菜单,与大家分享,以便不同的对象可以根据不同的需求,进行自主选择。

表 6-2　场馆项目培训自选菜单

培训对象	培训主题与内容	培训形式	自主选择
校长培训	做课程的"领跑者"——校长在课程资源开发中的作用	微视频、讲座	
教师培训	"学情调研机制"下的课程创生与改进：整体了解场馆课程资源开发的意义、目的、实施途径与改进方法	讲　座	
	课程实施框架的建构、方案的制定与实施	指导与讨论	
	"走进博物馆"课堂体验活动展示	课堂活动参观教研活动	
	"欢乐上海行"主题体验活动展示	主题活动参观教研活动	
	"品味上海"主题体验活动展示	主题活动参观教研活动	
	教师校本培训模块、方案与培训文稿、ppt	微视频、讲座	
	场馆课程导学手册、学习完全手册、学生开放式档案	资料共享	

2. 交流,开启探索现场的合作学习

围绕场馆课程建设项目,我们六所学校协同实践与研究,建立了块长总负责下的项目小组,以确保项目对内、对外的有效实施。

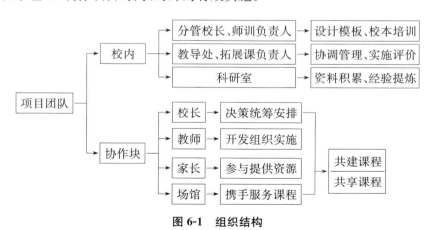

图 6-1　组织结构

我们抓住课程建设的关键人物——校长,在协作块推广场馆课程时,先针对各校校长进行培训。学校设计制作了《做课程的"领跑者"——校长在课程资源开发中的作用》的微视频,阐明了校长在课程开发与实施过程中的角色,具有操作性地给予块内校长经验的分享与实践的指导,还精心制作了场馆课程教师培训视频,分享了学校在教师培训方式创新上的成功做法。

我们还每个月召开一次协作块校长会议,一个月走访一所学校,为这些学校场馆课程的设置、实施、评价等进行诊断。在一次次的思维碰撞、问题解决、课程改进过程中,关注教师的课程思考和设计,反思与改进。

表 6-3　2016 年第一学期协作块成员校场馆课程诊断与展示

时　间	课程诊断与展示的内容	学　校	参与对象
9/21	曹光彪小学"玩转上海"场馆课程展示	曹光彪小学	各校校长、相关教师
10/26	回民小学茶馆课程实施现场诊断	回民小学	各校校长、相关教师
11/23	七色花小学"上博"课程展示	七色花小学	各校校长、相关教师
12/21	蓬莱路第二小学"公共汽车教室"开放展示	蓬莱路第二小学	各校校长、相关教师

3. 组合,聚焦共同需求的协同攻关

我们还根据不同类型的场馆课程,进行自由组合。比如,我校与七色花小学、董家渡路第二小学皆是上海市中华艺术宫、上海博物馆艺术类场馆课程基地学校,都借助场馆资源开设了博物馆课程,拓展美术教学。2016 年,我校与蓬莱路第二小学、卢湾第三中心小学等都加入了市教委的馆校合作项目,利用上海科技馆、上海自然博物馆的资源,开设了科技类的相关课程。大家聚焦同类场馆课程,自由结对,与博物馆老师一起,深入研究某一类场馆课程。研究进一步丰富和完善了学校的场馆课程,提升共享内涵。

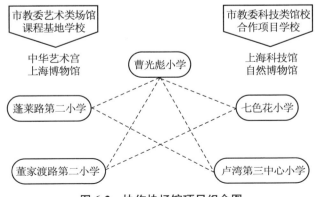

图 6-2　协作块场馆项目组合图

（二）打破校际壁垒，学生线下走校游学

1. 体验，跨校学习更丰富的课程

协作块学校都有了自己的场馆课程，可是六所学校分散在各处，该怎样盘活这些场馆课程资源，找到可操作的方法实现场馆课程的共享呢？我们决定采用"学生走校"的校际互动交流方式，即协作块每月举行一次场馆课程的开放活动，每次由一所学校进行策划、展示，将课程向协作块其他学校开放。

2016 年，蓬莱小镇的"公共汽车教室"开放展示，让各校学生了解各行各业的小知识，体验各种职业乐趣。七色花小学的"花园地球村"迎新活动，让有艺术特长的学生代表学校参与迎新联欢的展演，共享新年的快乐。协作块各校组织了部分学生参与，为场馆课程的共享找到了突破口。随后，其他学校也陆续开放，协作块的课程共享不再是梦想。

表 6-4　2016 学年协作块场馆课程开放活动一览表

日　　期	共享场馆课程活动内容	学　　校
2016/11/23	"公共汽车教室"开放展示	蓬莱路第二小学
2016/12/30	"花园地球村"迎新活动	七色花小学
2016/1/17	"梦想馆"迎客	曹光彪小学
2017/4/28	"茶韵墨客印童年"课程	回民小学
2017/5/19	"梦想成真迪士尼"课程	卢湾第三中心小学
2017/6/16	"动漫馆"开放	董家渡路第二小学

2. 支持，确保跨校学习的效果

在校际场馆课程共享的过程中，我们更多的是重视活动的组织、实施与评价以及对于他校课程的欣赏与借鉴。例如，"梦想馆"迎客开放活动，我校从场馆简介、活动主题、活动时间、活动内容、活动方式、工作人员安排等方面，先制定了一份详细的活动方案。然后在协作块例会上，与各校进行交流、讨论。方案得到确定后，我们设计了活动宣传海报，并向协作块学校发送邀请函，邀请各校科技小能手来参与活动。活动时，我校的师生带着来自各校的学生代表通过破冰游戏、课程体验、动手制作等系列内容，感受了光彪的课程。活动后我们及时做了总结，撰写通讯稿，还精心制作了活动录像，作为协作块活动资料。

在整个过程中,场馆课程共享活动的方案设计尤为重要。考虑到场馆课程短短的一次体验开放的效果,每一次的场馆课程开放我们都十分注重开放活动的方案设计、活动材料准备、环境氛围营造、活动组织实施、内容形式创新等。协作块则根据活动方案给予经费保障。我们还特地定制了印有协作块标志的学生贝雷帽和T恤衫,让学生在活动中能体验到一种特别的仪式感。使学生感受到能参与这样的走校活动是一种特别的荣誉。而每一次的课程体验中,学生可以通过自己的动手制作,带回一份自己的学习成果留作纪念。每次活动后,各学校还利用网络平台、微信公众号等形式,将场馆课程的活动总结呈现。协作块例会上,大家也会针对活动进行点评与总结,为下一个学校的活动开放积累经验。

学生走校游学后,教师也开始了走校。教师走校,主要根据协作块学校的需求,通过联合教研、课程示范、蹲点指导等形式,传递课程理念、教学示范等,以促进协作块教师的共同进步。

(三)打破时空壁垒,共创线上冲浪平台

1. 开发学习工具——导引学生行走于场馆的APP

着眼于场馆课程实施过程中遇到的问题,我校开发了具有针对性功能的课程辅助APP,为学生搭建一个移动学习的平台。作为一款辅助学习APP,它不仅是课程的教材或学习内容的载体,更是学生在学习课程过程中可借助的便捷工具。教师有选择地将原有课程的内容数字化,导入到APP中,再由学生在APP上开展课程内容的学习。只要是发生在数字化终端上的行为,都可以被准确记录下来,为学生提供即时评价。同时,移动学习APP为场馆课程的管理与实施提供便利。教师可以运用APP开展网上选课、学情调研以及检测教学资源的使用情况等活动,从而进一步了解学生的需求,优化场馆课程,形成良性循环。

2. 线上同步冲浪——普及学习成为可能

由于每次参与走校活动的学生有限,如何让场馆课程惠及协作块内更多的学生,我们利用现代信息技术,尝试网络场馆课程的建设与共享,使六所学校的学生人人都有参与学习和体验的机会。

以我们成功分享的七色花小学的"'丰子恺儿童漫画'网上学"课程为例,组织实施过程如下图所示:

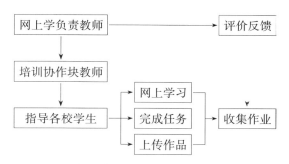

图 6-3 曹光彪小学协作块网班组织实施图

先由七色花小学"丰子恺儿童漫画"网络课程的设计老师对协作块内的其他五所学校美术老师进行使用的培训,然后各校美术老师指导本校学生根据任务单,完成网络课程的学习,学习后学生需完成自己的作品并上传,由协作块内学校的师生共同来点评。原以为课程分享就此完成,没想到有意义的课程学习还刚刚开始。几周后,丰子恺的外甥宋雪君老师闪亮登场,协作块选用了网络直播的方式共享了宋老师的"名人课堂"。

要是能满足孩子们亲眼见到名人的愿望该多好啊,于是线上线下的系列课程学习陆续推出:

2018.3 与名人面对面

2018.9～2018.12"丰爷爷与少年",宋老师走校巡回演讲

2018.11.9 踏上"丰子恺艺术省亲之旅"

孩子们品丰子恺先生的漫画,悟丰子恺先生的做人哲理,他们收获的不仅仅是绘画的技法、对艺术的兴趣,更多的是感悟生活的美好与真谛。

目前,除了七色花小学的网上学课程已在协作块共享,曹光彪小学的网络课程"石库门"也已在上海市中小学生教育平台上面向全市学生开放。此外,曹光彪小学的"玩转上海"移动学习 APP、董家渡第二小学的"漫步艺宫"也将陆续上线与大家共享。线上线下双管齐下,加大了校际场馆课程的交流与共享,进一步促进校际交流与学习。

三、收获:跨越围墙,在"共享"中互鉴

多年来,我们在行动中思考,合作中共建,共建中共享。让更多的孩子在同一

片天空下分享优质课程资源,携手成长。

(一)特色经验

1. 构建了课程场馆——校内外场馆课程同为实践体验园地

目前,协作块 6 所学校挖掘利用了 30 多个场馆,开发了 23 门场馆课程,有 4 所学校还创意设计了自己的校园博物馆。我们已逐步形成了曹光彪协作块场馆课程图谱。

场馆课程内涵与外延的不断丰富,使校内外场馆课程共同成为学生实践体验园地。

2. 建立了共享机制——学生跨越了围墙体验丰富场馆课程

协作块搭建了交流与展示的平台,通过合作交流,找到了操作路径与方法,打破了校际壁垒,实现了场馆课程共享。线下走校游学,突破跨校学习难点;线上同步冲浪,普及学习成为可能。与此同时,我们建立了一套场馆课程共建共享机制,而协作块校长例会、教师联合教研、学生选拔、经费申报等一系列的制度,保障了机制的有效运作。

3. 开发系列课程——教师课程领导力在课程建设中提升

各校教师在场馆课程实施过程中,注重资料积累、案例撰写,编写了校本完全活动手册,留下场馆课程探索的足迹,形成了协作块场馆课程学习共享资料包(六所学校),成为块内教师教学与学生学习的参考与扶手。

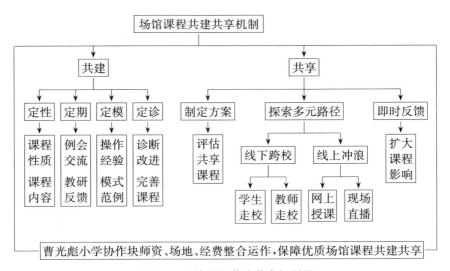

图 6-4　场馆课程共建共享机制图

如今,越来越多的教师参与场馆课程研究,开发系列课程。教师课程开发的能力、组织学生实践体验的能力不断得以提升。

4. 扩大辐射影响——向世界讲述中国场馆课程的故事

我们不断归纳提炼场馆共享的操作方法,不仅向外省市同行介绍我们协作研究取得的成果,还在与海外学校交流中讲好上海中小学课程改革的故事。

2018年,协作块派出了文化"使者"——七色花小学的沈丽芬校长及她的学生,来到英国的罗素学校,代表协作块与这所学校签订了建立友好学校协议书,并将协作块成果《童心童画》漫画作品集赠送给他们。

2019年,"跨越围墙,让学生体验丰富场馆课程"专题报道了曹光彪协作块依托区优秀科研自主推广项目"场馆课程建设"成果。专家同仁们一致认为,曹光彪小学协作块的研究拓宽了场馆的内涵,实现了场馆的育人价值,在共建共享中形成的一系列实践机制,给其他学校提供了借鉴。如今,校际联合活动越来越丰富,回民小学"融乐匠心,非遗传承"展示活动、曹光彪小学"童心童声不了情——姜春阳儿童歌曲范琪菁演唱会"、七色花小学"丰子恺儿童漫画课程"的陆续推出,让六所学校的学生在走校体验中享受优质教育资源,共同收获着成长快乐。

(二)实践成效

我们坚信,对场馆课程的探索,会成为学生品质的经典、做人的基石。我们将坚持把"分享"与"同乐"的理念融入场馆课程成果推广的过程中。从经验辐射的视角,关注"经验"的完整性,挖掘内在的深度,通过研究校际共享课程的可操作性,进而影响场馆课程学习方式的多样化,形成共同的可遵循的规律,让效应最大化。

1. 课程共享为学生构筑了多元的课程体验环境

场馆课程的共享中,我们为3000多名学生提供了综合实践活动的场所及学习机会。从单一的学校学习,到敞开大门让学生从课堂从走向场馆,从一所学校走向另一所学校。学习方式和教学模式的改变使协作块内学校形成符合各自学校办学价值追求的课程特色。多元的课程体验满足学生个性需求和发展。学生在情景化的、有意义的课程体验中收获了成为社会人的综合能力,学生拥有了别样的人生经历。协作块学校内90.43%的学生表示对本校开设的场馆课程非常满意。

表 6-5　影响协作块学校学生对场馆课程走校学习活动评价的主要因素

活动设计很有趣	学习方式有新意	老师很亲切	校园很美丽	同学很热情
86.89%	71.99%	64.17%	64.81%	64.81%

调查显示:"活动设计是否有趣"是协作块学校学生选择活动的最主要依据,比例达到 86.89%;学习方式是否有新意也是学生选择活动的主要依据,比例为 71.99%。

2. 学生在场馆体验和自主实践中获得自信,敢于担当

校与校之间的场馆课程共享让学生获益匪浅,收获良多。多样化、可选择的场馆学习与体验,让学生在主动探究的过程中变得越来越自信。尤其是对跨校课程学习的方式特别喜欢,认为这样的学习新奇、有趣。学校课程的开放,增强了学生的主人翁意识,也培养了学生的责任感。而参与课程体验的学生,不仅在走校活动中开阔了眼界,增长了知识,还与其他学校的学生建立了友情;学生也在场馆课程中找到了自信,收获了学习的快乐。

表 6-6　协作块学校学生对场馆课程走校学习活动的主要优势评价

能开阔眼界	有不同的学习体验	学习了新知识	有了更多的锻炼机会	结交了新伙伴
87.08%	77.13%	75.98%	66.51%	62.39%

调查显示:协作块学校学生认为场馆课程走校学习活动与在自己学校学习不同之处主要在于能"开阔自己的眼界""有不同的学习体验"和"学习新知识"。

3. 教师在参与课程建设中更好地发挥创造潜能

场馆课程共建共享机制的建立,使教师成为课程学习的"共同体"。教师培训、跨校学习、资源共建、智慧共享,引领教师们积极投入,不断发挥着创造潜能,也获得了累累成果。教师们通过体验与讨论,熟知课程的内涵外延,不断更新自己的认识;通过实践与反思,形成扎根于教学实践的智慧。各校编写了校本教材和完全活动手册,留下场馆课程探索的足迹。形成了协作块场馆课程学习教材资料包,成为块内教师教学与学生学习的参考与扶手。出版了专著《给孩子别样的经历——基于场馆课程建设的实践与感悟》等。在市、区各类比赛中,协作块学校的场馆课程设计方案、实践案例等获得一、二等奖的好成绩。

四、展望：均衡教育，在"共进"中发展

协作块学校通过设计方略、实施路径、教师培训、团队组成与激励、课程管理与评价等，扩大了优质校本课程的影响力，打破校际壁垒，盘活优质教育资源，实现课程经验资源共享的区域特色，促进师生共成长，发挥了学校优质课程资源影响力。

（一）加强对课程领导力的深层理解

课程是动态生存、不断发展的，我们的思想与行动也要与时俱进，不断更新。"课程领导力"就是以校长为核心、以教师为基础的课程领导共同体，是以学校课程文化建设、课程的设计与开发、组织与实施、管理与评价等为载体，以提升课程教育质量和促进学生、教师、课程、学校文化的发展为目标，在学校的课程改革探索与实践行动中体现出来的教育思想、教育哲学和有关课程理解、规划、执行、管理、评价以及创造等方面的能力。"课程领导力"不是口号，不是标签，而应该环环相扣地融入课程的创生与改进过程中。

（二）加强学校课程的整体设计与系统建构

我们从场馆课程共享过程中看到一所学校课程系统思考的重要性和必要性，引发我们对学校课程整体构建的思考：从场馆课程的共建共享机制，推及其他特色课程的共建共享，最终推动整个协作块课程的建设、教育的发展、师生的共同成长。

（上海市黄浦区曹光彪小学　卢　雨、盛翼华）

第三节　跨界盘整，资源共享

上海市七色花小学创办于1994年9月，是上海市艺术教育特色学校。学校坚持素质教育和科学发展观，以德育为核心，以艺术教育为抓手，努力构建"开放、合作、尚美"的学校文化，关注学生全面成长和个性特长发展的协同共进和交互融合，引领学生在充满阳光与色彩的教育环境中，以七彩的活力与热情，以七色的思维和方法，使学生的个性充分地张扬，实现全面和谐的发展。

一、校际共享课程建设面临的挑战

在"立美育人"办学理念的引领下，我校依凭艺术教育课程与教学的优势，以教育教学规律、美育规律和学生成长规律为依据，一直在进行立美课程建设方面的探索，努力让每一个学生都能成为他（她）的那一朵七色花。多年来，学生、家长、社会对七色花立美课程的喜爱和认可度较高。作为向明教育集团和曹光彪小学教育协作块的一员，我校将立美课程中的明星课程纳入共享课程建设中去，并向集团与协作块的成员校学生开放。在开展共享课程的建设过程中，我校面临着如下问题。

问题1：如何进一步打破校际壁垒，形成课程共享的有效策略，从而更好地实现校际优势互补、资源共享？

如何以校际共享课程建设为抓手，形成有效策略，打破校际壁垒，促进开放办学，实现优质教学资源、课程资源、师资队伍和教科研成果的校际互动共享，从而进一步扩大我校立美课程的品牌影响力，使来自不同学校、不同文化背景的孩子有机会跨校体验我校的特色课程及活动的魅力，满足更多学生对优质教育日益增长的需求，促进区域教育的优质、均衡发展，是我们一直思考的问题。

问题2：如何在集聚资源、互动融通的基础上保障课程的多样性和选择性，满足学生对于课程的个性化需求，让更多的学生能在享受开放融通的课程过程中，形成学习共同体，促进学生健康成长和学校共同发展？

课程的多样性与选择性是当今世界中小学校课程发展的主要方向。在以往立美课程开发实施过程中，我校经常与校内外乃至国内外各界互动、协作，将丰富的优质教育资源引进到我校的课程建设中来，成为促进我校课程建设、教学研究、教师发展等方面不可或缺的力量。通过多年的努力，我校的立美课程已基本体现了以美育整合为特色，丰富、可选的特点，特别是从营造跨文化教育环境出发，为满足学生多元化兴趣、个性特长发展而开发的校本课程已超过100多项。在开展共享课程建设过程中，如何将校际共享课程建设与我校开放型美育特色课程图谱建设、教师的课程领导力建设等工作相结合；如何对本校以艺术课程为代表的美育特色校本课程进行再开发再优化，确定校际共享课程内容；如何使这些共享课程既能体现我校的办学优势，又能满足本校学生和成员校学生对于开放融通的课程的个性化需求，使学生能真正享受课程，并在享受课程的过程中，校内外学生能成为学习共同体,相互促进,共同进步,让课程真正达到"成就每一位学生"的目的,也是我们面临的挑战。

二、校际共享课程建设的课例阐释

教育具有高度开放的能力,是学校课程改革的一个重要指征,因为只有充分打开校门,才能在兼收并蓄中使学校不断积聚参与竞争的能力。在已经初步形成的七色花校本课程方案的基础上,我校研究了"立美育人"办学理念下学校开放型美育特色课程图谱的内容架构,以"立美—整合"为总体开发思想,发挥曹光彪协作块、向明教育集团等多维度优质教育资源的"立美育人"功能,跨界链接,进一步丰富"立美育人"办学理念下开放型美育特色课程的内容,扩大学校课程疆域的开放度和包容度,着力推进校际共享课程建设,优化七彩校本课程设置,从而使学校课程实现资源的开放和共享。

依靠信息技术平台和社会资源,我校从学生的兴趣和需求出发,坚持以美健体、以美启智、以美辅德、以美怡情,逐步建设完善了以丰子恺漫画课程、小眼睛看大世界 DV 课程、非遗传人泥塑剪纸课程等为代表的校际共享课程,深受学生喜爱。下面以丰子恺漫画课程为例,阐释我校推进校际课程共享建设的相关情况。

(一)缘起

作为首批上海市艺术教育特色学校,美术课程一直是我校艺术教育领域的一门优势学科。从 2011 年开始,美术教研组参与了上海市美术教育教学研究基地的课题,并尝试开发丰子恺漫画特色课程。经过多年探索,我校美术组整合了"丰子恺先生的后代""丰子恺漫画"旧居"日月楼"等资源,最终开发并完善了集课堂教学、校外场馆、校园文化三位一体的校本特色艺术课程——"丰子恺漫画"特色课程。该课程旨在激励学生在丰子恺先生求真、求善、求美的精神感召下,学会运用丰富的漫画艺术手法表现眼中所见、内心所想,以美载德。它不仅补充和拓展了美术课程的内容,还拓宽了艺术课程建设的途径,丰富了学校文化建设的内涵,体现了学校"立美育人"的办学理念,更提升了学校教育的内在品质。它已成为我校的品牌特色课程,深受全校师生的欢迎。

随着课程的深入开展,我校尝试跨界链接,挖掘社会一切有利于丰子恺漫画教育的校外资源,构建了开放、多元的丰子恺漫画网班课程,不仅向全校师生开放,还向向明教育集团以及曹光彪小学教育协作块成员校的师生开放,更可以向社区及社会大众开放,实现课程资源的开放和共享。该课让学生走出课堂,通过网络线上线下结合的方式进行丰子恺漫画课程的学习,让学生能在课堂教学、网络学习、场馆活动中丰富自己的学习经历,将德育渗透到学生心灵,抓到根,促动魂。丰子恺漫画网班课程的开发和实施,打破了固化的传统课堂教育模式,使得教育生成了新的教学关系,教师成了学生学习的指导者、课程的领导者、教学方式的改革者;学生的主体地位和创造性则更能充分表现,学习方式更加个性化。这种新的教学形态,构建了数字时代的新型教育生态体系。

(二)行动

1. 跨界盘整资源,打造网班课程

我校利用现代化的信息技术平台,整合丰子恺先生的后代资源,开发了集虚拟参观、欣赏分析、上传互动为一体的具有时代性和前瞻性的开放型网班课程。还将"日月楼"360度全景参观平台链接到我们学校的网班课程中,学生只要有电脑、手机、网络,就可以随时随地在网上虚拟参观日月楼。丰子恺漫画特色网班课程分为七个内容:寻找身边的丰子恺公益漫画、秉持自然童真的儿童漫画、承载教育哲理的学生漫画、富含仁爱之心的护生漫画、充满遐想意境的诗词漫画、体现生活情态的社会漫画、描绘人生百态的四格漫画。每一期内容有一个主题,有画的欣赏与分析,有教师的引导,有活动的内容,有问题的互动,还有教学视频、学生作品展示以及漫画活动花絮。

丰子恺漫画网班特色课程以数字媒体为载体,通过互联网平台进行传播,学生利用电子设备可以随时随地登录七色花网班APP,学习、互动、问答、作业、上传、互评等,获取一定的知识和信息,参与到更广泛的互动中。教师也能够通过线上平台对学生学习情况有所掌握,合理设置课程内容,针对学生问题予以解决。家长、协作块学校师生、区域学校师生、社区民众等都可参与课程的学习、活动和评价。丰子恺漫画网班课程,激发了学生自主发展意识和主动探究的学习能力,引导和激励学生去自主学习,自我完善。

2. 实现资源共享,推广网班课程

我校首先为黄浦区曹光彪小学教育协作块六所学校的美术老师开设了丰子恺漫画讲座、漫画演示体验和网班课程培训。我校美术老师唐老师向大家介绍了该课程的形成背景、建构设想、教学内容、评价方式及网班课程使用操作流程。老师们随即体验了用平板、手机上网浏览漫画课程,点评学生画的漫画。此外该课程还率先向曹光彪协作块六所成员学校推广,老师们可以在美术课、拓展课上指导学生上网学习,每所学校利用 50 个网班号,登陆"七色花丰子恺漫画网班课程——我的微课"进行学习、创作。也可以推荐给学生在家里学习,体验科技给教学带来的便捷。学生学习后创作的漫画可以上传至"作品上传——七色花学生课外活动",所有学生、老师和研究丰子恺漫画的专家都可以点赞和评价,优秀作品入选漫画画册。

3. 直播名人课堂,拓展课程空间

我校定期举办"名人课堂",邀请丰子恺先生后人——宋雪君先生每月在"七色花丰子恺漫画馆"开展讲座、进行示范、上微课。DV 社团的学生架着比他们还要高大的摄像机,用近景、中景、全景记录下这生动的一课。丰子恺漫画社团和有兴趣的学生坐在教室里用平板和电视边看直播边学习画漫画。"名人课堂"微课直播的方式,让更多的学生拥有了学习的机会。

我校还利用创先派克云直播平台将"名人课堂"微课课程内容进行校内校外甚至全球直播,并将课程辐射至协作块学校,让协作块的学生也拥有了学习丰子恺漫画的机会,他们在各自的学校用网络观看直播,参与学习;部分学生也可以走进直播间,直面宋老师,进行现场学习与互动。直播"名人课堂"使误程走向更为广阔的空间,让广大学生都能参与到丰子恺漫画艺术传承中,陶冶情操,提高审美价值观。

4. 学科共融,丰富漫画课程

现在的丰子恺儿童漫画课程,参与"丰子恺漫画"课程开发的不仅有三位美术老师,还有邀请的其他学科的教师共同参与。语文王老师的"读诗·品画·演绎"创意综合社团,通过诗词解读以及演绎绘画场景,进一步加深学生对丰子恺漫画的认知,引发对生活的思考,探索人生的价值;书法彭老师的"窥析·赏味·寻索"书法社团通过赏析字体,窥见丰子恺的艺术人生,学习丰爷爷做人的品质;还有自然陈老师的"观察·发现·写画"自然课堂、大队部钱老师的"美德课程"、班主任工作室的"友善主题谈话课程"等,将漫画的形式或内涵融入其中,丰富校本课程内容,培养学生,立德树人。师生在建设"丰子恺漫画"课程中共同学习、共同收获、共同成长。

我校的"丰子恺漫画"课程一路走来,经历了从请进来、走出去的阶段,利用互联网、漫画馆、协作块等载体,通过名人课堂、学生论坛、网络学习等手段,紧紧围绕"三个一"展开。(1)一系列开放、多元的丰子恺漫画网班课程:网班课程不仅向全校师生开放,还向协作块学校的师生开放;(2)一间七色花·丰子恺儿童漫画馆:在这里,学生可以翻阅丰子恺爷爷的著书,可以临摹丰子恺爷爷的漫画,可以构思自己的漫画作品……在这里,会定时举办学生论坛,学生可以在场馆中分享自己对课程的心得体会,也可以邀请同伴一同欣赏自己的画作……(3)一月一次漫画"名人课堂":定期开展讲座、示范、上微课。学生可以现场观摩、学习如何画丰子恺漫画……DV 社团的学生用摄像机记录下这生动的一课。

我校还曾将丰子恺漫画特色网班课程带出了国门,送到英国爱尔兰科克市图书馆,送给科克市爱尔兰语小学、尼古拉斯小学和伦敦罗素学校,向他们介绍六校学生的优秀作品和课程二维码的使用,让他们也能参与课程活动,进一步弘扬了民族文化。

丰富的资源、形式多样的活动以及现代高科技技术的运用,使我校的"丰子恺漫画课程"走向更多学校,走向更多学生,走向更为广阔的空间。在校际课程共享的过程中,我校不仅将该课程打造成为自己学校的品牌特色课程,还将它推介给更多学校的学生共同学习,使学生们在一起学画漫画的过程中,学习丰子恺先生的求真、求善、求美的品德,引导学生开始关注生活、关爱生命,力求做到发现生活中的真、善、美,使该课程在更广的范围里发挥着艺术课程育人的功能。

三、校际共享课程建设的实施策略

要实现校际课程共享,需要立足于校情和学情。我校在已有办学基础上梳理了校际课程共享的思路,罗列了开展共享课程所需的支持与保障等。在此基础上,从学校开放型美育特色课程图谱整体性研究入手,形成了共享课程建设方案,从课程的建设目标、课程的内容结构、课程的实施建议和课程的评价等方面进行了整体规划。我校建立健全了课程组织保障制度,成立了课程工作领导小组、课程实验工作组、后勤保障小组、课程评价及协调小组,在实践探索中组织教师不断明确提升学校课程品质的路径和策略,结合校际共享课程的开发、实施及评价实践,有步骤地开展实践研究,突出研究的指向性和实效性。

(一)整合优质教育资源,借助线上线下多维平台,探索校际共享课程的实施方式

在开展校际共享课程的实践中,我校坚持以学生的发展为本,注重艺术审美教

育与各学科的有机整合,将校际共享课程开发作为推动学校课程改革的一项重要工作。我校创造性地开发教材资源,鼓励教师以满足学生需要和体现学校艺术教育特色为目的,充分挖掘教材中与艺术相关的因素,设计线上线下多维学习平台,探索特定的学习活动方式,进行校际共享课程开发与实施,打开课程开发的丰富视域,从而构建开放、多元的开放型美育特色课程体系。

同时,我校教师以丰富的实践为基础,参考有关资料,自己动手挖掘教材资源,编写了诸如 DV 课程、"丰子恺儿童漫画"课程等符合学校特色的教学材料,供师生学习。还建设了共享课程的网络资源库——智慧课堂,开展网络远程教学。网络教学采取同步共享或异步共享两种方式,同步教学是实时双向交互式网络教学,实现在线同步授课。异步共享方式包括视频点播、网上论坛、E-mail 交流等,实现随时随地自主学习。

(二)促进教师共同体建设,提升校际共享课程的内在品质

形成一个开放、动态的专业学习共同体,引导教师共同体成员从区域和专业联盟的视角出发共同探讨,是促进校际共享课程建设的一个有效途径。我校以发展规划项目建设为载体,先后成立了四个创新实验室工作坊、书香花园工作坊等教师联盟,以集团化、协作块为载体成立了班主任工作室、协作块丰子恺漫画课程坊、场馆教育课程坊等校际教师联盟,打破了传统教研组模式,以项目为引领,开拓性地将各种优质资源进行转化与拓展,从而形成独特的课程系列,充分体现出共享课程的丰富性。这样的课程建设思路,不仅有利于教师课程领导力的培养,更能为学生提供高质量的课程,从而促进学生的健康成长。

(三)运用课程领导力评价系统,实现校际共享课程的创新发展

为了保障校际共享课程的课程品质,在开发和建设共享课程的过程中,我校以培养教师课程领导力为切入口,努力提升教师的课程开发力、实施力、评价力和团队领导力,实现校际共享课程的创新和优质发展。我校为此专门设计了教师课程领导力评价量表,从课程开发、课程实施、课程评价和团队领导四个维度来测量教师的课程领导力水平,并更全方位地直观反映共享课程的建设和实施情况。其中,在课程开发方面,我们重点强调了教师将潜在学习资源转化为课程的能力和通过创设课程来回应教育环境要求的能力。在课程实施方面,我们重点考察教师在具体的教学实践中有效落实课程目标的能力,包括营造尊重学习的课堂文化、创设富有吸引力和挑战性的学习环境、灵活处理教学各环节、擅长使用不同的教学策略和

资源等。在课程评价方面,我们着重考察教师对教学过程进行合理评估的能力、对学生学习效果做出恰当分析及根据学生学习结果来调整和改进课程教学实践的能力。我校将四大课程领导能力细化为更具操作意义的指标,形成了课程领导力评价体系,建构了线上"七色花小学教师课程领导力综合评价系统"操作平台,从专家评价、教师自评、教师他评、学生家长评四个层面,收集相关数据,以雷达图的形式展现校际共享课程的发展状况。

通过建构和运用课程领导力评价系统,进一步引导教师主动提升课程领导力。在共享课程开发、实施和评价等整个过程中始终强调教师赋权、教师合作及教师创新,不仅保障了校际共享课程的质量,也推动了教师的专业成长。

四、校际共享课程建设的实践成效

在校际课程共享的研究推进过程中,我校坚持理念引领、理论支撑、特色融合、活动整合,使学校共享课程的内容更为开放和多元,使学生接触到更宽泛的教育,开阔眼界。充分利用校内外教育资源,开发了校外教育资源培训教师的功能,参与课程建设的教师得到了多元发展。

(一)推动教师专业成长

我校整合校内和社会资源,搭建教师成长平台,为各层次、各种类型的教师提供切合不同发展实际的专业支持,提升教师的课程领导力,促进教师的复合型发展。通过参与校际共享课程建设,教师们的课程意识、课程开发能力、课程实施与评估能力以及社团活动课程化和校外教育资源课程化的能力都得到提升。我校教师先后开发和实施了"七色花园小小地球村课程"、"场馆探寻综合主题实践活动"、以"书香花园"为平台的新书分享活动和以协作块、向明教育集团艺术交流为契机的艺术拓展活动等一系列的校际共享课程。教师充分发挥自身课程领导力,并在课程管理中投入情感与智慧,与学生在知识共享中达到心灵共通的默契,形成对学生的积极影响。教师在学校发展中的价值和功能被更多地认可和赋权,成了校际共享课程的共同参与者、改革者、设计者。一系列校际共享课程的开发与实践通过招投标等形式组织全体教师共同负责组织和设计,倡导在同伴互助中,辐射校本培训的相互激励效应,激发自主提高的内驱力。

（二）促进学生"七色花开"

我校利用各种资源,加大以美育为特色的校际共享课程建设的力度和广度,努力使之成为促进每位孩子全面发展的"成长课程"。学生有机会在丰富多彩的校际共享课程活动中获得多元感受,个性得到张扬,审美素养获得提高。比如丰子恺漫画网班课程使场馆资源、教材资源融为一体。在学画漫画中,我校为学生架起美术课程教学与艺术人文之间的桥梁,具有生命意义、人文价值和民族精神的教育元素生动、灵活、富有创意地融入美术课程教学,让漫画教学成为感悟生命意义、弘扬民族精神的教育,成为体现人文价值的活动,成为张扬个性、释放创造精神的舞台。通过丰子恺漫画"润物细无声"的润泽、濡染、陶冶,逐渐将高雅的审美趣味渗入学生的心灵。学生潜移默化地获得美术创造的灵性,获得人生价值的感悟,获得情感精神的升华。通过一系列校际共享课程的开展,我校以更开放、多元的方式,融通各界资源,引导更多的学生关注生活中的真、善、美,并将高雅的审美趣味渗入到更多的学生心灵,引导和激励他们学会自主学习,自我完善,使我校"立美育人"的办学理念得到了更广泛的落实。

（三）提升学校课程品质

我校在开展校际共享课程的过程中,加强无边界共同体建设,借助向明教育集团、曹光彪小学教育协作块、社会各界等平台,与各方形成合作关系,推动本校立美课程的建设和推广。我校积极挖掘、汇聚、转化校内外优质教育资源,将本校的品牌特色课程进一步打造成为校际共享课程,在校际传递课程文化,辐射课程影响力。同时借助校际共享课程的开展,使教材资源、网络资源、场馆资源融为一体,致力于使我校的社团活动课程化和校外的教育资源课程化,进一步推动以融通和开放为特征的我校美育特色课程图谱建设,提升学校课程品质。目前我校在艺术、科技、体育等课程上,已先后开发了几十门校本课程,挖掘了学生潜力,开拓了学生发展空间,促进了学校、家庭、社会三方教育资源的整合与创生,获得了学生、家长、社会各方的肯定与认可。这些校本课程也将通过进一步完善和实施,成为后续的校际共享课程,在校际传播,从而提升我校特色课程的品牌效应,丰富我校"立美育人"文化的内涵。

五、校际共享课程建设的反思

开展校际共享课程的实践探索,不仅丰富了我校原有的校本课程内容,提升了课程品质,同时在校际课程共享过程中,我校不断扩大特色课程的包容度,推进了特色课程的开放和融通。我校在开展校际共享课程的过程中也发现了一些值得思考的问题。

(一)确定校际共享课程开发的针对性

校际共享课程的开发究竟是针对发掘学生兴趣还是发展学生特长?是着眼于多数学生的需要还是聚焦于少数学生的需要?是普及性的还是提高性的?这不仅关系到校际共享课程受益学生的多少,也关系着校际共享课程的内容选择和开发成本。我校尝试聚焦于大多数学生,以学生的实际需要为指导,从学生的兴趣爱好、发展志向及心理水平出发,按照学生的兴趣进行校际共享课程的开发,我校结合学校开放型美育特色课程图谱建设,整合校本课程,从中筛选出有特色、有创意、有代表性的,受到学生喜欢的明星课程成为校际共享课程,希望借此提高学生参与该课程的积极性,激发学生学习该课程的潜能。

(二)保障校际共享课程开展的持续性

在新学期共享课程的实施过程中,是让已选课的学生继续学下去,还是另外招募新的学生来学习?如果继续让已读的学生就读,那么可以学习多长时间?如何处理好学生需求与课程可持续发展的矛盾?另外,授课的时间、地点以及师资是否调整,授课方式是否变化也会影响课程开展的效度。我们认为:应该保障校际共享课程开展的持续性,使学生的学习更加系统化,更有衔接性和针对性。

(三)提高校际共享课程师资的专业性

我校目前开设的校际共享课程都是本校的精品特色课程。参与授课的教师都是教学能力突出、教学经验丰富的优秀教师。但在校际共享课程的开展过程中,这些教师还要应对本校和外校不同程度的学生、研究开设不同的课型,共享课程的授课教师工作量普遍很大,任务繁重,而且对他们在资源整合、教案设计、教学策略设置、网络直播授课技能、课堂调控等方面也提出了更多的要求。如何对他们进行有针对性的可持续化的系统培训,提高其在共享课程开发、实施、评估等方面的专业能力,也是需要探索的课题。

(上海市七色花小学　蒋美芳、费妮娜)

第四节　做足特色，多维共享

为了提升学生创新素养的培育，上海市大同中学开发并实施了 CIE 课程。CIE，即 Creativity（创造能力）、Innovation（创新意识）和 Entrepreneurship（创业精神）的英语首字母缩写，并成立了"化学创新实验室"，添置了配套的设备和仪器，为化学校本课程走向多样化、丰富化、个性化创造了优质的条件。

一、实践背景与问题提出

（一）实践背景

在大力实施 CIE 课程的过程中，学校鼓励学生积极投入到课题研究中，为了更好地保障课程的顺利实施，学校邀请了专家进行科学讲座，给学生的课题作专业化的指导。一次同济大学范丽岩教授关于"中药化妆品"的讲座引起了学生极大的反响，并且在范教授的指导下完成了"中药防晒化妆品"这一课题，获得了校内外专家的一致认可。

在上海中小学新科学新技术创新课程平台（简称"双新课程平台"）的支持下，"中药功能化妆品的研制"开设，课程基于化学学科背景的高中科技创新课程，由同济大学范教授领衔，上海市大同中学参与共同开发。课程内容包括学生亲手试验各种化妆品配方，尝试设计安排工艺流程，并寻找化妆品研制课题，其宗旨在于帮助学生接触科技前沿领域，经历创新学习过程，进入更高水平的创新活动，以培养和发展学生的创新意识和实践能力。

"中药功能化妆品的研制"课程一经开设，就受到了学生的热烈欢迎，报名人数众多，参加过的学生也对中药化妆品的制备产生了极大的兴趣，依托我校 CIE 创新课程管理和高素质的师资力量，结合中学化学、生物等的相关知识以及大学研究资源的支撑，我校化学教研组进行了"中医药创新课程链"的开发与实施，丰富课程内容的同时也契合 CIE 与双新课程的理念，指导学生进行"中医药探索"。在实施过程中，我们根据学生的情况对课程做了进一步的调整与优化，教师引导学生开展研究性学习，培养学生科学研究与发明创造的能力，以项目形式开展化学创新研究。

（二）问题提出

"中药功能化妆品的研制"课程的开设，依托大同中学的 CIE 课程，但在实践过程中遇到以下问题:创新课程的项目具有一定先进性,从科学原理到技术方法,从设备使用到课题实施,都存在一定的技术门槛,对于知识储备较少的初高中学生来说,如何在完成创新课程目标的同时,提升他们的创新素养,成了课程内容开发过程中面临的挑战。

将中医药课程资源进行整合,开发出适合不同教师和学校特点,满足不同学生需求的课程,是课程开发一以贯之的理念。但在实践过程中,除了个别有科研背景的教师,大多教师无法有效完成中医药课程的教学,所以该课程如何在大同集团校以及更广泛的区域进行推广与共建也成了课程开发以外重要的考虑因素。如何利用现有平台(集团校、双新平台等),整合课程资源,提升课程品质,扩大课程影响,形成课程品牌,是课程建设中亟须面对的问题。

二、推进过程与举措

(一)摸索学习阶段——课程试点

2011 年,我们与日本一姊妹学校千叶县市川中学曾经合作完成一项课题:"煎煮中药最佳方案的实践探究",研究了水质对于"中药"药效的影响,在研究中发现"中药"成分有吸收紫外线的能力,这启发我们利用"中药"的这一特性,在高中学生能力范围内,开拓某些"中药"的使用领域。在同济大学范教授的指导后,"中药化妆品的制备"引起了学生极大的学习和探究的兴趣。2012 年,参加中药 CIE 课程的学生完成了"中药防晒化妆品的制备和效果研究",该课题先后获得 Science edge 全球赛优胜奖、上海市青少年科技创新大赛一等奖。学生在完成课题的过程中充分体会到了整个研究过程,并且在制备出一款具有防晒效果的产品时,产生了极大的成就感。学生既能做感兴趣的课题,又能获得丰硕成果,何不将这样一个有趣的课题作为课程内容的载体,来进行研究型课程的教学呢? 2013 年,"中药功能化妆品的研制"课程在大同中学开设,该课程以精细化工知识与技能为基础,对现有化妆品的配方进行分析、研究,从中找出不足之处;继而将自身的所学运用其中,对配方进行改良;随后将想法变为实际,生产出一款新型的中药化妆品,最终对产物进行商品化检测。

(二)协作探索阶段——课程整合

"中药功能化妆品的研制"被选入双新平台的"种子课程",经过高校专家与高中志愿者学校教师充实、改造、优化,成了双新课程供全市高中学校选用的 12 门备选课程之一。

"中药功能化妆品的研制"不但找到了学生的兴趣所在,也契合了高中阶段学生的研究性学习要求。经过一年的课程实践,学生需要提出自己研究的课题,但课题内容的同质化相当严重,例如:"中药保湿防晒化妆品的制备与效果探究""中药美白防晒化妆品的制备与效果探究""中药抗氧化化妆品的制备与效果探究"等,选课题变成了完形填空,研究内容仅仅是将已经有的配方进行替换,评价方法也比较匮乏,要使双新课程的种子课程在大同中学生根发芽,需要对现有课程进行优化与发展,并将双新课程的理念与学校 CIE 课程的理念进行整合,以落实学校在创新方面的育人要求。

双新课程的体系结构共分为三阶段:准备阶段为参与科技创新课题的项目学习打好基础;体验阶段是核心步骤,围绕科技创新课题体验创新过程;自主阶段由学生自主提出课题开展研究,是高阶发展课程。三阶段的划分既符合高中生知识、技能基础,也符合高中阶段研究型课程"自己做"的特点。而大同中学 CIE 课程理念,其中"C(创造)"强调从无到有,培养学生的创造性思维,发明具有社会价值的新型物品,对应"项目体验阶段";"I(创意)"强调学生的迁移、想象能力,在前人的基础上进行更新、迁移和改造,对应"项目准备阶段";"E(创业)"重视学生实业精神的培育,将学生的创意实用化、产品化和产业化,对应"自主研究阶段"。(见图 6-5)

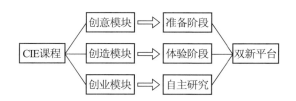

图 6-5　CIE 课程理念与双新平台体系结构的对接

(三)实践创新阶段——课程开发

在双新课程与 CIE 课程的理念指导下,根据学生的学习规律,我们建立了中医药探索实验室,并开展了与之相关的中药 CIE 创新课程,整个中医药 CIE 创新课程链在高一、高二分为递进的三个阶段:

1."中药功能化妆品的研制":制作含中药的化妆品,了解相关学科知识;

2."中药缓释剂的开发与研究":完成模拟课题,学习研究方法;

3. 学生自主设计课题进行研究。

其中第二阶段,弥补了"中药功能化妆品的研制"之后、学生自主研究之前,在课题研究方面的盲区,设计开发一门能够指导学生科学研究方法的课程,以"中药缓释剂的开发与研究"这个项目为模拟课题,针对高二学生的学习能力和知识基础,将其分为五个环节:文献研究、实验探究、数据分析、论文撰写和课题答辩,这些环节也是科学研究所必须经历的过程。(见图 6-6)

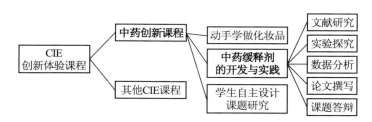

图 6-6 中药缓释剂课程在学校模拟课程中的位置和内容

该课程通过中药缓释剂制备与开发的项目学习,了解常用化学实验仪器和检测仪器的使用方法与基本原理,体验课题研究过程与方法。并且能综合运用文献法、实验法等研究方式,掌握基本的研究方法,提升在实践中发现问题、解决问题的能力,通过小组分工合作,调查研究、讨论交流等形式,激发学生的创新素养。

"中药缓释剂的开发与研究"的评价活动应不同于传统的教学评价过分强调知识与技能及评价的鉴别和选拔动能,而是以促进学生创新素养发展为核心。评价既包括教师对学生的评价,也包括学生之间的评价以及自我评价,它是学生学习过程与结果客观、综合的反映。根据高中创新课程的要求与大同中学的教学实际,将评价分为课堂评价、学生互评、档案袋评价和课题展示四个部分。(见图 6-7)

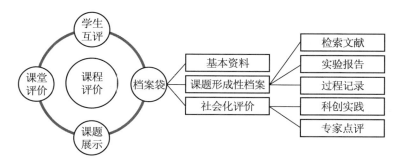

图 6-7 课程评价方案

中学生在参与研究的过程中,虽然了解原理,但纸上谈兵的情况较多,在实际操作过程中容易手忙脚乱,无法做到"计划先行、尽在掌握",所以实验设计、操作技能的培养就变得尤为重要。

完成一个课题不是制备出某个产品,需通过实验或调查数据来评价产品的各方面效果,CIE 课程中"E-Entrepreneurship"是整个课程中的最高要求:"创业精神",而学生往往缺乏对产品的评价意识,所以很多有价值的课题研究就仅仅停留在创意层面,无法获得实验数据和事实将所制作的产品推广,以达到创业的程度。在第一和第二阶段的铺垫后,学生基本具有了一定独立选题和研究的能力,在教师与双新平台专家的指导下,可以独立完成自选课题。

（四）展示推广阶段——课程共建

不同学校校本化的试点基于各校的教学理念与方式.也依托上海市双新平台的专家指导,通过面对面交流、现场教学指导、专家指导等,在不同层面将中药课程内容在全市范围落地实践,每个阶段的目标、任务虽然不同,但都离不开课程、教学、平台专家多方的共建。

每个阶段,与专家团队交流沟通的对象都不同,讨论的内容有以下三大类:

1. 教师课程培训:熟悉课程理论知识,完成相关实验,分析实验结果,撰写实验报告,交流课程实施过程中的具体操作方案。

2. 现场教学示范:开展公开教学活动,邀请专家现场教学指导;课程实践教师与科研专家的专题讲座(面对学生或教师)。

3. 课后交流:专题实验与教学研讨;专业知识、实验方法与文献交流;课程开放方向,创新热点讨论。

表 6-7　课程推广的活动内容与形式

起始时间	地　点	活动内容	互动形式
2012 年 6 月	大同中学	学生科技创新项目的成果转化 课程设计与资源准备	面对面交流
2013 年 9 月	大同中学	第一轮教学实验 课程预研究阶段	现场教学指导 课后交流
2014 年 3 月	大同中学	试点学校教师培训活动	专家授课、指导
2014 年 5 月	大同中学	课程计划交流活动	教学研讨

起始时间	地 点	活动内容	互动形式
2014 年 9 月	市北中学	教学培训与研讨活动	专家指导
2014 年 9 月	市东中学	示范性教学(6 次 12 课时)	专家授课
2014 年 10 月	大同中学	双新课程示范性教学公开课	课后交流研讨
2015 年 3 月	市教委	双新课程教学研讨活动	教学研讨
2016 年 4 月	大同中学	双新课程示范性教学公开课	课后交流研讨

课程创设阶段:主要互动的对象是支持单位的教师(同济大学化学系与大同中学化学教研组),从前期的课程设计到预研究时期的第一轮实验性课程教学,互动形式集中在面对面的讨论、指导中,这是将科学技术资源转变为课程要素时必需的磨合阶段,需要参与人员全方位的试验、讨论、交流、改进、再试验,这就需要专家团队与教师在现场直接互动。

课程试验阶段:专家团队的教师更多地参与到试点学校的教学流程中,有的直接作为授课教师进行示范教学(教学指导),有的开展专家讲座以帮助校方教师掌握课程中的一些重点、难点、核心思想,以便推动课程的校本化。

课程的推广阶段:邀请新的试点校进行课程实践,在多轮教学活动后,会积累相当的一线教学经验,此时单向的交流形式就会发生改变。在中医药课程推进过程中,各个试点学校在进行一至两轮次试验教学后,会主动发现适合自己学校的发展方向:如民立中学选取凝胶制作作为教学研究重点;市东中学以植物提取物的功效成分检测作为评价学生课程学习成绩的重要环节;市北中学则以开发口红唇膏类纯油相日用化妆品作为创新成果。依赖于如今十分便捷的通信方式,教师会积极、主动、及时地与专家团队联系、探讨自己在教学中的知识、技术壁垒及创新思想瓶颈,专家团队也能更好地跟进学校教学的流程,及时发现闪光点与不足之处。双向的交流互动大大增进了双方的感情,形成良好的学术探究、教学研讨、热点追述的氛围。

三、特色经验与实践成效

中医药课程在校级层面的建设,在集团校及市、区层面的推广,需要强有力的组织建设与保障。为此,项目组在集团校内、上海双新课程平台分别开展了研究核心层与研修实施层的建设,有力地保障了中医药课程的推广与落实。

（一）大同教育集团的课程共建与共享

中药课程在集团校内的共享,需要构建科技教育联合体。建设以大同 CIE 课程为主体,实现各校科技教育资源的统整,发挥大同作为上海青少年科学社大同分社的优势,进行科技资源的辐射,加快校际教师、设施设备等资源的共建、共享,打造以 CIE 为主体的阶梯式科技课程,形成 CIE 科技教育课程序列。

集团校研究团队分为研究核心层和研修实施层。研究核心层由专家智囊、双新平台专家,大同中药 CIE 课程团队组成,重点探索课程思想力、指导力,在研究过程中把控全场、统筹协调、专注动态。核心层既是一个研究团队,也进行两两合作,专家智囊与双新平台专家对研究的经验成果加以提炼,大同中药 CIE 团队协作开展成果推广。研修实施层由成果持有方和成果应用方组成,主要进行成果推广和校本化应用实践。成果持有方与成果应用方联动合作,加强课程执行力和学习力的研修,共研并进。研究核心层对研修实施层进行指导和管理,研修实施层则向研究核心层提供推广应用的实践经验。（见图 6-8）

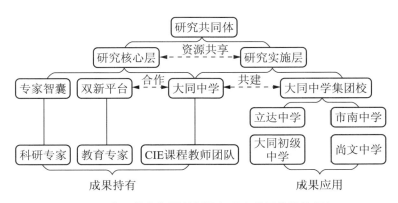

图 6-8 大同教育集团创新课程研究共同体结构框架

（二）与双新课程平台的合作与推广

中医药课程在全市甚至全国范围的推广,除了有力执行团队与合适的课程内容,更需要市级课程平台的支持。"双新课程平台"是由上海市教育委员会教学研究室、上海师范大学科技策划与传播中心、上海科学技术出版社建立的课程平台,与大同中学深度合作。中医药课程也是作为第一批试点课程,融合了双新平台课程开展的三阶段模式,积极参与了双新课程平台推出的桥梁计划,努力为学校、学生、专家搭建沟通的桥梁,邀请专家担任专家导师,为学生在专家导师指导下开展自主创新课题研究提供平台。学生课题通过学校推荐,符合条件的进入双新平台桥梁计划,为试点学校匹配研究型课程的大同教师,同时邀请专家参与指导,并在6～12个月完成课题结题,为试点学校的顺利开展打下坚实的基础。

课程推广的前期专家团队与教师的互动是基础,主要解决教师怎么上课、上什么内容、如何安排课堂流程、如何进行实验操作指导等问题。初期,专家团队是单方面地指导教师课程内容及实验操作环节。在不断的磨合演练过程中,教师是"学生",专家是"教师",教师学"课程",专家讲"教学"。在双新平台与大同中学合作推进下,大量的公开课、教学研讨活动都在此时展开。有了实实在在的教学经验后,教师能够与专家探讨改进课程内容、设计更好的教学流程,教师互动的积极性被调动起来,慢慢地从被动式的接受转向主动式的讨论。到了后期,当教师成为教学能手,熟悉了课程内容、掌握了实验技巧、积累了教学经验、领悟了课程理念时,他们就会主动地为课程添砖加瓦,提供更多的创新思维点,主动地与专家沟通联系,获取适合自己(校方)的新的课程资源。

(三)网络信息化平台的试点与建设

信息化、智能化是未来教育发展的方向,中医药课程除了在集团校与双新平台试点学校开展,也尝试使用网络平台,通过视频或直播的方式进行分享。网络课程的优势在于强大的交互能力,学生有了更为灵活的学习方式。通过记录教学内容,方便学生随时随地反复学习,能增强学生自主学习的兴趣。同时它也有助于集团校教师开设公开教学,方便课后教学交流,各区域教师都可参与讨论。

2018至2020年,大同中学先后在微信、哔哩哔哩网站(B站)建立官方账号,结合原有的官方网站,将中医药研究型课程的学生成果、课堂实录、经典课例等相关文字与视频资料进行梳理,上传到网络。同时,发挥集团化办学的优势,聚集集团内优质课程资源,依托大同中学学科特色课程开展集团校学科营活动。

2020年3月,中医药课程在学科营活动中开展公益直播课程,当日直播在线人数超过3000人,有2000人同时参与直播课堂的互动,并在留言区提出问题或留下自己的思考,并在之后的一周内收到反馈邮件800余封。直播课程的形式突破了传统的课堂空间,让更多学生参与到中医药研究型课程中,也对研究型课程的共建共享起到了关键的作用。

（四）中医药课程的实践成效

在中医药研究型课程试点成功的同时，上海市大同中学也先后开设了包括"动手学做化妆品""离子液体创新课程""数字技术创新实验"等丰富的研究型课程，满足学生多元化的学习需求，课程开发也获得了丰富成果。"DIS 应用推进课程"市级课题于 2019 年结题，"热成像技术在分馏实验中的应用"获全国实验教学一等奖，运用数字实验技术的"环糊精缓释效果探究"一课获上海市教学评比一等奖。2015 年至今，围绕数字实验技术开设的市区级公开课 20 节以上。2014 年至今，共有超过 100 位学生在全国或上海市青少年科技创新大赛中获奖，其中 32 位一等奖、55 位二等奖、42 位三等奖、1 位获全国创新大赛银奖。据统计，2014 年起参与数字化实验的学生中，有超过 60％选择理工科学类专业，其中又有超过 40％的学生在大学毕业后选择理工科专业继续深造。

在集团校、双新平台和网络平台的三方建设过程中，中医药课程已经在上海二十余所中学开展，模仿中药种子课程的"离子液体创新课程"也在超过十所中学推广普及。

四、问题思考与未来展望

（一）创新课程内容的持续开发

学生的创造力是发散的，课程内容却无法做到时时更新，其中有着不可调和的矛盾，所以中医药探索课程远没有到完善的程度，但是在实践过程中却可以找到课程实施与学生创新的平衡点，让学生在学习的同时又能尽可能地发散学生的思维，这就需要创新课程不断发展。从 2013 年至今"中药化妆品的研制"已经开设了 7 年，在结合 CIE 课程理念的同时，学校在此基础上已开发出了不同的阶段来适应不同的学生。但是学生个体之间存在差异，在之后的课程开发中更应不断开发新的课程内容，甚至可以跳出"中药"这个限定范围，根据不同学生的学习能力、思维能力、创造能力，开发形成适合不同阶段、不同能力学生的课程，以实现课程依据学生个体的深度订制，真正实现创新课程中的"因材施教"。

（二）创新课程设施的持续建设

课程在实验室建设和课程实施的过程中也出现了一些新的特点。例如，学生人数较多,实验室的设施只能允许部分学生参与到创新课程的学习中来,使得课程的受众面偏小。此外,中学生的思维比较活跃,兴趣爱好广泛,提出的研究课题在学科知识方面具有较大的交叉,比较专业化的研究课题也对实验室的设施配置提出了更高的要求,这是当前面临的突出问题。一直以来,为了解决实验室设备的问题,大同中学化学教研组充分利用学校与个人资源,寻求高校、研究所的帮助,以保证课题的顺利开展。

(三)创新课程资源的持续推广

在依托集团校与"双新课程平台"的同时,中医药创新课程也应着力探索更多课程交流方法,如校园开放、社会开放、科技节活动、网络课程、平台直播等,建立起一套完善的课程共建共享方案。在今后的创新实验室建设过程中,我们也将紧密结合新高考的要求,让每一位学生都参与到创新课程的学习中来,扩大学生的受益面。此外,在满足学生课题研究的需求下,积极同其他学科协调合作,开展联合实验室的打造。

学生要有创新,课程需要创新,课程的发展也要有创新。中医药创新课程从原来的单一课程内容变成了现在的中医药探索课程链,符合现阶段学生的发展,也培养了学生科学研究的基本方法。为了让课程持续富有生命力,我们需要不断地对课程内容进行整合与优化,开发出更符合时代特征、学生特点的新课程。

中医药课程自 2013 年在大同中学试点,到集团校的合作共享,再到双新平台的全市范围推广,直到通过网络信息平台进行更大范围的课程共享,形成了创新课程从试点到开展,从开展到发展,从发展到推广的良性闭环。当然,在大同教育集团发展方向的指引下,在未来课程整合与推广中,中医药课程也会不断优化课程内容,提升课程品牌,共享课程资源,发挥课程建设的示范、引领和辐射作用。

(上海市大同中学　梁晟斌)

后 记

2015 年,黄浦区成为上海市推进教育综合改革的整体试点区。全区以打造最具海派文化特点的中心城区精品教育,努力创办高位均衡的基础教育发展示范区为目标,在课程、教学、管理、师资队伍等方面开展了全方位的探索与实践。

五年的努力,成果丰硕。本书编写按照总课题组的要求,从课程育人的视角汇集全区各中小学师生在学校特色课程开发及探索育人方式变革等方面所取得的成果。

本书的编写工作得到了黄浦区教育局领导的大力支持,姚晓红局长、杨燕和余维永副局长为本书作整体规划与设计,同时兼任民进黄浦区委主委的杨燕副局长主持了全书的编写,区教育学院奚晓晶院长给予了多次指导。区教育局小教科金羿科长和中教科罗小燕科长辛勤联系学校,保证了征稿的顺利完成;各中小学校长和老师积极参与学校课程案例的撰写,为本书提供了典型而又丰富的材料;上海市教科院普教所杨四耕、崔春华老师也给本书提出了具体的建议和帮助,在此一并致以衷心的感谢!本书整体框架由邢至晖研制,前言由邢至晖、杨东平负责完成,全书由邢至晖统稿。

因水平有限,书中难免还有不当之处,恳请读者提出批评意见。

2020 年 6 月 1 日